만해 한용운

그 생애와 정신

임 중 빈저

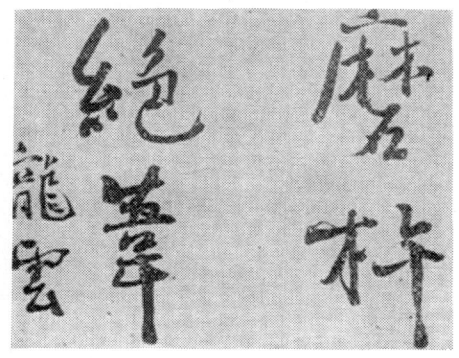

명지사

▲ 만해 한용운

《님의 침묵》 표지 ▶

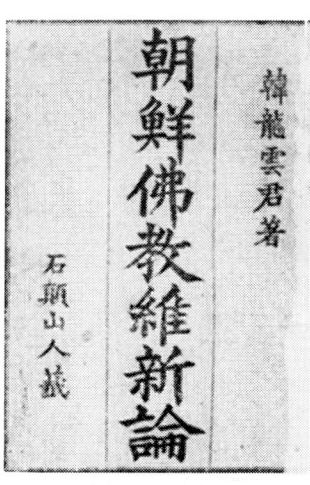

《朝鮮佛教維新論》표지 ▲

심우재에 모신 만해 영정과 친필 ▲

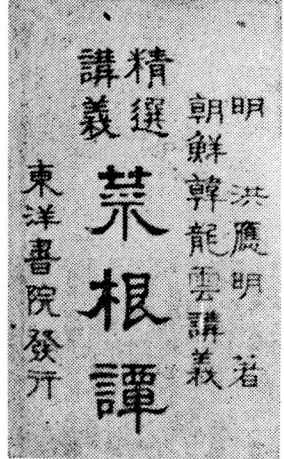

《채근담》표지 ▲

93년 남한산성에 세운 만해 기념관 ▲

▼ 부산에 세워진 '님의 침묵' 시비

92년에 복원된 만해 생가 ▲
(충남 홍성군 결성면 성곡리 491)

▼ 심우장(일제 때 조선총독부와 반대 방향
으로 주춧돌을 놓았다는 성북동의 자택)

▲ 만해 선사의 유일한 도반
수덕사 만공 조실 스님

▲ 만해의 외동딸 영숙씨

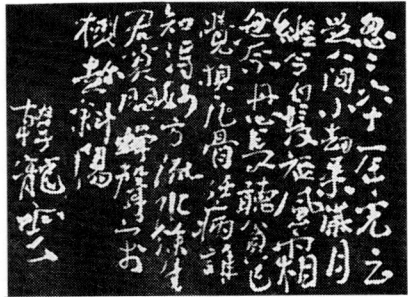

▲ 친필 즉흥 한시. 선생이 회갑 때
축수첩 방명록에 적음.

▲ 卍黨 동지들. 1931년 김법린·최범술이 조직한 청년
법승 비밀 결사로 한용운이 그 영수로 추대됨.

▲ 백담사. 佛門에 귀의한 만해가 득도한 절.

만해 한용운

임중빈 저

머 리 글

　만해(萬海) 앞서 만해 없고, 만해 뒤에 만해 없다. 만해 한용운(韓龍雲)이야말로 한국 역사상 근대적 인물로서는 매우 특이한 거봉이다. 단순한 인물 현상이 아닌 돌출한 역사 현상이기에 우리는 이를 만해 현상(萬海現象)으로 규정지을 수 있다.

　이 책은 암흑 시대의 무서운 반역 현상(反逆現象)인 만해 현상에 대하여 지극히 개략적인 해명을 시도한 데 불과하다.

　학창 시절부터 만해의 작품을 애독해 온 문학도의 한 사람인 지은이는 1972년에 불교 사상가로서, 민중 혁명가로서, 그리고 근대 문학인으로서 그의 위대한 면모를 전기체(傳記體)로 정리해 태극 출판사에서 출판하여 만해 선풍을 일으키는 데 다소나마 일조가 되는 기회는 있었으나, 입문서로서도 한갓 헛수고에 가까운 졸저(拙著)임을 통감해 오던 차, 보다 본격적인 인물 연구의 자료 수집을 하게 되면서 관계 인사들과의 비교적 폭넓은 회견이 가능해짐에 따라 차차 그의 진여(眞如)다운 참모습에 접근하게 되었다.

　그리하여 당대의 최고 지성인으로 의지의 금강석(金剛石)이라 할 한 자연인의 전체상(全體像)을 일대기 형식으로 추적하여 1974년 정음 문고판《한용운 일대기》로 판을 거듭해 오면서도, 그러나 영원한 만인의 스승 만해로부터 배움을 받을 수 있는 현실적 한계를 넘어설 길은 없었다.

그런 대로 20년을 두고 만해 선사의 문백(文脈)을 누비며, 특히 수덕사(修德寺)와의 법연(法緣)으로 만공(滿空) 조실 큰스님과의 관계를 캘 수 있었던 것은 보람이었다.

그의 발길이 미친 국내외 모든 곳을 되도록이면 샅샅이 현장 답사하면서 앞으로 보다 완벽한 일대기가 되게끔 끝까지 최선을 다할 작정이다.

저 멀리로는 달마 조사(達摩祖師)와 원효 성사(元曉聖事)와의 일원화(一元化) 과정이랄까, 아니면 반천년 이래 매월당(梅月堂) 김시습(金時習), 사명당(四溟堂) 임응규(任應奎), 경허당(鏡虛堂) 송동욱(宋東旭)의 합일적 화현(化現)이랄까에 만해당(萬海堂)의 도인적(道人的) 인격체는 그 첨탑으로 솟아 있다.

어찌 감격하지 않으며, 어찌 따르기를 주저하랴.

누구보다 그는 고결한 사람이었고, 참사람의 본보기였다. 피맺힌 믿음의 사람으로 민족 정기(民族精氣)의 화신이었다.

어디에서나 고아(高雅)한 그 인격의 향기는 오래도록 뜻있는 사람들의 마음속에 스며들 것으로 믿어진다.

더욱 그를 절실히 필요로 하는 오늘에 와서 인간 만해의 깊이와 높이를 헤아려 본다는 것은 자못 가슴 설레는 일이 아닐 수 없다.

만해의 길을 걷는 데 적으나마 보탬이 되기를 바랄 뿐이다.

만해 선사(萬海禪師) 49주 열반절

지은이 문암(文岩) 삼가 씀

만해 한용운

차 례

만해 한용운

1

눈 속에 핀 매화

삼각의 정상에 우뚝한 인걸

불교 개혁자 · 민족 운동가 · 근대 시성(詩聖)의 삼위일체가 만해 (萬海) 한용운(韓龍雲)이다. 불교 개혁자 만해나 민족 운동가, 혹은 근대 시성 그 한 모서리의 만해로서만은 그 전인(全人)의 참모습을 밝힐 수가 없다.

종교 · 문학 · 민족 운동이 혼연일체가 되어 우리 역사에 뜨겁게 순교(殉教)한 만해였다.

그리하여 만해 한용운은 인간의 한 극치점을 이룬다. 그는 주체적인 한국인이었고 투철한 애국자였지만 무엇보다 우람한 동양인이었다. 약동하는 동양인의 의지를 대표하여 산 한국인의 표상인 그는 열정적인 행동의 사람으로 온 생애를 채웠다.

과연 만해는 민족 운동가로서, 불교 사상가로서, 근대 시성(詩聖)으로서 삼각의 정상에 우뚝 솟은 첨탑이요, 불멸의 인간상이다. 고결한 독립 투사, 선구적인 유신 승려(維新僧侶), 탁월한 민족 시인, 그 어느 면에 있어서나 빼어난 인걸(人傑)로 만인의 사표(師表)가 된다.

한용운이 전인(全人)으로서 평가받는 이유는 다른 데 있지 않다. 만해야말로 우리 근대사의 긍지이며 영광의 정점(頂點)이 아닐 수 없다.

그는 모든 수단을 동원하여 일본 제국주의 세력과 비타협적인 싸움을 전개했다.

일찍이 집안이 몰락하는 과정 속에서 개혁 의지를 지니게 된 그는 불교에 귀의함으로써 중생 구제(衆生救濟)의 뜻을 굳혔으며, 급기야 항일 민족 운동의 실천을 통하여 이상주의와 현실주의가 통일되는 진기한 생애를 완성할 수 있었다. 한국 근대사에 있어서 독립 사상가로, 민족 운동가로 경이로운 산맥을 이루기까지 만해는 투사요, 승려요, 문인이었다.

만해는 새로운 자유주의 사상을 수립하여 이처럼 민중 계몽 활동에 다채롭게 또 적극적으로 참여했다. 전통적 불교 사상을 기초로 한 그의 민족주의는 자유와 평화의 이념을 구현하려는 데 그 핵심이 있었던 것으로 보인다.

그러나 만해 한용운의 전체상(全體像)은 그 활동이나 업적의 위대함보다 사상의 심오함, 더욱이 그 생애의 고결함과 아울러 그 인격의 수려함을 확인해 나가는 데 있을 줄 안다.

그의 독보적인 인물 형성은 역사의 소명(召命)에 따라 조금도 가식 없이 몸 전체로 실천하고 투쟁함으로써 비로소 가능하였다.

그러나 그는 중용(中庸)의 덕을 지닌 인자(仁者)이기에는 너무도 격렬했다. 인자는 천하에 적이 없는 법인데 그 길을 걷기보다 만해는 저 지행 합일론자(知行合一論者) 왕양명(王陽明)식의 열정적인 광자(狂者)로 굽힘없이 자유롭게 행동하는 한편, 결벽한 견자(狷者)답게 고절(孤節)을 지키며 일사불란한 길에 일로 매진하였다.

한용운의 승리는 바로 여기에 있었다.

어둠 밝힌 불꽃 중 불꽃

"그대는 앞으로도 조선의 독립 운동을 할 것인가요?"

"그렇소. 계속하여 쉬지 않고 언제 어디서든지 해 나갈 것이오. 우리의 독립은 반드시 이룩될 것으로 믿으며, 일본에 고승(高僧) 월조(月照)가 있다면, 조선에는 승려 한용운이 있다는 사실쯤 기억될 텐데……."

"금번 계획으로 처벌될 줄 알았는가?"

"나는 내 나라를 세우려는 데 힘을 다한 것이니, 벌을 받을 리 없을 줄 안다."

"피고는 그래서 금후에도 독립 운동을 해 나가겠단 말이오?"

"그렇소. 언제든지 그 마음을 고치지 않을 터이오. 만일 몸이 없어진다면 정신만이라도 영세토록 가지고 있을 것이오."

작은 키에 동그스름한 얼굴, 도인(道人)다운 인상이 풍기는 만해의 목소리가 매웁고도 세차게 법정을 울렸다. 그의 머리 속에는 자신이 직접 손질해 지켜 나가는 공약 삼장(公約三章)이 다시금 되살아났다.

1) 금일 오인(吾人)의 차거(此擧)는 정의 인도(正義人道) · 생존 존영(生存尊榮)을 위하여 민족적 요구이니 오직 자유적 정신을

발휘할 것이오, 결코 배타적 감정으로 일주(逸走)하지 말라.

1) 최후의 1인까지, 최후의 1각까지 민족의 정당한 의사를 쾌히
발표하라.
1) 일체의 행동은 가장 질서를 존중하여 오인의 주장과 태도로
하여금 어디까지든지 광명 정대(光明正大)하게 하라.

기미(1919)년 3월 1일, 그는 33인을 대표하여 열변을 토하고 목이
터져라 만세를 외치지 않았던가.

그 기개, 그 감격, 그 여운을 한순간인들 어떻게 굽히며, 또 어찌
잊는단 말인가. 그 날 만해는 민족 대표들 앞에서 감동어린 말을 남겼
다.

"자, 우리가 독립을 선언했으니 이제 여기서 죽는다 해도 여한(餘
恨)이 없소. 여러분! 우리가 목숨이 붙어 있는 그 날까지 이 사업을
계속해 나가야 합니다."

만해는 과연 '최후의 1각'까지 '최후의 1인'으로서 영원히 타는 불꽃
이오, 활화산(活火山)의 유일봉(唯一峰)이었다.

3·1 만세 운동으로 투옥되기 직전에 주변 인사들에게 이렇게 타일
렀다.

"내가 갇혀 있는 동안 사식을 넣지 말고, 변호사를 대지 말며, 어떠
한 경우에도 보석 신청을 하지 마시오."

그는 옥고를 치르는 3년 동안만이 아니라 만 65년 평생을 한결같이
신념의 돌부처처럼 스스로를 지켰다.

한용운은 온 생애를 믿음의 하루하루로써 싸우며 살았다. 그는 님을
믿었고, 님을 믿기에 마지막 순간까지 밤을 밝힌 한 자루의 촛불이

되었다.

잠시도 그는 꺼져 본 일이 없다. 그 한 자루의 초가 타들어가면서 흘리는 뜨거운 눈물은 시(詩)가 되었고, 타들어가며 닳아지는 촛대가 역사의 제단(祭壇)에 바쳐지는 동안 불꽃은 새로운 세기(世紀)를 만들었다. 그 심지가 불교였다면, 그 눈물은 민족과 민중의 품에 뿌려지고, 그 불꽃의 향내음은 천만 번 꺾어도 굽히지 않는 인격의 신화(神話)처럼 위력을 감싸고 돈다. 그것이 거룩한 민족 투사의 모습이오, 역사에 깊숙이 뛰어든 승려의 표상이었다.

불멸의 노래를 남긴 시인의 이름 한용운, 곧 한 영원의 사람인 한용운은 마침내 불꽃 중의 불꽃이 되었다.

인도의 시성(詩聖) 타골이 그다지 부럽지 않고, 간디나 이탈리아의 마찌니 같은 위인들이 별로 우러러보이지 않을 때가 있다면, 오직 만해 한용운의 생애를 음미해 보는 순간에 국한되는 일일 뿐인지도 모른다.

그는 늘 냉방에서 거처하다시피 하며 끝까지 버티다가 제대로 먹지를 않아서 끝내는 영양 실조로 열반(涅槃)에 들었다.

그가 생존해 있는 동안은 조국이 타의에 의한 하나의 큰 감옥에 지나지 않는다는 생각으로 일관했다.

"내 나라 땅덩어리가 감옥이 되어 버렸는데 어찌 불 땐 방에서 편안히 기거한단 말인가."

만해는 탄식하였다. 밤이면 차디찬 냉돌 위에서 꼼짝달싹하지 않았다. 말없이 참선(參禪)하는 그 의연한 모습이란 '저울추'를 연상케 했다. 우리의 '저울추'는 깊은 밤이면 향불을 피워 놓고 남몰래 눈물지으며 기도했다.

"부처님, 우리는 박복해서 이런 약소 국가에 태어났습니다. 저희 약소 민족에게 서광(曙光)이 되어 주소서."

고행 속의 하소연이자 님을 부르는 뜨거운 소망의 목소리였다.

그러나 그 님이 우리 곁에서 떠났을 때, 우리들의 님을 쉬지 않고 목타도록 부름으로써 한 자루의 촛불, 곧 영원한 서광으로 역사의 어둠을 밝혀 준다.

결국 그는 우리에게 샛별을 남기고 갔다. 그가 열반한 이듬해 민족 광복의 날 8·15는 어김없이 이 땅에 왔다. 이와 같이 만해는 마지막 밤을 밝혀 준 촛불이 되어 주었으며, 새 아침을 맞이하도록 해 준 민족의 길잡이였다.

행운의 희망봉은 역경 속에

냉혹한 상황과의 열띤 긴장 속에서 언제나 희망의 웅봉(雄峰)이 되어 주기에 충분한 침묵의 큰 소리가 오늘도 의연히 청년들의 귓전을 두드린다.

"현대의 조선 청년을 가리켜 불운아(不運兒)라고 말하는 사람이 있다면 그것은 누구냐? 어리석은 촌학구(村學究)의 말이 아니면 근시안적 유부(儒夫)의 소견일 것이다.

현금의 조선 청년의 주위를 싸고 도는 모든 환경이 거슬려 부딪쳐 하나에서 둘까지, 뒤에서 앞까지 모두가 고르지 못한 역경인 전차로 그것을 보고서 현대의 조선 청년은 불운아라고 할는지도 모른다.

그러나 그것을 가리켜 어리석고 근시안적 소견이라 하는 것이다. 그것은 만지풍설(滿地風雪) 차고 거친 뜰에서 바야흐로 맑은 향기를 토하려는 매화나무에 아름답고 새로운 생명이 가만히 움직이고 있는 것과 같은 논법이 될 것이다.

현금의 조선 청년은 시대적 행운아(幸運兒)다. 바꾸어 말하자면 현대는 조선 청년에게 행운을 주는 득의(得意)의 시대다. 조선 청년의 주위가 역경인 까닭이다. 역경을 깨치고 아름다운 낙원을 자기의 손으로 건설할 만한 기운(機運)에 제회(際會)하였다는 말이다."

일제 식민 치하 민족의 암흑기 그 한복판인 1929년이었다. 1월 1일자, '조선일보' 신년호에 만해가 씨뿌린 복음(福音)이 이러하였다.

만 50세에 이른 만해의 달관(達觀)은 영원한 청년의 기상을 대변해 주고 있다.

첫째 불교 사상가이자, 둘째 민족 형명가요, 셋째 근대 시성(詩聖)의 자리에 오르도록 만해 한용운은 '님'의 길을 걸은 민족주의 정통(正統)의 흐름을 이루는데 지행 합일(知行合一)이라기보다 신행 합일(信行合一)의 이론과 행동을 역사 앞에 솔선 수범하였다.

《조선 불교 유신론》(朝鮮佛教維新論 : 1913)이 그 첫째의 길이었고, '조선 독립 이유서'(朝鮮獨立理由書 : 1919)가 그 둘째의 길이었다면, 시집 《님의 침묵》(1926)이야말로 그 셋째의 길을 밝혀 주었는데, 궁극적으로 그는 이 세 길을 하나로 통합해서 탁월하고 고매한 인격의 탑을 쌓을 수 있었다.

이러한 만해의 길을 '님의 길'이라고 불러 보아도 좋을 듯하다.

'님'은 한 마디로 희망의 대명사에 지나지 않는다. 님과의 헤어짐은 더 큰 희망의 재생을 약속하는 벅찬 기다림이 된다.

'님의 침묵'은 중생의 절규가 되고, 그것은 따지고 보면 벅찬 혁명 지향에의 아름다운 예감의 여운으로 채워져 있다. 시(詩)에서 그는 다만 그가 달려갈 길을 노래할 뿐이었다.

님의 길인 만해의 길은 곧 사랑의 길이기도 하였다. 그것도 중생 제도(衆生濟度)와 민중 구제(民衆救濟)의 차원에서 그 길은 가능할 수 있었다. 늘 희망에 불타며 이름마저 빼앗긴 민족을 해방하려든다 할 때 고난의 가시밭길을 걸어가기에 마침내 죽음까지도 무릅쓰면서 님과 하나가 될 수밖에 없다는 믿음을 생활화하게 마련이었다. 역사와 완전한 일체감으로써 만해는 진여(眞如)의 경지에 이르게 된다. 이 진여의 경지란 님과 사랑 안에서 하나가 되는 것을 뜻한다. 그 숭고한 정신과 자세는 민족 해방과 인간 자유, 그리고 세계 평화의 송가(頌歌)인 《님의 침묵》으로 승화된 줄 안다.

님의 시인 만해는 활동의 위대성 못지 않게 그 생애의 고결성과 사상의 위대성, 그리고 이보다는 인격의 탁월성으로 만인의 사표(師表)일 수 있다. 전통적 불교사상을 바탕으로 하여 자유주의 사상을 수립하고 비타협적 민족 운동과 폭넓은 계몽 활동에 적극적으로 참여한 그의 사상 체계는 불교 사회주의의 일면도 없지 않으나 철두철미 주체성에 입각한 정통 민족주의의 한 주류를 이룬다.

일체의 타협을 거부하고, '옳은 일을 위하여 칼날을 밟으며' 의인(義人)의 길을 걸은 그는 3·1 운동에 참여한 민족 대표로서 지도적 업적도 크지만, 역경과 격투하는 가운데 평생토록 '득의(得意)의 행운아(幸運兒)'일 수밖에 없었다.

그는 불우한 시대를 탓할 겨를도 없이 지식을 고스란히 신앙의 수준으로 끌어올려 철저하게 행동해 나갔다.

그리하여 스스로 헤쳐 나가는 용사의 길과 슬기로운 투사의 길을 '조선 청년에게'에서는 계속 열고 있다.

"아아, 좋은 일의 자료가 되는 역경(逆境)에 싸여 있는 조선 청년은 득의의 행운아일는지 모른다.

좋은 일을 하기 위하여 일정한 목표를 바라고 나갈 뿐이다. 인생은 좋은 표준을 세우고 자동적으로 고결하게 진행하는 것이 가장 귀한 것이다. 그러므로 나의 표준을 바라고 나감에 앞서 지장이 없고 뒤에 마(魔)가 없는 것이다. 가다가 가지 못한다면 그것은 육체요 정신은 아닐 것이다. 사람은 환경의 순역(順逆)을 따라서 표준을 변하는 것은 아니다. 조갑지로 한강수(漢江水)를 말릴 수가 있고, 삼태기로 백두산(白頭山)을 옮길 수가 있나니라. 행복의 과(果)는 곤란의 인(因)에서 난다. 현재의 향복(享福)은 과거인(過去人)의 피와 땀의 대가다. 그렇다면 후대 아손(兒孫)에게 향복의 유산(遺産)을 끼쳐 주기 위하여 피와 땀을 흘리게 되는 현대의 조선 청년은 행운아다."

조개 껍질로 한강 물을 말릴 수 있고, 삼태기로 백두산을 옮길 수 있는 예지의 우두머리로서 기적의 창출을 위하여 고군분투한 만해였다.

자유의 나무, 평화의 숨결

불교 개혁·민족 운동·문학 활동의 중후한 3중주로써 우리 역사에 참여하여 말없이 순교하기 직전에 이르는 만해 한용운은 피와 땀을 마시며 역경을 돌파한 자유(自由)의 나무요, 평화(平和)의 숨결이었다. 자유와 평화를 위하여는 어떠한 고통이나 시련, 아니 목숨인들

아깝게 여기지 않은 그는 진지하게 민족을 살았고, 민중을 심호흡하였
다.

> "자유는 만물의 생명이오, 평화는 인생의 행복이다. 그러므로 자유
> 가 없는 사람은 시체와 같고, 평화가 없는 사람은 가장 고통스럽
> 다."
>
> ──'조선 독립 이유서'(朝鮮獨立理由書)에서

그래서 자유와 평화를 위한 싸움에 역사의 소명(召命)을 받고 한
걸음도 물러설 줄 몰랐다. 민족 대표 33인의 1인으로서 '공약 3장(章)'
을 직접 손질하여 보탠 사람답게 '최후의 일각까지 최후의 1인'으로
일제하에서 일관된 투쟁을 쉬지 않는 것도 민족 지성의 전승비(戰勝
碑)에 해당될 만하다.

창조적 지식인의 실천적 사명에 마침내 순도(殉道)한 만해 한용운
이지만, 그는 정작 신식 학교의 졸업장 같은 것은 받아 본 적이 없었
다.

다만 서당에서 전통적 유학(儒學) 과정을 거쳤고, 불문(佛門)에
귀의한 후에도 한때 일본 유학 시절 청강생으로 머문 적이 있기는
하지만, 정규 과정을 거침이 없이 다만 독학(獨學)을 통하여 흔들리지
않는 의식을 정립하였다.

그러나 그의 해박한 지식은 당대를 압도할 수 있었으며, 더욱 중요
한 일은 제대로 알게 된 바를 믿음으로 삼아서 끝까지 몸소 실천하는
데 앞장선 사실이다.

철저하고 치열한 성품은 결코 그를 드높은 선승(禪僧)으로 깊은

산자락에 가두어 놓아 두지 아니하였다. 만공(滿空) 선사와의 도반(道伴)답게 저항적 민족 의식이 그의 구세(救世) 제1과 제1장이었다.

그는 비록 완인(完人)은 아니었지만 민족 지성으로서 끊임없이 현실을 극복하고자 상황과 대결해 나가는 데 있어서 언제나 전위(前衛)였다.

뿐만 아니라 가뜩이나 혼미해진 시대에 양식의 불씨를 지니고 마지막 밤을 밝힌 등대수이기도 했다.

결국 항일기(抗日期)에 그는 가장 빛나는 지성(知性)의 한 성좌(星座)일 수 있었다.

반제(反帝)·반식민(反植民) 투쟁을 통하여 민족이 부활하는 길을 가장 굳세게 열어준 만해 한용운은 비록 추상적인 반봉건(反封建)의 탈을 벗어 던지지는 못한 대로 한국 근대사가 배출한 특이한 불멸의 인물의 자리를 지킨다.

그는 66세밖에 살지 못했지만 그의 업적은 현생을 뛰어넘어 두고두고 칭송받는 평가를 누림직하다.

그는 시인으로서만이 위대한 것이 아니다. 문학인으로서 영원히 살 작품을 남겼을 뿐만 아니라, 불교계에 새로운 바람을 일으킨 개혁자로서 훌륭한 업적을 남겼고, 이에 못지 않게 더욱 위대한 것은 민족운동가로서 누구보다 뛰어난 이론을 제시함과 아울러 많은 제약 속에서 나름대로 실천의 본보기가 된 점이다.

바른 생각을 가지고 선구적인 실천을 한 이론적 행동가가 우리 역사에는 그리 많지 않은 편이다.

그러나 한용운처럼 선승(禪僧)으로서 우수한 시를 썼고, 불교 개혁

을 온 몸으로 밀고 나간 민족 운동가로서 한결같이 자주적인 삶의
큰 길을 평생토록 걸은 지성인은 결코 흔하지 않다.

끝 모를 자유를 깨우치는 시편들

만해는 시문학 한 세기를 통하여 가장 뛰어난 시인의 한 사람이었
다. 구도자의 영원한 절창(絶唱)을 남긴 만해 한용운은 한 그루의
설중매화(雪中梅花)이거나 찬연한 빙화(氷花)에 가깝다.

여성 취향의 하염없는 눈물을 짜내는 따위의 서정시를 읊은 만해가
아니었다.

일찍이 동학혁명에 자극받은 그는 최린(崔麟)·이승훈(李昇薰)과
함께 3·1 독립 운동의 실질적인 3대 주역이었고, '조선 불교 유신론'
(朝鮮佛敎維新論)을 제창한 근대 문화 개척의 상징이었으며, 님을
찬미한 시인으로 한 그루 낙락장송이었다. 그의 가슴에서 타오른 혁명
과 구원의 불길은 조국을 위하여, 민족을 위하여, 그리고 중생(衆生)
을 위하여 한시도 꺼질 줄 몰랐다. 그 불길이 곧 만해의 님이기도 하
다. 그의 님은 우리들 만인의 님일 수 있는데, 그러한 님을 기린 만해
의 시편(詩篇)들은 천추(千秋)에 길이 남을 노래의 자리에 있다.

만해의 시는 참으로 그윽한 매화의 향내음을 풍긴다. 시편들마다에
서 풍기는 그 매운 향기는 한용운의 법력(法力)이 생동하는 인격적
척도가 된다.

그의 시대는 사실상 엄동설한이었다. 그 세찬 눈보라 속에서 피운
시의 향취는 천추에 길이 남을 노래일 뿐만 아니라, 언제 어디서나
쉬지 않고 우리 마음에 믿음의 서광이 되어 주고, 위안과 용기의 원천

이 된다.

그렇다. 님의 시인 만해는 근대 시인으로 민족적이며 혁명적인 에토스를 발산한다. 그는 시의 형식을 혁신함과 아울러 시인 의식을 새롭게 정립해 나갔다.

《님의 침묵》을 비롯한 그의 시 작품들은 학대받는 민족의 영가(靈歌)였다. 민족 자주 독립의 정신과 염원이 아로새겨진 노래이며, 애끊는 중생의 마음이 이루어낸 깨달음의 증도가(證道歌)였다. 그는 님을 절대 신앙한 행동 시인이었다.

마찌니의 님이 이탈리아인 것처럼 한용운의 님은 한국임이 확실해진다.

어느 강연회에서 만해는 '자유'에 대하여 마지막으로 연설하게 되어 연단에 올라갔다.

"여러분, 진수성찬을 드신 후에 비지 찌개를 드신 격으로 내 말을 들어 주십시오. 아까 동대문 밖을 지나 올 때 과수원을 보니 가지를 모두 가위로 잘라 놓았는데, 아무리 무정한 물건이라 해도 대단히 보기 싫었소. 그 무엇이 그리웠습니다."

입회 형사는 이 말의 참뜻을 알지도 못하고 박수하는 청중을 노려보았다. 그 중 한 사람은

"낸들 알겠소. 남들이 하니까 나도 따라 쳤을 뿐이라오."

재치있는 임기응변으로 받아넘겨 잠시 폭소가 터졌다. 만해는 계속하여 열변을 토하였다.

"진정한 자유는 누구한테 받는 것도 아니고, 또 누구에게 주는 것도 아닙니다. 서양의 모든 철학과 종교는 '신이여, 자유를 주소서' 하고 자유를 구걸합니다. 그러나 자유를 가진 신은 존재하지도 않고, 또

존재할 필요조차 없다고 봅니다. 사람이 부자유할 때 신도 부자유하고, 신이 부자유스럴 때 사람 역시 마찬가지입니다. 그러므로 우리는 오히려 스스로가 자유를 지켜야 합니다. 따라서 우리는 '신이여, 자유를 받으라!' 하고 나아가야 합니다."

두말할 것 없이 '신이여, 자유를 받으라!'라는 여운 속에 보살다운 만해의 자세가 있고, 님을 추구하는 벅찬 도전의 몸짓이 있다.

그가 옥중에서 쓴 '조선 독립 이유서'는 절규한다.

"인간 생활의 목적은 자유에 있고, 자유가 없는 생활에 무슨 즐거움이 있겠는가. 자유를 위하여는 어떤 대가도 아끼지 않고, 생명을 걸어도 양보하지 않을 것이다."

"청년들이여, 만해를 배우라"

"여러분! 얼큰한 된장 찌개 맛보는 기분으로 내 말을 들어보오. 우리들의 가장 큰 원수는 대체 누구일까요? 소련? 미국? 아닙니다. 그럼 일본? 남들은 그럽디다. 모두들 그래요. 일본이 우리의 가장 큰 원수라고…….”

말이 채 맺어지기도 전에

"중지! 연설 중지!"

하는 소리가 장내를 울린다. 임석 경찰관이 그대로 있을 리 없다. 낯빛이 변하여 연설 제지를 외쳤다.

만해는 이에 재빠르게 말머리를 돌린다.

"우리의 원수는 일본이 아닙니다. 절대로 아닙니다. 그러니 다들 안심하고 안심하십시오. 일본이 어째서 우리의 원수이겠습니까?

아닙니다. 그렇다면 우리의 원수는? 소련도, 미국도, 일본도 물론 아닙니다."

그는 잠시 장내의 청중들을 훑어보고 나서 언성을 높인다.

"우리들의 원수는 바로 우리들 자신의 게으름, 이것이 바로 우리의 가장 큰 원수가 아니고 무엇이겠습니까?"

청중들의 요란스런 박수와 환성이 장내를 진동한다. 이렇게 할 말을 다한 그의 목소리는 맑고 힘차면서도 싱그러웠고, 때로는 태풍같이 휘몰아치는 위력이오, 쇳소리였다. 시냇물처럼 흐르다가도 폭포수가 되어 굽이치고는 했다.

일찍이 소설 《임꺽정》을 쓴 작가 벽초(碧初) 홍명희(洪命熹)는

"한용운 한 사람 아는 것이 다른 만 명을 아는 것보다 낫다."

고 했으며, 국학(國學)의 우두머리 위당(爲堂) 정인보(鄭寅普)는

"청년들이여, 만해를 배우라."

라는 말을 널리 유포했다. 만해의 정신은 언제나 새롭고 젊어서였다.

청년들의 스승이오, 만인의 스승인 만해는 평소 말수가 적은 편이어서 누가 묻는 말에만 간명하게 답변하는 슬기로운 사람이었다.

다섯 자가 될까 말까 한 작달막한 키에 얼굴도 자그마한 편이었다. 키는 아주 작으나 앉은 키는 큰 폭이었다. 인간미가 풍기는 면이 있으면서 위풍 또한 대단했다. 체머리를 약간 혼드는 습관이 있었다. 사시 사철 한복 차림을 한 동방(東方)의 위인(偉人)은 그러나 불 같은 혁명가요 피끓는 불멸의 청년이었다.

어느 날 막역한 친구인 홍재호(洪在皞)와 더불어 잡담을 나누는 자리에서였다.

무심결에 그가 일본말 한 마디를 했다.

"아니, 당신도 왜말을 쓰나?"

"……."

"나는 그런 말이 무슨 말인지 통 모른다네."

"만해, 내가 얼핏 실수를 했구료. 그러나 때가 때인 만큼……."

"안 쓸 수도 없다. 이 말이렷다."

격분한 만해는 친구의 뺨을 철썩 후려갈겨 쫓아 버렸다.

다른 어느 날이었다.

'매일신보'(每日申報)에 실린 기사에

"전 조선인 8, 9할이 창씨(創氏)했고, 그 중 경북 안동군(安東郡)이 가장 모범적인 실적을 올렸다."

라는 대목이 있었다. 만해로서는 통탄해 마지않았다.

"안동은 유림(儒林)의 본향이 아닌가. 소위 선비들의 고향이 남 먼저 왜놈 되기에 급급했다니 차마 이럴 수가 있나……. 도대체 어떻게 학문을 닦았기에 그 모양 그 꼴인가. 본래 학문이 그런 것이 아닌데 글을 옳게 배우지 못한 까닭에 이 꼴이니 그만 못한 어리석은 백성들이야 말해 무엇 한담……. 위무불능굴(威武不能屈)이란 귀절을 알련만 모르는 것과 일반이니 한심한 일이로군!"

만해의 신념은 늘 이와 같이 푸르렀고 그 기개 또한 추상 같았다. 그는 그렇게 일생을 살다 갔다. 참으로 영원한 젊음의 사표가 아닐 수 없다.

석가모니의 제자인 만해는 위대한 서민이었다. 불교 근대화의 선구자답게 그는 산 속 깊은 곳의 불교를 대중의 품으로 끌어들였다. 탁발 승의 거지 행세는 시대 역행으로 보아 이를 반대했고, 차라리 승려의 결혼을 권장했다. 만해는 대처승(帶妻僧)일 수밖에 없었지만, 채식을 주로 하고 된장 찌개나 게젓 정도를 별식으로 여기는 검소한 생활을 하며, 만년에는 조선 총독부를 등진 서울 성북동 심우장(尋牛莊)에서 독립 지사의 울분을 달랬다.

고승(高僧) 송만공(宋滿空)이 그를 찾아주고는 했다. 만해와 만공은 밤새도록 '곡차'를 마시기도 했으나, 술에 취한다기보다 법담에 도취하기 일쑤였다. 서울 장안이 비좁다 하고 마시면서 선문선답(禪問禪答)에 밤이 새는 줄도 모를 지경이었다.

장안에 소문이 파다하도록 만해와 만공 두 스님은 막걸리로 허기를 채우는가 하면, 말의 바다를 이루기도 했다.

그 날도 만해와 만공은 취하도록 마셨다. 만해는 기분이 좋아서 호탕하게 웃어댔다. 늘 짚고 다니는 지팡이를 흔들며

"이걸로 총독이란 자를 한 대 후려갈기기나 했으면 속이 시원할 텐데……."

하고 만공의 마음을 떠 보았다. 만공이 대꾸한다.

"응, 곰이야 막대기 싸움을 하지. 하지만 사자야 어디 막대기 싸움을 할 수 있나. 사자는 호령만 하는 법이거든."

순간 만해가 이 말을 받아넘긴다.

"그래, 새끼 사자는 호령을 하지만, 커다란 어미 사자는 그림자만 보이는 법이지……."

큰 사자가 나타나기만 해도 백수(百獸)가 벌벌 떨게 마련이고 보면 자못 함축성 있는 말이었다. 절대 평화주의자인 만공은 이미 사자의 법력을 지닌 만해와의 도반이었다.

"그래, 어미 사자의 그림자를 누구 있어 알아보랴."

하는 상호 격려의 설법이었다.

만공도 만해도 범속을 초월한 고승으로 함께 추앙받는 민족 지사요, 당대의 사자와 같은 도인(道人)의 위품이 있었다.

그러나 7, 8세 나이가 위인 만공이 대해(大海)라면, 만해는 그 바다 속의 괴석(怪石)이라는 주목할 비유도 있다.

만해는 만공과 함께 칼 차고 글 읽는 대장부의 마음 가짐으로 한 손에 무기를 들고, 다른 한 손에 경전(經典)을 든 어느 성자(聖者)처럼 굳세게 일제와의 팽팽한 대결을 지속했다. 더욱이 선풍(禪風)을 일으킨 그들은 한 번도 후퇴해 본 적이 없는 역사의 서광이었다.

영원한 삶의 표준

수덕사 조실 만공 선사와 함께 만해의 만년에 그래도 지음(知音)의 동지로는 위당 정인보와 벽초 홍명회를 손꼽는다.

일제 말엽까지 모두가 상록수의 혼을 지닌 도인이오 문인이오 학자요 민족 지사들이었다.

특히나 위당이 '얼'의 화신이었다면 만해는 '님'의 화신이었다. 이 '얼'과 '님'은 서로 통한다. 깊이 맺어질 수 있는 민족혼(民族魂)의 대명사이거나 이어동의어(異語同意語)일 법도 하다.

만해와 위당은 '님'과 '얼'로서 숨막히는 어두운 시대를 달랜 듯 여겨진다. 그들에게는 문인으로서든 학자로서든 늘 푸른 정신의 맥박이 뛰놀고 있었다.

불멸의 예술성에 있어서나 탁월한 개성의 창조적 승리의 열매인 점에서 시집 《님의 침묵》과 역사소설 《임꺽정》으로 한국문학 20세기를 여전히 주름잡고 있는 쌍벽 만해와 벽초는 1920년대 신간회(新幹

會) 시절 무렵부터 바둑 친구이기도 해서 유난히 교분이 두터웠다. 때로는 격의 없는 농담도 나누는 사이였다.

그러나 단순히 시간을 보내기 위한 농담이나 나눈 것은 아니었다.

일제 말엽의 어느 여름날 저녁 나절 심우장(尋牛莊)에서 직접 지켜본 일로 만해의 후학 해오(海悟) 김관호(金觀鎬)는 기억한다.

그 날 따라 화가 머리끝까지 치밀어 가지고 벽초가 심우장엘 들이닥쳤다. 어쩌나 노발대발해 있는지 부들부들 몸을 떠는 형편이었다. 측근에서는 그의 신상에 무슨 심상찮은 일이라도 있었나 추측했다. 누구한테 봉변이라도 당했거나, 아니면 우심한 일제의 탄압에 걸려들지 않았나 하는 선입감이 들 정도였다.

"만해, 그래 이런 개 같은 무리들이 있나?"

좀처럼 욕설 근처에도 가지 않는 얌전한 벽초의 입에서 이런 말이 나오리란 것은 실로 뜻밖이었다. 첫마디가 그렇게 거칠게 나왔건만 만해는 그저 담담했다.

"벽초, 왜 그리 서두는가? 차근차근 말을 해야 하지 않겠소."

벽초는 땅이 꺼져라고 한숨을 내쉬며 입을 연다.

"아, 윤치호(尹致昊)란 놈, 최린(崔麟)이란 놈, 이광수(李光洙)란 놈, 그리고 홍사단 주(朱) 아무개란 놈, 이 놈들이 모두 창씨(創氏)를 하고 개명(改名)을 했다는구료. 그런 개 같은 종자들이 어디 있소. 앞으로 이 나라 꼴이 어찌 되겠는가, 만해!"

가슴을 치고 통분해 하건만, 만해는 끄덕도 하지 않는다. 잠자코 말문을 열어

"벽초가 그들을 너무 지나치게 보았지, 지나치게 보았어……."

하고 혀를 차더니 조금 있다가 다시 말을 잇는다.

"아니야, 벽초가 실언(失言)을 한 셈이로군."

벽초의 험구와 욕설을 두고 말함일까.

"만해, 그래 내가 무슨 실언을 했단 말인가?"

그러나 만해는 그게 아니었다.

"벽초, 내 말 들어보오. 만일 개가 한 마리 이 자리에 있어 말을 들을 줄 안다면 그냥 있진 않을 거요. 마구 달려들 걸세."

"……?"

"내가 왜 주인을 모르느냐구. 그러면 어떻게 하겠나?"

이 몇 마디에 벽초는 누그러졌다. 고개를 끄덕이며 시인하지 않을 수 없었다. 개도 제 주인은 안다. 그렇거든 제 민족을 알아보지 못하고 변절하는 무리들이야말로 개만도 못하지 않은가.

곁에서 이 정경을 지켜본 해오는 만해의 촌철살인(寸鐵殺人)적인 그 경귀에 전율을 느끼는 충격을 체험하지 않을 수 없었다. 무릇 천만 권 성인의 명언보다도 입지(立志)를 판가름하는 중천금(重千金)의 한 마디였다.

만해의 님은 조국과 민족과 마음이 그 모두였다. 또 중생과 민중이 그 주인이었고, 잃어버린 나라 빼앗긴 주권이 곧 님이었다. 그는 평생 토록 깨달음에 이르는 과정으로 님을 찾았다. 그리운 님의 얼굴을 찾아 헤매며 유심(惟心)을 온전히 내 것으로 하고자 싸우는 동안 호적(戶籍)마저 차압당했다.

그렇지만 굳세게 살았고, 그럴수록 더욱 굳건히 버티었다.

"그래, 서울을 송두리째 소개(疎開)한다 한들 상관하랴. 나 혼자만이라도 이 서울에 남겠다."

그의 피맺힌 믿음의 절규였다.

만해, 그는 역사의 마지막 밤을 지킨 등대수이며, 중생의 성스런 불꽃이었다.

이것이 만해가 민족혼을 굳게 지키면서 주위 사람들에게 감화를 준 상록의 모습이었다.

따라서 만해를 두고 민족혼의 낙락장송이라고 해도 오히려 부족함을 느끼게 한다.

한평생 님을 절대 신앙한 그에게 님밖에는 다른 아무것도 의미를 지니지 못하였다. 만해의 길은 의로운 길이었다.

칼날을 밟고 의연한 길을 걷는 그는 이미 죽음을 초탈한 모습이었다.

만해의 생애는 애오라지 님을 빚어낸 거룩한 싸움의 하루였다. 님과의 일치를 추구한 오솔길이었다. 자나깨나 님이 오기를 기다리면서, 님과 함께 태운 불꽃이었다.

그러나 그 시대에 님의 소리는 침묵이었다. 한용운은 그 장엄한 침묵의 표정으로 다시금 우리를 압도한다.

이제 그 침묵 속의 우렁찬 절규에 따라 누구나 하루인들 헛됨이 없이 역사를 두고두고 참되게 살아가는 표준으로 삼을 일이다.

눈 속에 핀 매화의 길, 곧 만해 한용운의 길이 여기에 펼쳐진다.

2

불교 개혁

가시덤불을 헤쳐 가며

일본 식민통치가 기승을 부리던 암흑기에

"현금(現今)의 조선 청년은 시대적 행운아다. 바꾸어 말하자면 현대
는 조선 청년에게 행운을 주는 득의(得意)의 시대다. 조선 청년의
주위는 역경인 까닭이다."

——'조선 청년에게'(1929. 1. 1 '조선일보')

라며 새 희망의 복음을 선포한 의지의 철인이 있었다. 한용운 그 사람
이다. 그로부터 64년의 세월이 흘렀지만 여전히 오늘의 한국 청년도
모두가 시대적 행운아임이 확실해진다. 분단 시대인 우리 정세는 아직
도 가혹한 역경인 때문이다.

역경을 깨치고 아름다운 낙원을 손수 건설해 나갈 만한 기운을 한용

운은 이미 읽고 있었다. 불행스럽게도

  "승평한 시대에 나서 하염없이 살지 않고 다행히 유위(有爲)의
  시대에 나서 좋은 일을 제 손으로 많이 할 수 있다."

는 긍지를 일깨워 청년들을 거칠은 광야를 주름잡는 준마(駿馬)답게
길들이며, 그는 65년의 일생(1879. 8. 29~1944. 6. 29)을 애오라지
님과 하나가 되는 길로 달려갔다. 그래선지 당대의 석학들이 입을 모아

  "청년들이여, 만해를 배우라."

  "7천 명의 승려보다 만해 한 사람을! 1만여 인사들과 만나기보다
  만해 한 사람이 낫다."

는 놀라운 말들을 유포한 사정이 그것을 대변해 준다.

  수난의 역사가 빚은 인걸(人傑) 한용운은 어두운 시대의 빛이었
다. 눈 속에 핀 매화였다.

  역사의 거울에 만해 한용운의 일대를 비춰 본다. 일찍이 그는 노래
했다.

  나는 자연의 거울에 인생을 비춰 보았습니다.
  고통의 가시덤불 뒤에, 환희의 낙원을 건설하기 위하여 님을 떠난
  나는 행복입니다.

                                    ──시 '낙원은 가시덤불에서'

  고통의 가시덤불 뒤에 '환희의 낙원'을 세우고자 그는 어떻게 하여
인생의 고해(苦海)를 헤치고, 자연의 환희대(歡喜臺)를 넘어서는 역사
의 연화대(蓮花臺)에 이를 수 있었던가?

  님을 떠난 그가 맞이한 불생불멸(不生不滅)의 절대경(絶對境)을

이제 와서 어떻게 헤아려 볼 수 있는 것일까?

'중생의 불꽃'으로 불탄 한용운 그 님의 참모습과 우리가 만나 볼 수 있을까?

만해 그 자체가 한 줄기 역사요, 문화요, 진실임을 상도할 때 지옥적인 상황 속에서도 '날로 새롭게 스스로를 향상'시켜 이를 '장엄하게 꾸며내' 마침내는 '황금을 빚어내는 도가니'로 만들려 한 일대의 공적은 그 올바른 평가가 기다려지고 있다. 파괴의 아들로서 창조하고 유신(維新)하는 횃불을 든 그 님의 얼굴과 발자취는 불교 개혁의 걸승(傑僧)으로서, 비타협적인 급선봉의 독립 운동가로서, 그리고 천추(千秋)에 길이 남을 증도가(證道歌)의 탁월한 민족 시인으로서 사회 평등·민족 해방·인간 자유를 동시에 추구한 법신(法身)으로 우뚝하기만 하다. 그러나 만해의 길은 정작 언어를 초월하기에 이르는 침묵의 공간이었다.

그의 위대한 침묵은 지금으로부터 114년 전인 1879년 8월 29일 충남(忠南) 홍성군(洪城郡) 결성면(結城面) 성곡리(城谷里) 491번지로부터 고개를 들어 삼천 대천 세계(三千大千世界)의 법계(法界)를 채울 수 있었다.

청주 한(淸州韓)씨 집안의 선비 응준(應俊)과 온양 방(溫陽方)씨 부인 사이에서 둘째아들로 태어난 그는 자(字)가 정옥(貞玉)으로 속명(俗名)은 유천(裕天)이었다. 불문(佛門)에 들어 득도할 때의 계명(戒名)이 봉완(奉琓)이고, 법호(法號)는 만해(卍海 : 萬海), 그리고 법명(法名)은 용운(龍雲)이었다.

몰락 양반의 가문으로 궁색한 형편을 면치 못한 아버지는 그리 보잘 것 없는 관직을 지켜야 하는 관계로 그의 형 한윤경(韓允敬)과 부득이

동학(東學) 농민군의 토벌에 나서야 했고, 그 뒤 의병(義兵) 때는
부형 모두 거병(擧兵)했다가 몰살당하는 참화를 입게 된다.

이처럼 의로운 가문에서 자라며 의인(義人)·걸사(傑士)의 길을
걷고자 유천 소년은 몸부림쳤다.

그의 청주 한씨 가문은 대대로 벼슬을 한 모양이나 아버지와 형
한윤경은 국운이 위태로울 때 의인(義人)의 길을 걷다가 희생되는
비운을 맛보게 했다. 본래 홍성은 옛날 홍주(洪州) 시절부터 선비의
고을로 정평이 있었지만, 구한말(舊韓末)의 드센 풍운 속에서 의병
항쟁의 요람지이기도 했고, 청산리(青山里) 대첩의 용장 백야(白冶)
김좌진(金佐鎭) 장군을 배출한 명소이기도 하다.

특히 한용운이 입산하여 스님이 되기 전까지 나서 자라고 교육받은
곳일 뿐 아니라, 집안이 몰락해 가는 정경이며, 마을 사람들이 관리에
의하여 또는 일본 세력에 의하여 여지없이 짓밟히며 끝내 패망하고
억울한 죽음을 당하는 참경을 지켜보기도 한 못 잊을 초토(焦土)였다.

유천 소년은 몸집은 작으나 힘이 세고 모험심이 강하였다. 담력
또한 엄청났다. 소년은 어려서부터 밖으로 나가 뛰어놀기를 좋아하는
버릇이 있었다. 차차 자라나면서 산기슭이나 외진 들녘에 나가서 늦게
야 돌아오는 일 때문에 양친으로부터 꾸중을 들을 때가 많았다. 어디에
나가 혼자 있기를 좋아하는 그런 성미였다. 홀로 가시덤불을 헤쳐 나가
는 매서운 기상을 키워 가고 있었다.

신동의 길 의인의 길

어린 유천은 여섯 살 때부터 서당에 다니며 글공부에 열을 올렸다.

배우며 익힐수록 빼어난 실력이 돋보여 성곡 마을의 신동(神童)으로 알려졌다.

여덟 살에 이르러 홍성 결성 성곡리에서 그의 집은 홍주 읍내로 이사해 살게 되었다. 두메 산골에서 30리 길 홍성읍(洪城邑) 남문리 (南門里)로 나왔으나 가세가 여의치 못해 다시 오관리(五官里)·남장 리(南長里) 또는 월산(月山) 기슭으로 떠돌며 사는 집안 형편이었 다.

아버지는 미관 말직에 있으면서도 둘째아들의 교육에 몰두하는 한편, 장래 쓸 만한 위인이 되도록 훈계의 말을 늘 잊지 않았다.

그래선지 소년은 기운이 장사인 데다가 누구도 그 재주를 따를 수 없었다.

9세에 《서상기》(西廂記)를 독파하고 《통감》(通鑑)의 뜻을 해득하 는가 하면, 《서경》(書經) 기삼백주(朞三百註)를 통달하여 총명한 아이로 널리 알려지게 되었다.

소년은 자라면서 남다른 특성을 보였다. 키 작은 아버지를 닮아서 그리 힘깨나 쓸 체격은 아니었지만, 싸우게 되면 끝까지 싸우는 철저한 기력(氣力)을 과시했다.

10대의 소년이 하루는 남산에 올라갔다가 행방불명이 되었다. 산 기슭 깊은 골짜기에 추락해 있음을 사람들이 찾아냈다. 뼈가 상해 다리 를 제대로 못 쓸 만큼 치명상이었으나 소년은 아픔을 참으며 어른스럽 게 견뎌내고 있었다. 달포나 그는 치료를 받아야 했다. 부러진 다리는 회복이 되었으나 과중한 치료비로 학자금 부담이 어려워 당분간 서당 생활을 중단해야 했다.

서당에 다니지 못하게 된 대신 그는 여기저기에서 야사(野史)를 주위 들을 수 있었고, 민가에 떠도는 설화(說話)에 깊은 관심을 지녔던 것이다.

그가 아명(兒名) 유천을 버리고 정옥(貞玉)으로 개명한 것은 그 무렵이었다.

글방 시절의 어느 날이었다. 그는 《대학》을 읽으면서 책의 군데군데에 먹칠을 하고 있었다.

이상히 여긴 훈장이 그 까닭을 묻자

"정자(程子)의 주(註)가 마음에 들지 않아서요."

라고 대답하여 주위 사람을 놀라게 했다.

그 뒤 그가 한학에 정진하면서 서당에서 숙사(塾師)로 자기보다 나이가 위인 서동(書童)들을 가르칠 실력의 소유자로 눈길을 끌게 되었다.

그는 평소에 책을 가지는 일이 별로 없었다. 서당 시절에 책을 다 배우기도 전에 그 내용을 막힘없이 암기하고 나서 학동들에게 책을 나누어 주고는 하기 때문이었다.

책이 지나치게 많다는 것은 천재의 수치인지 모른다. 《팔만 대장경》인들 독파하고 나면 만해의 머리 속에 고스란히 입력되어 있다시피 하여 그의 두뇌가 곧 도서관 구실까지 할 정도였다.

열네 살이 되어 그는 당시의 풍속에 따라 전정숙(全貞淑)과 결혼하여 가정을 이루었다.

그러나 철저한 애국 지사를 아버지로 모신 만해는 한 여인이나 가족을 위한 세속적인 생활에 매달릴 수가 없었다.

한 번은 을미 의병 활동 자금을 마련하기 위하여 홍성 호방의 관고(官庫)를 습격하고 천냥의 거액을 탈취한 적도 있었다. 화랑도 기상에 넘치는 그로서는 결국 가출을 단행하지 않으면 안 되었다. 담뱃대 하나만 들고 그는 홀연 집을 나서게 된다.

무단 가출 단행

만해는 왜 스님이 되었나? 그가 태어난 당시의 정세가 그를 스님이 되지 아니치 못하게 했다. 그가 영생과 탈속(脫俗)만을 누리고자 승방(僧房)을 선택한 것으로는 여겨지지 않는다. 그는 그의 인생을 구제하고 사회에 헌신한다는 강렬한 시대적 요청에 의하여 출가(出家)를 단행하게 되었다.

전통적인 유교 가문에서 태어나 소년 시절을 보낸 그는 아버지로부터 그의 일생을 좌우할 만한 교훈을 받았다. 기회 있을 때마다 아버지는 국가 사회를 위하여 한 몸을 아낌없이 바친 옛날 의인들의 행적에 대한 이야기를 들려주었다.

아침 저녁으로 책을 읽다가도 그는 무슨 감회가 있을 때마다 가끔 어린 아들을 불러 세우고 역사상에 빛나는 의인·걸사의 언행을 가르쳐 주며, 또한 세상 형편, 국가 사회의 모든 일을 알아듣도록 타일러 주었다.

한용운은 어린 마음에도 역사상에 빛나는 그들의 기개(氣槪)와 업적을 숭배하는 마음이 생겨, 어떻게 하면 그렇게 훌륭한 사람이 되어 볼까 하는 생각을 품게 되었다. 가슴에 일기 시작한 불길은

'나도 그 의인·걸사와 같은 사람이 되었으면…….'

하는 생각으로 번졌다.

그의 나이 20대에 접어들기 전후해서였다. 바로 20세기의 문턱 그

무렵이었다. 나라의 대세가 기울기 시작하여 서울에서는 무슨 조약이 체결된다는 등 어수선한 분위기가 되면서 뜻있는 인사들이 서울을 향하여 구름같이 모여든다는 소문이 나돌았다. 너무도 크게 국가의 대동맥이 흔들리는 판이어서 소문은 바람을 타고 자꾸 흘러 경향을 막론하고 웅성거렸다.

그의 고향 홍성에서도 정세를 판단한 여러 뜻있는 인사들이 여기저기에 모여서 수군거리는 것이 도무지 심상찮았다.

그래서 그는 여러 날을 두고 생각한 끝에, '지금 이렇게 산골에 파묻혀 있을 때가 아니구나' 하는 결심을 지니고 어느 날 아침 폐포파립(弊袍破笠)으로 표연히 집을 나와 서울 길에 올랐다. 서울이 있다는 방향으로 발길을 옮겨 놓기 시작한 그는 부모에게 알린 바도 아니었고, 수중에 한푼의 여비도 없었다.

서울 가는 길 방향도 몰랐으나 길을 물으면 남이 다 가르쳐 주려니 하는 마음으로 아주 태연했다.

걸음을 재촉하다 보니 날은 이미 기운데다 발에는 노독(路毒)이 나고 배는 고파 오장의 주림이 사무치게 되어 차마 한 발짝도 더 옮길 수 없었다.

어떤 주막집에 찾아들어 팔베개를 하고 싯다르타다운 우수(憂愁)의 명상에 잠겨 그 하룻밤을 넘기게 되었다. 그제야 무모한 출가에 대한 여러 가지 의구심이 번뇌의 먹구름으로 일어났다.

적수공권(赤手空拳)으로 어떻게 나라 일을 도울 것인가? 한학의 소양밖에 아무 학식도 없고 실력이 없는데 어떻게 큰 뜻을 이룰 것인가?

밤이 깊도록 몸을 뒤채며 이 생각 저 생각 굴리던 끝에 머리가 끝없이 혼란해져서 5, 6일 동안 밥도 제대로 먹지 않고 괴로워해야 했다.

백담사 입산 수도

인생은 고적(孤寂)한 처지에 놓이면 역시 그에 따라 고적한 생활을 품게 된다. 그는 인생이란 무엇인지 그것부터 알고 보자는 마음과 앞날을 위하여 실력을 양성하겠다는 불 같은 결심을 하기에 이르렀다.

인생 문제의 해결을 위하여 그는 이제 서울 가는 길을 버리고, 사찰(寺刹)을 찾아 충청북도 보은(報恩)에 있는 속리산(俗離山)으로 향했다. 누구 하나 반겨 맞아줄 사람 없는 그는 법주사(法住寺)에서 얼마간 있다가 다시 더 깊은 심산유곡의 대찰(大刹)을 찾아서 강원도 설악산(雪嶽山) 백담사(百潭寺)까지 갔다.

당시 백담사에는 이름 높은 도사(道士)가 있다는 말이 있어 산골길을 여러 날 걸려 그 곳에 도착했다. 만해는 절에서 불목하니로 거친 일을 도맡아 보며 얼마 뒤 탁발승(托鉢僧)이 되어 불도(佛道)를 닦기 시작했다. 물욕·색욕에 얽매일 청춘의 몸이 한갓 도포 자락을 감고 고깔 쓰고 염불을 외우며 도를 닦기에 몇 해를 보냈다.

완전히 현세를 초탈한 행위였으나 그 자신은 그렇게 철저한 도승(道僧)이 아님을 알게 되었다.

승방에 수년 동안 묶여 있어도 결국은 인생이 잘 알려지지 않았고, 청춘의 뜻을 완전히 굽히기란 어려웠다. 다시 번민이 일기 시작했다. 마음의 안정을 얻지 못한 그는 《영환지략》(瀛環地略)이란 책을 대하게 되었다. 한국 이외에도 넓은 천지가 이 책에 전개되어 있었다. 그 넓은 세상에 나가 뜻을 펴 볼까 하는 생각이 불현듯 만해를 사로잡았다.

그의 입산 동기가 단순한 신앙만을 위한 것은 아니었던 만큼 깊은 설악산 자락에 자리잡고 오래지 않아서 그는 번민을 누를 길이 없어 무전 여행으로 세계 만유(漫遊)의 길에 오르게 되었다. 세계의 사정과 지리를 너무도 모르는 그로서는 세계 여행의 진로를 대강이라도 알려면 그래도 사람이 많이 모이는 서울로 거쳐 가야 하리라는 생각으로 설악산 백담사에서 서울로 향하게 되었다.

고향 홍성을 떠나 가출 단행으로 승려가 되고 나서도 좀처럼 마음의 갈피를 잡지 못하여 처음으로 상경하기까지의 과정을 만해는 회고한 적이 있다.

인생이란 덧없는 것이 아닌가. 밤낮 근근 살자 하다가 생명이 가면 무엇이 남는가. 명예인가, 부귀인가. 모두 다 아쉬운 것이 아닌가. 결국 모든 것이 공(空)이 되고 무색(無色)하고 무형(無形)한 것이 되어 버리지 않는가. 나의 회의는 점점 커져 갔다. 나는 이 회의 때문에 머리가 끝없이 혼란하여짐을 깨달았다.

"에라, 인생이란 무엇인지 그것부터 알고 일하자." 하는 결론을 얻은 나는 당초에 서울로 가려던 길을 버리고 강원도 설악산의 백담사(白潭寺)에 이름 높은 도사가 있다는 말을 듣고 산골 길을 여러 날 걸어서 그곳으로 갔다.

그래서 곧 동냥중이 되어 물욕, 색욕을 모두 버리고 한갓 염불 외며 도(道) 닦기에 몇 해를 보내었다. 그러나 수년 승방에 묶여 있어도 결국은 인생이 잘 알려지지도 않고, 또 청춘의 뜻을 내리누를 길 없어 다시 번민을 시작하던 차에 마침 《영환지략》(瀛環地

略)이라는 책을 통하여 비로소 한국 이외에도 넓은 천지가 있다는 것을 인식하고, 행장을 수습하여 원산(元山)을 거쳐서 시베리아에 이르러 몇 해를 덧없는 방랑 생활을 하다가 다시 귀국하여 안변 (安邊) 석왕사(釋王寺)에 파묻혀 참선 생활을 하였다. 그러다가 동양 문명의 집산은 일본 동경(東京)에서 이루어지니 동경으로 가겠다는 생각으로 이듬해 봄에 처음으로 서울에 발을 들여 놓았다.

때는 음력 2월 초순이었다. 산에는 눈이 쌓여 있고, 산골 냇물은 얼음이 있는 곳도 있었으나 들과 양지에는 하루가 다르게 눈이 녹는 해빙기였다. 얼음이 녹아서 흐르는 냇물도 있었다.

백담사에서 서울로 가자면 산길 20리를 나와서 한 내를 건너게 되었는데 물이 1마장이나 흐르고 있으나 물론 건너갈 다리도 없었다. 그 곳이 가평천(加坪川)이었다. 눈이 녹아내리는 물로 내는 상당히 불어 있었다. 눈 녹은 물은 얼음보다도 찼다. 내를 건너야만 서울로 가고 세계 편력도 가능할 터였다.

그러나 그는 주저하지 않을 수 없었다. 말하자면 세계 일주의 첫 난관이었다.

그는 용기를 내어 옷을 허벅다리까지 걷어올리고 건너기 시작했다. 산골 내에는 크고 작은 둥근 돌이 깔려 있고 물이끼가 껴서 미끄럽기 짝이 없었으며, 발을 붙이기도 어려운데 가평천은 더욱 심했다. 건너기 시작한 지 얼마 아니 되어 물이 뼈 속까지 차갑게 배어 올 뿐 아니라, 발을 디디는 대로 미끄러지고 부딪쳐서 차고 아파 오는데 견딜 수가 없었다. 냇물 중간쯤에 이르러서 다리가 저리고 아프다 못해 감각이 마비될 지경이었다. 그의 육체는 저항력을 잃고, 정신은 인내력을 다하였다. 정신의 인내력은 좀더 버틸 용기가 있다 하더라도 감각과 저항력을 잃게 된 그의 다리는 비틀거리기 시작했다.

앞으로 나아갈 수도, 뒤로 돌아설 수도 없는 진퇴유곡(進退維谷)이었다. 남은 일이라면 주저앉거나 넘어지는 것뿐이었다.

20대의 한용운은 이 경우 어떻게 할 것인가.

"백척간두(百尺竿頭) 진일보(進一步), 홀연히 생각하였다. 나는 적어도 한푼 없는 맨주먹으로 세계 만유를 떠나지 않느냐. 어떠한 곤란이 있을 것을 각오한 것이 아니냐. 인정은 눈 녹은 물보다 더욱 찰 것이오. 세도(世途)는 조약돌보다 더욱 험할 것이다. 이만한 물을 건너기에 인내력이 부족하다면 세계 만유라는 것은 부질없는 일이 아닌가 하여서 스스로 나를 무시하는 동시에 다시 경책(警責)하였다. 차고 아픈 것을 참았는지 잊었는지 모르나 어느 겨를에 피안에 이르렀다. 다시 보니 발등이 찢어지고 발가락이 깨어져서 피가 흐른다. 그러나 마음에는 건너온 것만이 통쾌하였다. 건너온 물을 돌아보고 다시금 일체 유심(一切惟心)을 생각했다."

——'북대륙(北大陸)의 하룻밤'에서

만해는 건너기 어려운 큰 냇물을 건넜을 뿐만 아니라, 그보다 더 큰 깨우침을 지닐 수 있었다. 유심의 길은 만해의 과정이었고, 생애를 통한 체험으로 실증된다. 그가 어떠한 일에 있어서나 의지를 관철한 것은 일체 유심으로 진여(眞如)의 경지에 다다른 것을 말해 준다. 스스로를 돌보지 않음으로써 그는 대아(大我)를 성취해 나간다.

48

평생을 두고 땀과 피를 쏟는 고통 속에서 그는 일체를 해탈(解脫)
해 나갈 수 있었다.

더욱이 그가 산 시대는 좀처럼 건너기 쉽지 않은 강이 늘 가로막히
고는 했다.

그러나 만해는 슬기와 용기를 아끼지 않고 어떻게라도 수많은 강을
건넜다.

아픔과 통쾌감이 엇갈리는 마음으로 그는 냇가에 앉아 버선을 신고
있었다. 마침 50세쯤 되어 보이는 남자와 30대의 여자가 그에게 다가
왔다.

"이 물을 건너오셨소?"

"네."

"얼마나 깊습니까?"

"그다지 깊지는 않습니다. 다리만 걷어 올리고도 건널 만합니다."

"대단히 차지요?"

"네, 차기는 대단합니다."

그는 물에다 손을 넣어 보더니 얼굴을 찡그리면서

"에구, 차서 못 건너가겠군. 돌아서 가야겠네."

하고 물을 거슬러서 산기슭으로 올라갔다. 여자는 혼자말로

"돌아가면 언제 가게."

하며 버선을 벗어서 한 손에는 버선과 짚신을 들고, 다른 한 손으로
옷을 걷어 잡고 물에 들어서더니 진저리를 치면서 건너가는 게 아닌
가.

그러나 냇물을 반도 채 건너지도 못해서 그만 넘어져 두어 번 구르
다가 일어나서는 벌벌 떨기만 하고 오도 가도 못하였다. 이 광경을

본 청년 만해는 옷을 걷을 사이도 없이 그대로 물 속에 뛰어들어 그녀를 업어서 건네 주고 다시 건너올 때는 수도승으로서 할 일을 좀 하였다는 비교적 유유한 자세였다.

물에 빠진 여인을 구원한 보람 속에서 그는 보살행을 통하여 한 정복자가 된 듯한 자부심을 마음속으로 달랠 수 있었다.

주막에 가서 옷을 말리는데 사람들은

"그 가평천은 눈 녹은 물이 내릴 때는 산으로 돌아다니고 좀처럼 건너지 못하는데……."

하며 젊은 스님에 대한 칭찬이 쏟아져나왔다.

연해주 해삼위로

상경한 그는 세계의 지리와 국제 동정에 대하여 알고자 했으나 체험담을 들을 만한 곳이 없었다. 설악산 백담사에서 불목하니 노릇을 하던 이름 모를 젊은 중을 누가 상대해 준단 말인가. 또한 세계 순방의 체험을 가진 사람이 당시로서는 너무도 찾아보기 어려울 적이었다.

그는 할 수 없이 진로를 스스로 결정하지 않으면 안 되었다. 가까운 러시아로 먼저 가서 중부 유럽을 거쳐 미국에 건너가려는 거창한 계획을 짰다.

그러자면 원산(元山)에 가서 배편으로 블라디보스톡(海蔘威)에 상륙해야 했다.

만해는 서울에서 함경도 원산으로 향하는 도중에 두 사람의 스님을 만났다. 한 사람은 그와 함께 백담사에 있던 스님이었고, 다른 사람은 금강산 마하연(摩訶衍)에 있는 스님이었다. 그들은 블라디보스톡으로

다스포라는 물건을 사러 가는 길에 만해와 동행하게 되었다.

원산에서 3인이 같이 배를 타고 블라디보스톡으로 가는데 그가 기선을 타기는 처음이었다. 불과 5백 톤밖에 안 되는 작은 배였지만 처음 타 보는 기선의 내부를 자세히 관찰하며 신문화의 경이에 탄복한 것도 사실이었다.

연해주까지 가는 길은 선편으로도 머나먼 여로였다. 며칠이 지나서 마침내 블라디보스톡 항구 밖에 이르러 배는 항해를 멎었다. 갑판 위에서 항구와 그 부근의 촌락들을 바라보다가 만해는

"왜 배가 정지하지요?"

하고 선원에게 물었다. 선원이 대꾸했다.

"항구 안에는 수뢰(水雷)를 묻어서 항로를 알 수 없으므로, 어느 나라 배든지 여기 와서 신호를 하면 러시아 사람이 나와서 배를 몰고 갑니다."

이윽고 기적이 울리자 자그만 증기선이 쏜살같이 달려온다. 러시아 인이 배에 올라서자 다시 항해가 계속되었다.

항구 안 바다에 수뢰를 묻고 입항 선박은 자기 나라 사람으로 하여 금 운항하게 하는 국방(國防)의 실태였다.

갑오경장(甲午更張) 이전에 병마 6천에도 미달된 채로 태평 세월의 잠을 자던 조국의 현실을 염두에 둘 때 만해의 자극은 컸다.

배가 항구에 들어가자 곧바로 배에서 부두로 상륙하게 되어 있었 다. 그 항만의 설비에 놀라지 않을 수 없었다. 상륙할 때에 선객들은 대부분이 상인과 노동자요, 그 중에서도 머리 깎은 사람은 그의 일행과 다른 두 명이 있을 뿐이었다.

만해 일행은 배에서 내려 한국인의 부락인 개척리(開拓里)를 찾아

가는데 길가에 드문드문 보이는 한인 교포들은 그들을 유심히 주목하여 수군거렸다. 만해는 복주감투(僧冠)라는 것을 쓰고 있어서 마음에 좀 걸렸으나 그들의 동작이 좀 이상한 것으로는 생각지 않았다.

　개척리에 이르러 길가의 한 여관에 들었다. 여관에 든 사람들 역시 만해 일행을 이상한 시선으로 보면서 무엇인가 수군거리는 눈치였다.

　저녁 식사를 마치고 나자 곧 날은 저물었다. 문 밖의 길에서 여러 사람이 몰려가는 소리가 요란스러웠다. 여관의 다른 사람들이 구경을 하고 들어와서 서로 수군거렸다.

　"또 죽이러 나가려나 보오."

　"몇인가?"

　"둘일세."

　"이번 배에 내린 사람?"

　"그렇겠지."

　"사람 무척 죽는군!"

　이런 말을 듣게 된 스물다섯 살의 청년 만해는 등골이 오싹해짐을 어쩔 수 없었다. 그래서 한 사람을 청하여 내막을 물었다.

　"지금 사람을 죽이러 나간다니 무슨 사람을 죽이러 간다는 말이오?"

　"예, 여기는 조선에서 머리 깎은 사람만 들어오면 죽이는데, 오늘 배편에 온 두 사람을 아까 죽이러 갔답니다."

　"머리 깎은 사람을 죽이다뇨?"

　"일진회원(一進會員)이라 해서 그런답니다."

　"누가 죽이나요?"

　"조선 사람들이 죽이지요."

　"뭣 하는 사람들이오?"

"하기야 무얼 하겠소. 먼저 여기 와서 자리잡고 아라사(러시아)에 입적(入籍)한 사람들이 많지요."

"재판을 하나요? 어떻게 죽입니까?"

"재판이 다 뭐요? 덮어놓고 죽이지요."

"죽이기는 어떻게 죽이나요?"

"바다에 갖다 던집니다."

"여기는 사람을 그렇게 함부로 죽여도 괜찮소?"

"아무 일 없지요."

"아무 일 없다니, 여기는 경찰도 없고 아무 법도 없단 말인가요? 사람을 그렇게 함부로 죽인대서야 어디 우리가 살 수 있나요?"

"여기는 경찰이 있으나 마나죠. 그런 일 말고라도 저녁이면 길가에서 강도에게 사람이 죽지 않는 날이 별로 없답니다. 더구나 조선 놈끼리 서로 죽이는데 여기 경찰이 아는 체할 까닭이 있소?"

"그러면 머리 깎은 사람을 얼마나 죽였나요?"

"꽤 죽였죠. 들어오기만 하면 죽이니까요."

"일진회원인지 아닌지 분간도 없이 머리 깎은 사람이면 다 죽여서야 되겠소?"

"지금 조선 사람 중엔 일진회원 아니고서야 머리 깎은 사람이 있습니까? 그러니까 다 죽이나 봅디다."

"우리들은 왜 아니 죽이나요?"

"글쎄요, 알 수 없습니다. 아직 더 두고 봐야죠."

그의 말에 만해는 두렵기도 하고 의아스러워서 좀처럼 믿어지지가 않았다.

그러나 몇 사람의 말을 종합한즉 확실한 사실이었다. 세 스님의 운명도 이제 바람 앞의 등불이었다. 경찰에 가서 구원을 호소할까 하고 준비를 서둘렀다.

죽을 고비 가까스로 벗어나 귀국

바로 그 때였다. 문 밖에 여러 사람이 몰려왔다. 양복 차림의 청년과 장년 10여 명이 신발을 신은 채로 여관 방에 들어와 만해 일행을 에워 쌌다.

그들은 모두가 공격용 무기인 듯 단장 하나씩을 지니고 있었다. 사자의 아가리에 들게 된 처지에서 만해는 그들을 못 본 체하고 담담한 표정으로 턱을 괴고 앉아 있었다.

그들 중 장년 한 사람이 만해 앞에 앉으면서

"너희는 다 뭐냐?"

하고 눈을 부라리며 묻는다.

"우리는 중이지요."

만해의 대답이었다.

"중이 무슨 중이야. 일진회원이지?"

"아니오. 우리의 의관이라든지 행장을 보아도 알 텐데요."

"정탐하기 위해서 변장을 하고 온 거지? 그러면 우리가 모를 줄 아나?"

"아닙니다. 본국 절에 조사를 해도 알 것이오."

"중놈이 아닌 것이 뻔하다. 중놈이라면 우리가 들어오는데 다리를 포개고 앉아 있다니 말이 되는가?"

"그게 나쁜 일이오?"

"나쁜 일이 아니라니! 중놈이라면 우리가 들어오는데 보고만 있을 게 아니라 으레 일어나서 합장하고 절을 해야지 그렇게 불손하게 본체만체한단 말이냐? 암만 해도 너희들은 변장을 하고 온 일진회원들임에 틀림없다."

괴한은 만해를 때리려고 단장을 들어 겨눈다. 만해는 일시 해명을 늘어놓으며 불상(佛像)의 가부좌(跏趺坐)라는 것이 그러함을 밝혔다. 그들은 그것이 무엇인지 몰라 잠자코 있었다. 만해는 행장을 보자는 그들의 말에 따라 보따리부터 풀어 보이며 승복(僧服)과 《금강경》 책을 보여주었다.

다른 스님들도 행장을 조사받으며 공포에 떨고 있었다. 금강산 마하연 스님의 행장에서 나무목으로 만든 표주박, 곧 '금강산 혹'이라는 것이 나와 그들은 실소를 금치 못했다.

분위기는 다소 부드러워진 성싶었다.

"오늘은 밤이 늦은 관계로 내일 너희들을 처치하기로 한다."

그리고 여관 주인을 불러들이고 난 괴한들은

"이 자들이 도망하지 못하게 잘 감시하시오."

라고 내뱉고는 일제히 몰려갔다.

만해 일행은 사형선고를 받고 감금당한 신세가 되었다. 죽음의 시기는 각일각 임박해 왔다. 집행을 기다리는 도형수(徒刑囚)들은 잠 한숨 제대로 이룰 수가 없었다.

이튿날 새벽 만해는 주인을 불러 밤에 몰려와 일행에게 수작을 부린 수괴의 정체를 알아냈다. 그는 엄인섭(嚴寅燮)이라는 위인으로 노령(露領)에서 생장하여 교육을 받은 군속(軍屬)이며, 다소 전공(戰功)이 있어 훈장까지 달고 다니는 터였다.

죽음의 순간에 임박한 만해는 기지(機智)를 써서 살길을 개척할
셈으로 곧 주인을 대동하고 엄인섭의 집을 찾아갔다. 그는 아직 잠자리
에 있었다.

"할 말이 있어서 왔습니다."

옷을 입고 나온 그가 만해를 맞이했다.

"죽기 전에 유언할 말이 있어 왔습니다."

만해의 침통한 말에

"유언? 그래, 무슨 유언인가?"

하고 정색을 한다.

"다른 유언이 아니오. 들으니 당신네가 사람을 죽이되 바다에 갖다
넣어 죽인다 하는데, 나는 바다에 넣는 대신 거저 죽여서 백골이나
마 고국에 갖다 묻히게 해 달라는 부탁이오."

이 말을 하는 만해의 언성은 다소 떨려 나왔다.

그는 결국 만해의 입장을 알았다는 듯이 다소 밝은 표정을 지으며

"우리 이노야(李老爺)의 집으로 가 볼까요."

한다. 따라서 가 본즉 그 마을의 이장(里長) 같은 중요한 일을 맡은
사람으로, 장자(長者)의 풍도가 있어 보였다. 만해는 이노야 앞에서
자기가 출국하여 블라디보스톡까지 온 사정을 상세히 설명했다. 나중
에야 그는

"그렇다면 스님들한테는 아무 일도 없게 할 테니 안심하고 돌아가시
오."

한다.

여관으로 돌아오면서 만해는 무덤을 찾아갔다가 살아서 오는 개선의
느낌을 맛볼 수 있었다. 만해는 죽기만 기다리고 있는 동행한 스님을

위로하여 안심시켰다. 아침 식사 때 엄인섭이 찾아왔다.

"어젯밤 일은 미안하오. 여기 블라디보스톡으로부터 하바로프스크까
지는 전부가 위험 지대이니 갈 생각은 아예 마시고, 해삼위 항구
일대나 구경한 다음 귀국하도록 하십시오. 항구 구경도 그대로는
위태하니 내 명함을 가지고 다니시오."

그는 명함을 만해에게 건네 주면서 사인을 했다. 만해는 유일한
호신부로 알고 그것을 지니었다. 갑갑하여 우선 항구나 돌아보려고
동행자의 의향을 물어보았으나 중병을 치른 사람들처럼 모두가 반대하
여 만해 혼자 나서게 되었다. 항구 앞바다 모래사장으로 나가자 이윽고
양복 차림의 한인 청년 대여섯 명이 만해를 불러 세웠다.

"네가 어제 배에서 내린 사람이지?"

이에 만해는 엄의 명함을 보였다. 그들은 그 명함을 받자 찢어 없애
면서 만해의 두 팔을 잡고, 또는 등을 밀면서 바다 쪽으로 갔다. 만해
는 다시금 죽음의 기로에 서게 되었다. 사태는 위급해졌다. 만해는
바다에 던져질 위기를 모면하고자 있는 힘을 다하여 완력으로 최후의
항거를 하기 시작했다. 치열한 격투가 벌어졌다. 힘이 장사까지는 아니
어도 만만찮은 만해였다.

때마침 멀찍이서 구경하고 있던 청인(淸人) 한 사람이 다가와 싸움
을 말렸다. 그는 다행스럽게도 한국말이 유창했다. 자초지종을 만해로
부터 들은 그는

"이거 보오. 같은 조선인으로 외국에 나와서 함부로 죽이려는 것은
어느 개인만의 불행이 아니오. 이러지들 마시오."
하고 그들을 만류했다.

그러나 그들이 그 중국 사람의 말을 고분고분히 들을 리가 없었다.

더욱더욱 만해를 끌고 바다 쪽으로 가려 했다. 그리고 만해는 그들과의 격투에 안간힘을 다 쓰고 하여 사태는 더욱 악화되어 갔다. 중국 사람이 큰 소리로 외치자, 얼마 안 있어 러시아 경찰관 두 사람이 달려와, 만해는 겨우 죽을 고비를 면하였다. 이제 차삯이나 여비도 없는 그가 도보로 전전하기는 도저히 불가능했고, 오직 고국의 품으로 돌아오는 길밖에 없었다.

동행한 두 스님도 만해와 함께 귀국하기로 했지만 딱하게도 배삯이 없었다. 그러나 50리 바다를 건너면 육로로 오는 길이 있음을 알고 시각을 다투어 목선(木船)을 탔다.

여러 날 만에 두만강을 건너와서야 그들은 안도의 숨을 내쉬었다.

고난을 헤치고 구사일생으로 환국하기까지 북대륙(北大陸) 블라디보스톡의 하룻밤은 만해의 뇌리에서 좀처럼 떠나지 않았다.

귀국했을 때는 각처에서 의병(義兵)이 일어나 사회 정세는 매우 어지러웠다.

만해는 강원도 간성(杆城)에 머물다가 함경도 안변(安邊) 석왕사(釋王寺) 깊은 암자에 묻혀 다시금 참선 생활에 접어들었다.

내설악에서 득도, 마음속 불꽃 지펴

석왕사에서 나와 다시 이곳저곳을 정처없이 구름 따라 물 따라 수도 행각을 하다가 고향으로 돌아와 본 그는 난감했다. 가친(家親)과 함께 가형이 의병에 가담했다가 참형(斬刑)으로 순국한 뒤여서 고향은 이미 무너진 쑥대밭 타향이었다.

그래서 홍성에 이웃해 있는 광천(廣川)으로 가족들을 옮겨놓고 은거하던 그는 1904년 초여름 고향을 등지고 또 다시 설악산 백담사에 들어가 불목하니 노릇을 하며 도승(道僧)의 수도 생활을 했다.

만해는 기운이 세었으므로 한꺼번에 여러 사람 몫의 나무를 해 올 수 있었다. 그 해 겨울의 백담사 선방은 따뜻하였다.

그러나 그의 파계는 12월 21일 아들 한보국(韓保國)이 태어나는 비운을 저지르게 된다. 나라를 보위한다는 이름은 그런 대로 만해의 뜻을 살린 듯싶었다.

이듬해 1905년 1월 26일 그는 내설악 백담사에서 김연곡(金蓮谷) 선사에 의해 득도(得度)하였다. 깨달음의 한 소식이었다.

백담사는 오늘 만해당(萬海堂)을 보존하리만큼 내설악에서도 만해 한용운 스님의 기념할 만한 도량(道場)이었다. 생육신의 대표적인 자리를 차지하는 동봉(東峰) 김시습(金時習)이 주석하던 인근 높은 산기슭의 오세암(五歲庵)에도 드나들며 만해는 비승비속(非僧非俗)의 큰 선비인 생육신의 절의(節義)를 차츰 혈육화해 나간다.

백담사 만해당에서 20년 뒷날에 주옥편 시 《님의 침묵》이 태어났고 보면, 이 곳은 역사적인 선시(禪詩)의 산실(産室)이기도 한 명소다.

그러니까 내설악 백담사에서 득도하기 달포 전, 만해의 고향에서는 부인 전여사가 생남하였다. 1904년 12월 21일에 태어난 아들 보국이는 가장이 출가 재입산한 상태에서 실상 유복자의 운명을 타고난 것이나 다름없었다. 만해로서야 실로 아찔하였다.

만해는 하나뿐인 아들에 대하여 늘 가혹하였다.

"너 같은 놈이 왜 태어났어!"

"너를 가르치기보다 될 성싶은 남의 자식들을 교육해 큰 사람을 만들면 만들었지, 참 어림도 없는 녀석이구나."

가끔은 이렇게 투덜거릴 정도였다.

속세의 모든 것을 아낌없이 다 버린 만해의 무자비한 출가 단행은 가정을 파탄시킨 횡포였다. 그에게는 뼈에 사무치는 자책이 없을 수 없었다.

"나는 본래 탕자(蕩子)였다. 중년에 선친이 돌아가시고 편모를 섬겨 불효에 이르렀더니, 지난 을사(乙巳 : 1905)에 백담사로 입산해서는 가족들이 더욱 흩어져 국내 · 외국을 떠돌았다. 그리하여 마침내 집에 소식을 끊고 편지조차 하지 않았는데, 지난 해에 노상에서 고향 사람을 만나 어머니 돌아가신 지가 3년이 지났음을 전해 들었다. 이로부터 만고에 다하지 못할 한을 품게 되었고, 하늘의 크기로도 남음이 있는 죄를 짓는 결과가 되었다.

지금에 이르도록 이를 생각할 때마다 부끄럽고 떨려 용납키 어려워 (…) 부지불식중 가슴이 막히고 몸이 떨려지기에 감히 천하에 알려서 벌이 이를 것을 기다린다."

——《조선 불교 유신론》 삽입절에서

그렇지만 재래 동양의 의인이나 걸사들은 가속을 돌볼 겨를이 없었던 점에서 불가피한 미덕으로 간주될 수도 있다. 희생 없이 큰 일은 성취되지 않는다. 무서우리만큼 철저한 결단성이 만해에게 없었던들 한평생 그토록 대담무쌍한 일들로 많은 영향을 끼치기 어려웠을 터이다.

그의 과단성은 득도의 길을 걷게 했으며, 대도(大道)의 체득을 통하여 암담한 수난기의 역사와 민족 사회에 크게 기여할 수 있게 하였다. 10대 후반 그가 서당에서 학동들을 가르칠 무렵 틈이 생기면 동료들에게 이렇게 말하고는 했다.

"여기서는 일을 못해. 큰 세상에 나가야 한단 말야. 나가야 더 배우고 일도 할 수 있지. 상투 틀고 앉아서 이 짓만 하다가는 아무것도 안 될 테니······."

그래서 그는 출분(出奔)을 단행하기는 했으나 더 큰 세상이라기보다 깊은 골짜기에로였다.

내설악 백담사는 오세암(五歲庵)에서 30리 아래에 있는 관할 사찰이다. 백담(百潭)이란 이름은 계곡에서 백담사까지 올라가는 길에 못이 백 개나 된다는 데서 나온 이름이었다.

오세암은 백담사와 함께 내설악의 절경에 자리잡고 있는 명승지로 손꼽힌다. 일찍이 생육신(生六臣) 중 산부처이자 큰 선비로 현실을 철저하게 부정하며 불의와 대결하려 했던 매월당(梅月堂) 김시습(金時習) 같은 천재 기인(奇人)도 오랜 세월을 오세암에서 참선 생활을 했다.

매월당 제2세격인 한용운도 오세암과 백담사를 오르내리며 참선 생활을 해 나가면서 도통(道通)하여 중생을 구제하는 길에 접어든다.

그가 다시 스님이 되어 정식으로 축발(祝髮)하는 의식의 머리를 깎게 되었을 때, 인생의 허무함을 새삼스레 실감하며 땅 위에 뒹구는 자신의 상투를 말없이 지켜보았다.

청년 승려는 이제 티끌 세상과의 인연을 버리기로 했다.

만해는 그 동안 상당히 많은 경전을 섭렵하였기에 비구계(比丘戒) 250계를 받았다. 그는 어엿한 비구승이 되었다.

연곡 스님은 퍽 도력(道力)이 있는 스님이었다. 만해와 같은 사람을 상좌(上座)로 삼은 것이 어쩌면 대견스러웠다.

또한 27세에 만해는 백담사에서 전영제(全永濟) 스님에 의하여 수계(受戒)하였고, 그 석 달 뒤인 4월 이학암(李鶴菴) 스님으로부터 《대승 기신론》(大乘起信論)·《능엄경》(楞嚴經)·《원각경》(圓覺經)을 수료함으로써 승려로서의 자질을 연마하였다.

그 뒤 서진하(徐震河) 스님 문하에서 선학(禪學)을 수업했다.

스승 서진하 스님의 가르침은 만해에게 뼈에 스미는 교훈이 되었다. 만해가 나중에 나라의 큰 일을 해나가며 겸허와 인고의 석덕(碩德)을 쌓을 수 있었던 것은 그의 법사(法師) 서진하 화상의 숨은 가르침에 크게 영향받은 결과였다.

금강산에서 태백산까지 스승을 따르면서 모시던 만해는 그와 작별하고 다시 설악산 오세암으로 돌아왔다.

여기에서 그는 법사 스님의 깊은 교훈을 음미하며 본격적인 수도 생활에 정진했다.

이 무렵부터 만해 한용운 스님은 글줄이나 읽으며 남보다 아는 체나 하는 중이 아니었다. 구도승(求道僧)·선승(禪僧), 그리고 수좌(首座) 스님의 길목에 접어들어 있었다.

만해는 대자연 앞에서나 부처님 앞에서나 중생 앞에서 묵묵히 법력(法力)을 연마했다.

구도에의 일념으로 그는 마음속에 불꽃을 마련해 나갔다. 아직은 안으로만 타는 수도(修道)의 불꽃이기는 하였지만 매서운 불씨였다. 그의 일거일동이 행동을 예비하는 수심결(修心訣)의 몫이었기에다.

참선에 밤이 깊은 줄 모르는 생활 속에서 만해는 불타(佛陀)의 오묘한 경지에 접근해 갔다.

그의 마음 또한 닦이고 닦이었다. 수행(修行)을 통한 참선의 경지에
서 그의 마음은 거울처럼 맑아질 수 있었다.

일본 유학 통해 대중불교 집착

1907년 4월 15일 만해는 강원도 고성 건봉사(乾鳳寺)에서 선수업
(禪修業)에 정진하는 가운데 수선 안거(首先安居)를 성취하고, 이듬해
봄에는 서월화(徐月華) 스님을 찾아가 《화엄경》을 수료했다.

그러나 그의 마음은 다시 설레기 시작했고, 사나이의 뜻을 펴기에는
한반도가 너무 비좁다는 생각이 들었다.

그러던 차 새 문화와 새 문물 시찰을 하고자 그는 일본 여행의 길에
오르게 되었다.

만해가 서른 살에 접어든 1908년 4월이었다.

현해탄을 건너 시모노세끼(下關)에 내려 도꾜(東京)로 갔다. 그는
조동종(曹洞宗)의 통치 기관인 종무원(宗務院)을 찾아갔다. 거기에서
시로마 유끼오(弘眞雪三)라는 일본의 고승과 만나게 된다. 시로마
스님은 만해에게 조동종 대학에 입학하도록 우의에 넘치는 혜택을
베풀었다.

학비 한푼 없이도 만해는 조동종 대학, 곧 고마자와 대학(駒澤大
學)에 다니며 일어도 배웠지만 불교와 서양 철학을 청강하였다. 일본
인 아사다(淺田) 교수와 한시도 지으며 교유할 즈음 한국에서는 최린
(崔麟)·고원훈(高元勳)·채기두(蔡基斗) 등이 유학생으로 도꾜에
왔다.

특히 최린과 교분을 두터이 한 만해는 그 해 10월에 귀국하기까지

일본 각처를 돌아보며 신문물을 두루 시찰할 기회가 있었다.

도꾜를 비롯하여 교또(京都)·미야지마(宮島)·닛꼬(日光) 등지를 순유(巡遊)하였다.

일본에 다녀온 그는 불교의 근대화 내지 대중화에 대한 뜻을 품게 되었다. 그것은 곧 그를 집념에 젖게 했다. 그러나 가장 큰 수확이 있었다면 그것은 유학생 회장으로 활동하고 있는 최린을 사귀게 된 사실이었다.

만해의 일본 유학과 시찰은 결국 그에게 두 가지의 성과를 안겨 주었다.

《조선 불교 유신론》(朝鮮佛教維新論)의 저술 추진과, 최린과 함께 후일에 3·1 운동을 이끌게 한 그것이다.

10월에 귀국한 만해는 건봉사에서 이학암 스님에게서 《반야심경》(般若心經)과 《화엄경》(華嚴經)을 수료했다.

건봉사(乾鳳寺)는 천4백50여 년이 된 고찰로 우리 나라 31 본산의 하나였다. 강원도 고성군 오대면 냉천리에 자리잡고 백운동(白雲洞)에서 흘러내리는 물이 절경을 이루는 곳에 있다. 백담사·신흥사·낙산사 등은 건봉사의 말사(末寺)에 속한다. 이대련(李大蓮) 선사가 이 절의 주지로 있을 때, 만해는 이 절의 사적을 역저 《건봉사 사적기》로 편찬하여 1928년에 간행하였다.

만해가 건봉사에 있을 때였다.

어느 날 길을 가다가 술에 취한 그 지방의 어떤 부자를 만났다.

"이놈, 중놈이 감히 인사도 안 하고 가느냐?"

하고 지나쳐 가려는 만해를 가로막고 시비를 걸었다. 만해는 못 들은 체하고 가던 길을 재촉했다.

　　그러자 부자가 따라와 덤벼들었다. 만해가 한 번 세게 밀었다. 그는 뒤로 나둥그러져 엉덩방아를 찧고 말았다.

　　만해가 절로 돌아온 얼마 뒤에 수십 명의 청년들이 몰려와 욕설을 하며 소란을 피웠다.

　　"이놈들, 어서 덤벼 봐라. 못된 버릇을 고쳐 주겠다."
하고 드디어 화가 난 만해는 장삼을 걷어붙이고 힘으로 대결하였다. 치고 받고 하는 격투가 벌어졌다.

　　자그마한 체구의 만해지만 그는 어렸을 때부터 남달리 힘이 세어서 그를 당해 낼 사람은 그리 많지 않았다. 청년들은 하나 둘씩 모두 꽁무니를 뺐다.

　　설악산 백담사에서 머물며 참선 중인 어느 날이었다. 친일 앞잡이인 군수가 그 절로 찾아왔다. 절에 있는 모든 사람들이 나와 영접했다. 그러나 만해만은 까딱 않고 선방에 앉아 있을 뿐만 아니라 내다보기조차 않았다.

　　군수는 매우 괘씸하게 생각하여

　　"저기 혼자 앉아 있는 놈은 도대체 뭐기에 저렇게 거만한가!"
하고 욕설을 퍼부었다.

　　만해는 이 말을 듣자마자

　　"왜 욕을 하는가?"
라고 대들었다. 군수는 더 화가 나서

　　"뭐라고, 이놈! 넌 도대체 누구냐?"
하고 소리쳤다. 그러자 선생은

　　"나 한용운인데."
하고 대꾸했다. 군수는 더욱 핏대를 올려

"돌중 한용운은 군수를 모르는가!"
하고 말하자, 만해는 더욱 노하여 큰 목소리로
"군수는 네 군수지, 내 군수는 아니다!"
라고 외쳤다.
　기지(機智)가 넘치면서도 위엄 있는 이 말은 군수로 하여금 찍 소리
도 못하게 하였다.

불교 근대화의 길 열고 항일불교 정비

　비상한 법력(法力)을 발휘하는 만해를 당해 낼 사람은 있지 않았
다.
　강석주(姜昔珠) 노스님은 서울 안국동 선학원(禪學院) 시절의 만해
선사에 대하여 회고한다.
　"선생은 기운 참 좋으셨습니다. 소두(小斗) 말을 놓고 그 위를 가부
좌(跏趺坐)를 한 채 뛰어넘을 정도였으니까요. 팔씨름을 하면 젊은
사람들도 당해내지를 못했지요."
　또 조명기(趙明基) 박사는 이렇게 말한다.
　"만해 선생은 힘이 셀 뿐 아니라 차력(借力)을 하신다는 이야기도
전해지고 있었죠. 왜경이 뒤쫓을 때 어느 담 모퉁이까지 가서는
어느 틈에 한 길도 더 넘는 담을 훌쩍 뛰어넘어 뒤쫓던 왜경을 당황
케 했다는 말이 있어요. 그리고 커다란 황소가 뿔을 마주 대고 싸울
때 맨손으로 달려들어 두 소를 떼어 놓았다는 전설 같은 이야기도
있지요."
　아무튼 만해는 남다른 법력이 넘치는 역사(力士)이기도 했다.

1908년 12월 중순, 만해는 경성 명진 측량 강습소(京城明進測量講習所)를 서울에 개설하고 그 소장이 되었다.

여러 사찰에 측량 학교를 세우는 데 협력하며 측량에 대한 강연도 한 것은 일반의 인식을 높여 일제의 토지 조사 사업으로 비록 국토는 일제에 빼앗길지언정 개인 소유 및 사찰 소유의 토지라도 끝까지 수호하자는 생각에서였다.

그 뒤 1, 2년을 두고 만해는 표훈사(表訓寺)와 화산 강숙(華山講塾)에서 불교 교리 강사로 일을 보기도 했다.

30대를 전후하여 청년승 만해는 평소에 이렇다 할 말이 없는 스님으로 비범한 데가 있었다. 글을 쓰고 참선을 하는 것이 일과였다.

안변 석왕사에서 만해가 참선 생활을 할 때 박한영(朴漢永) 강백(講伯)과 서로 사귀었다. 그들은 도를 논하고 호연지기(浩然之氣)를 길렀다. 때로는 기울어져 가는 국운을 열띤 목소리로 개탄도 했다.

조선 왕조를 창업하고 태조 임금이 원찰로 세운 유서 깊은 석왕사의 시냇물은 맑게 흘러도 역사의 흐름은 너무도 흐려 있었다.

그 동안 백담사에서 《조선 불교 유신론》을 집필하면서 불교의 근대화와 대중화, 그리고 정신 문화의 쇄신 운동에 앞장선 만해였다.

1910년 내설악 백담사에서 탈고된 《조선 불교 유신론》은 깊은 잠에 빠져 있는 한국의 불교계에 던진 신호탄이었으며, 불교 근대화의 선언서였다. 승려가 취저(娶妻)해도 어떠냐는 재래 불교의 전통을 무너뜨리는 건백서(建白書)를 당국에 2차나 내어 교계의 물의를 빚은 것도 그 한때였다.

일본을 다녀온 만해는 얼마 후 동래 범어사(梵魚寺)에 가 있다가 지리산으로 가서 이미 교분이 있던 박한영과 전금파(全錦坡)를 만나

3인이 결의 형제를 맺었다.

그럴 즈음 서울 동대문 밖 원흥사(元興寺)에서 전국 불도(佛徒)들이 모여 불교 대회를 연다는 소문이 들려와 만해 일행은 곧 상경을 서둘러야 했다.

그 때는 이회광(李晦光)이 대표가 되어 승려 해방과 학교 건설 등을 토의하고 있었다.

그러나 한·일 병탄이 되자 이회광 일파는 일본의 조동종(曹洞宗)과 계약을 맺었는데, 한국의 사찰 관리권과 포교권 그리고 재산권 모두를 일본에 양도하는 내용의 획책을 했다. 이회광은 원종(圓宗) 종무원 원장으로 친일파 승려였다.

그가 주선한 일본 조동종과의 야합은 한국 불교의 일본 예속화를 초래할 뿐이었다. 그러한 불교의 일본화는 우리 정신 문화의 파산을 초래할 것으로 여겨졌다.

나라를 잃고 이제 전통적인 불교까지 무너져 버릴 심각한 위기에 봉착하였다.

이제 만해의 노여움은 불길 같았다. 청년 한용운은 이회광 일파의 민족 배신적인 처사에 참을 수 없어 그 이듬해 민족 의식이 투철한 승려들을 모아 총궐기했다.

손문(孫文) 주도의 신해혁명(辛亥革命)으로 그 근대화 추진의 불길이 중국 대륙에 자못 기세 높게 치솟을 때, 청년 스님 만해는 순천 송광사(松廣寺)에 내려가 대규모의 승려대회를 개최하였다.

종단에서 민족 주체 의식이 강한 박한영·진진응(陳震應)·김종래(金鍾來)·장금봉(張錦峯) 등의 강백과 궐기한 스님은 친일파 이회광 일파를 종문의 난적으로 준열하게 규탄했다.

한 · 일 불교 동맹 조약 체결 분쇄를 결의한 1월 15일의 회의는 선암사(仙岩寺) 김경운(金擎雲) 스님을 임제종(臨濟宗) 임시 관장에 추대했다.

승려 대회는

"이회광 무리의 원종에 대하여 우리는 임제종을 창립하여 대결할 것을 다짐한다."

는 내용을 만장일치로 결의하기에 이르렀다. 이 날의 회의를 주재한 만해는 임제종 임시 관장의 서리(署理)에 추대되었다.

그의 나이 33세였다.

승려대회를 송광사에서 주재하여 큰 성과를 거둔 한용운 중심의 스님들은 그 길로 동래 범어사에 가서 다시 승려대회를 개최하고 조선 임제종 종무원을 설치하였다.

처음에 서무부장이 된 만해는 3월 16일 조선 임제종 관장에 취임하여 이회광 일파의 친일적 흉계를 통박했다.

만해는 계속 대구 등지를 거쳐 서울에 이르기까지 임제종의 포교망을 강화하면서 지구적인 투쟁을 전개해 나갔다.

이렇게 호남 · 영남 지방의 거족적인 승려대회는 그 정기가 하늘을 찌를 기세였다. 잠자는 승려들을 일깨웠고, 청장년층의 사기를 북돋았다.

마침내 이회광 일파의 흉계는 무너져 갔다. 문제의 한 · 일 불교 동맹 조약이 취소됨으로써 불교는 그 위기를 모면하였다.

이는 종문 난적의 음모를 분쇄한 일종의 항일투쟁으로 통쾌한 처사가 아닐 수 없었다.

민족 정기를 되찾는 데 감연히 분기한 청년승 만해는 가는 곳마다 대중의 심금을 울리면서 차차 불교계의 지도적인 위치에 오르게 되었다.

경술 국치로 만주 망명 중 구사일생

일본은 이미 한반도 강점의 병탄 조약을 체결해 놓고도 민중 봉기의 반응이 무서워 1주일이나 숨겨 두었다가 1910년 8월 29일 융희 황제인 순종이 소위 한·일 합방 조칙을 반포토록 했다.

왕조의 맥이 끊긴 경술 국치로 만해는 이제 나라마저 숨을 거둔 국내에서 더 이상 배겨낼 자리가 없다고 단정했다.

1911년 가을, 그는 행장을 수습하여 표연히 만주 길을 떠났다. 망국의 울분을 참을 길 없어서였다. 그는 한 불교도로서 승려의 행색으로 우리 동포가 흩어져 사는 만주를 방방곡곡 돌아다니며 우리 동포를 만나 막막한 앞길을 의논도 하고 서로 위로도 하리라 마음 먹었다.

망명길에 나서서 간도 지방에 도착한 그는 재만(在滿) 동포를 만나 이역의 생활을 묻기도 하고 고국 사정을 전하기도 했다. 그리고 그곳 동지와 협력하여 목자(牧者) 잃은 양떼처럼 동서로 표박(漂泊)하는 동포를 보호할 방침과 기관 설치 문제도 상의하였다.

만주 일대에 흩어져 있는 독립군들에게 민족 독립 사상을 북돋아 주고, 당시 망명 중에 있던 백암(白巖) 박은식(朴殷植)을 비롯해 우당(友堂) 이회영(李會榮)·성재(省齋) 이시영(李始榮) 형제와 단애(檀崖) 윤세복(尹世復) 등 독립 지사들과 만나 독립운동의 방책을 숙의하였다.

많은 애국 지사들은 당시 각처에 의병 학교를 세워 놓고 때가 오기만을 기다렸다. 그들은 환인현(桓仁縣)에 흥동 학교(興東學校)를 설립하고 민족 투사를 양성하기에 여념이 없었다.

만해는 그들과 친교를 맺고, 의병 학교에 가서 독립 정신을 일깨워 주거나 격려하며 도우면서 만주 각지를 순방했다. 많은 독립 지사들과 교분을 나누었다.

특히 일송(一松) 김동삼(金東三)과 단재(丹齋) 신채호(申采浩), 그리고 성재 이시영과 단주(旦洲) 유림(柳林) 등과의 접촉은 후일 그 생애를 통하여 일관된 민족 정신을 고취하고 실천하는 시금석이 될 만했다.

그러던 그가 통화현(通化縣)에 갔을 때였다. 무슨 이상한 불안이 감격과 희망 속에 뒤범벅이 되었다. 조밥으로 연명하면서도 밤이면 관솔불을 켜고 천하 대사를 통론하는 한편, 화승총으로 조련을 하는 우리 동포들이었다.

그리고 본국에서 나온 사람을 대함에 있어서 처음에는 불안으로, 그 다음에는 의심으로, 필경에는 생명을 빼앗는 일까지 없지 않은 청년들이었다.

그런데 어찌된 셈인지 만해 또한 정탐이라는 혐의를 받게 되어 그만 죽을 고비를 넘기게 되었다. 만주 교민들이 섞여 사는 두메 산골 마을에서 자고 나오는데 그를 바래다 준다 하며 2, 3인의 청년이 통화현으로 행하는 그를 따라 나섰다. 그들은 모두 20세 내외의 한국 청년들이었다. 길이 차차 산골로 접어들어 굴라재라는 고개를 넘게 되었다. 나무가 하늘을 찌를 듯이 우거져서 대낮에도 하늘이 잘 보이지 않았다. 길이라고는 풀섶에 나뭇군들이 다니는 미로밖에 없었다. 해는 그 얼굴을 감추고 숲 속은 별안간 황혼 무렵이 된 것같이 캄캄하였다.

그 때였다. 그의 뒤에서 따라 오던 청년 한 명이 총을 쏘았다. 총소리가 나자 귓전이 선뜻하였다. 두 번째 총소리가 나자 아픔이 느껴왔고, 뒤미처 총을 한 방 더 쏘았을 때 그는 그들 암살자의 잘못을 호령하려 했다. 여러 번 목청을 돋궈 꾸중의 말을 하려 했다.

그런데 어찌된 셈인지 도무지 말이 되어 나오지 않았다. 혀가 굳었는지 성대(聲帶)가 끊어졌는지 모기 소리도 제대로 내지 못했다. 피는 무섭게 쏟아졌고, 격렬한 아픔이 전신을 휩쓸었다. 그러다가 갑자기 그 심한 통증이 사라지고 지극히 편안한 순간이 왔다. 그는 의식을 잃고 혼수 상태에 빠졌다.

이윽고 만해 앞에 관세음 보살이 나타났다. 아름다운 모습, 눈부신 절세의 미인이 섬섬옥수에 꽃을 쥐고 드러누운 그에게 미소하였다. 그녀는 만해에게 꽃가지를 던지면서

"그대 생명이 경각에 있는데 어찌 이대로 가만히 있는가요?"

하는 말을 남겼다. 그 소리에 정신을 바짝 차린 만해는 사방을 둘러보았다. 여전히 어두웠다. 눈은 희미했으나 더운 피가 온 몸을 적셨다. 총을 쏜 청년들은 그의 짐을 조사하고 다른 한 명은 큰 돌을 움직움직하고 있었다. 그는 새 정신을 차렸다. 피가 흘렀지만 오던 길로 되돌아가야 한다고 막연히 생각에 젖어들었다. 그들은 만해의 죽음을 확인한 듯이 돌을 눌러 놓고 걸음을 재촉했다.

만해는 한참만에 가까스로 일어나 발길을 돌렸다가 다시 안간힘을 쓰며 돌아서서 그 산을 넘었다.

거기에 중국인 마을이 있었다. 마침 계를 하는 집이어서인지 사람이 많이 모여 있었다. 그가 피를 흘리고 온 것을 보고 마을 사람들은 응급 치료를 해 주었다. 얼마 뒤에 총을 쏜 청년들이 그를 추격해 왔다.

"총을 쏠 테면 다시 쏴 봐!"

하고 그는 대들었다. 그들은 어쩐 일인지 그대로 달아나 버렸다.

만해는 치명상이어서 한국인 마을로 와서 큰 수술을 받아야 했다. 의사는

"매우 아플 터이니 마취를 하고 수술합시다."

라고 그에게 권유했다.

그러나 환자가 굳이 마다하는 바람에 할 수 없이 마취를 하지 않았다. 생뼈를 깎아내는 소리가 빠각빠각 날 뿐 아니라, 몹시 아플 텐데도 그는 까딱 않고 수술이 끝날 때까지 견뎌냈다.

의사는

"이 사람은 인간이 아니고 활불(活佛)인가 보군!"

하고 감탄하며 치료비도 제대로 받지 않았다. 달포를 두고 치료하는 동안 뼈가 모두 으스러져서 살을 짜개고 뼈를 주워 내며 긁어내고 하였다. 하지만 뼈 속에 박힌 탄환은 그대로 몇 개가 남게 되어 평생 체머리를 흔들며 살게 된 만해였다.

오래도록 병상에 있으면서 회복되는 날을 기다리는 동안, 그는 좀처럼 괴로운 표정을 짓지 않았다. 산 부처인 양 인고(忍苦)의 미덕을 보였다.

영웅으로 칭송받기도

서간도 통화병원에 입원 치료 중에 있는 만해의 병상 소식을 듣고 만주 합니하(哈泥河)에 신흥 무관학교(新興武官學校)를 설립한 실질적인 주역 우당 이회영은 크게 놀라 마지않았다.

지난 번 찾아와 인사를 하고 나서 여비를 간청하여 중형인 이석영 (李石榮) 교주를 통해 30원을 주선해 주며 무사히 돌아가라고 작별을 한 만해임이 분명하였기 때문이다.

하루는 고국에서 산사 차림의 승려 한 사람이 신흥 무관학교를 운영하는 우당댁을 찾아와 단정히 인사하였다.

"이 곳에 오려면 미리 연락을 하고 와야지 위태롭습니다."

반겨 맞이하면서도 이회영은 한용운의 신변을 염려해 주었다. 한동안 같이 지내는데 행동이 수상쩍지는 아니하나 누구의 소개도 없이 온 내객이어서 안심을 하기는 어려웠다.

서른서너 살의 승려는 당당하게 나라와 겨레를 구하는 포부도 피력하여, 독립군을 양성하는 신흥 무관학교 이상룡(李相龍) 교장이나 이석영 교주는 물론, 이 학교 설립 발기인인 석오(石吾) 이동녕(李東寧)이나 윤기섭(尹琦燮) 그리고 우당의 환심을 살 만하였다.

"이제 귀국하려는데 우당 선생, 여비가 부족합니다. 어떻게 주선해 주실 수 있겠습니까?"

그래서 국내 연락과 활동 자금으로 30원의 여비가 만해에게 건네졌다.

"만주 일대는 아직 위태로운 곳이 많으니 무사히 돌아가시오."

우당과 헤어진 며칠 뒤였다. 통화현 가는 길에 굴라재를 넘다가 만해는 그만 총격을 당하게 되었다.

병원에서 치료 중이라는 소식을 듣자 우당은 크게 놀라서 신흥 무관학교 학생들이 사람을 잘못 알고 쏜 것으로 알고 독립군 후보생들을 크게 꾸짖었다.

"아무리 연락 없이 왔다가 가는 사람이지만 그 행동이 침착하고 단정하여 앞으로 큰 일을 할 인재로 알았는데, 잘못하여 아까운 사람을 다치면 어떻게 하려고 그랬나?"

학생 누구도 답변하지 못한 채 쩔쩔매고 있었다.

"오인 발사한 사람이 어서 병원에 찾아가 직접 사죄해."

우당의 불호령에 독립군 후보생 중 총을 잘못 쏜 장본인이 부랴부랴 병원으로 달려갔다.

"선생님, 용서해 주십시오. 전번에 굴라재에서 혹 일본 첩자나 아닌 가 하고 저희가 그만 무차별 사격을 하고 말았습니다."

만해에게 총부리를 들이대 생명을 앗아갈 뻔했던 그는 눈물을 떨구 며 어쩔 줄 몰라 했다.

청년 독립군은 만해 앞에 무릎을 꿇고 백배 사죄하며 거듭 용서를 빌었다. 그러자 한용운은 그를 책망하는 대신 일으켜 세우며 오히려 위로했다.

"뭐 그럴 게 있나. 청년, 아무 걱정 마오. 나는 독립군이 그처럼 씩씩 한 줄은 미처 몰랐구료. 나는 이제 맘을 놓게 됐소. 조선 독립은 그대들 같은 용사가 있어서 크게 낙관적이오."

한용운은 이처럼 사죄하러 온 청년을 격려하는 큰 사람이었다.

그로부터 6년이 지나 3·1운동이 일어나기 전해의 일이었다.

우당이 한때 서울에 밀입국하여 민족운동을 전개할 준비를 하고 있을 때인데, 하루는 만해가 인사차 찾아왔다.

거듭 사의를 표하며

"우당 선생, 그 때 내 생명을 뺏을 뻔한 그 독립군을 한 번 좀 만나 보면 반갑겠습니다."

라는 대범한 말까지 하는 게 아닌가.

　우당은 만해를 접대하고 안으로 들어와 부인 이은숙(李恩叔) 여사에게 희색이 만면하며 한용운을 영웅이라 일컫기를 서슴지 않았다.

　"연전에 합니하에서 그 누구의 소개 없이 청년 하나 찾아오지 않았던가. 내 그 때 우리 학생의 짓이나 아닌가 하여 학생을 꾸짖지 않았소. 그분이 지금 왔어. 자기가 통화 가다 총 맞던 말을 하며 '내 생명을 뺏으려 하던 분을 좀 보면 반갑겠다'고 하니 그분은 영웅이야."

　민족 혁명가로서 백두 재상(白頭宰相) 칭호까지 듣고 있던 우당이 만해를 보는 안목이었다.

　이시영 초대 부통령의 형님으로 다시 상해에 망명하여 임시정부의 기초를 다지고, 북경에 가서 유림계 대표 심산(心山) 김창숙(金昌淑)과 사학계 우두머리 단재 신채호를 거느리고 민족운동을 영도해 나가던 우당은 그 뒤로도

　"그 때 그분이 서간도 굴라재에서 총을 맞고 불행한 최후를 마쳤더라면 기미 만세에 독립 선언서를 누구하고 같이 짓고, 민족 대표 33인 중 한 분이 필경은 모자랄 일이었지."

라는 말로 만해의 큰 비중을 역설하고는 했다.

　굴라재에서의 위기일발을 겪으며 생명을 건진 만해는 초인적인 기상으로 보다 큰 그릇이 되어 갔다.

　　불교 유신의 횃불

　구사일생의 고비를 넘기고 귀국한 만해는 설악산 백담사에서 참선 수도하는 한편, 대중 불교(大衆佛教)의 실천자로 거침없이 일반 사회에 뛰어들었다.

　대중 불교는 무엇인가? 그것은 대승 불교(大乘佛敎)의 보살행(菩薩行)과 자비행(慈悲行)을 말한다.

　재래의 불교는 부유층이나 세력을 가진 특권층만을 위하면서 제도 중생에 등을 돌려 왔다. 아니면 지나치게 고고한 체하다가 숨을 거두고만 상태가 되어 있었다. 이제 생명이 있는 활동적인 종교를 만해 선사는 갈망했다.

　그러자면 불교의 교리와 문장을 민중을 위하여 평이화(平易化)하고, 그 진리의 빛을 민중의 가슴 속에, 그 생명을 민중의 머리 속에 주입하는 것이 대중 불교 운동의 큰 줄거리였다.

　"불교는 사찰에 존(存)하는가? 아니다. 불교는 경전에 존하는가? 또한 아니로다. 불교는 실로 각인의 정신적 생명에 존재하며, 그 자각에 존재하는 것이 아닌가. 이 자각을 계발하여 각인의 가치를, 광명을 인정하는 길이 하나 둘이 아닌즉, 오인은 불교가 참으로 그 대리(代理)에 입(立)하여 민중과 접하며 민중으로부터 화하기를 바라노라.

　　불교가 민중으로 더불어 화(化)하는 첫째 길이 무엇인가?

　　① 그 교리를 민중화함이며, 그 경전을 민중화함이며,

　　② 그 제도를 민중화함이며, 그 재산을 민중화함이로다."

──'불교의 자치와 신생활의 필요'

　이러한 주장의 근거는 그가 배워 오고 체득해 온 반야(般若)의 진리를 성취하자는 데 있었다.

　특히나 만해로서는 국가와 민족이 정도(正道)를 잃고 미로에서 헤어나지 못함을 더 이상 보고만 있을 수 없었다.

반야의 진리를 성취하는 대승 불교의 보살행이 그것을 용납치 아니했다. 만해는 시대 양심이 명하는 바에 따라 속세에 뛰어들어 그들과 함께 호흡하며 민중의 구속 상태를 벗어나게 하려 했다. 승방(僧房)과 교단(敎團)을 쇄신할 뿐만 아니라 사회와 겨레를 광명의 길로 인도하는 데 최선을 다하자 함이었다.

그는 1910년 문제의 저서 《조선 불교 유신론》(朝鮮佛敎維新論)을 백담사에서 탈고했다. 이 책은 1913년 5월 25일 불교 서관(佛敎書館)에서 간행되어 획기적인 반응을 몰고 왔다.

《조선 불교 유신론》의 기본 입장은 요컨대 불타의 진리에 철저를 기하는 데 있었다.

그러기 위해서 재래 불교의 폐습 타파를 감연히 촉구했다. 불교 본연의 자세로 복귀하여 근본 정신을 강화하고 일상 생활 속에서 실현하자는 긴급 동의였다.

젊은 날부터 인욕(忍辱) 보살의 참모습을 보인 만해는 1912년 《불교대전》(佛敎大典)의 편수 작업에 손대었다. 2년 뒤 이 국한 혼용의 책 간행으로 경전의 대중화·생활화는 더욱 활기를 띨 수 있었다.

그러나 본격적인 불교 개혁의 횃불을 든 발단은 《조선 불교 유신론》이었다. 35세 한창 나이였다.

불교의 근대화와 대중화를 위하여 든 대승 불교의 사회화 운동은 임제 의현(臨濟義玄)이나 운문 문언(雲門文偃)이 일찍이 시도했던 우상 파괴의 선풍(禪風) 진작처럼 드센 것이어서, 한용운은 찬성과 반대 양면에서 아울러 추앙받고 비난받는 주목할 스님이 되어 있었다.

그러나 1년 뒤인 1914년 《불교대전》을 범어사에서 간행한 것으로
보면 그는 오히려 불교의 정통성을 옹호하는 철저한 면을 보임으로써
아직은 격외선(格外禪)의 과격파에는 미치지 못하였다.

사실상 한국의 불교는 너무도 구태의연했다. 시대 역행의 요소와
반사회성을 띤 고답적인 신비주의의 일면조차 없지 않았다.

그러므로 불교 풍토의 개선은 매우 시급한 과제의 하나였다. 수동적
이고 소극적인 불교요, 지배 체제에 앞장서는 불교요, 중생 구제에
역행하는 재래의 불교였다.

그 체질 개선에 앞장선 승려가 한용운이었다.

과연 파괴 없는 건설은 없다. 올바른 파괴만이 건설의 어머니요,
발전의 기틀이 된다. 거기에 불교의 재흥이 있고, 중생 제도의 실천이
가능해진다.

만해는 안으로 부패한 불교계를 혁신하고, 밖으로는 민족 부흥의
종교를 제창하여 이를 과감하게 밀고 나갔다. 그가 불교 청년 운동을
일으키고, 대중 불교의 사회화를 위해 불교 경전을 정비하여 국역(國
譯)을 한 것이라든가, 일제의 종교 간섭에 줄기찬 대항을 한 것은 불교
의 향상을 위한 피나는 노력이었다.

우리나라 불교의 참된 발전을 위하여 그는 불교 대중화 운동에 뛰어
들었다.

만해는 교학(敎學)의 교리에도 실력이 넓고 깊었을 뿐만 아니라
선학(禪學)의 철리(哲理), 곧 선지(禪旨)를 꿰뚫음에도 또한 투철한
데가 있었다.

일찍이 통도사에서 《대장경》을 열람하여 그를 간추려서 대중 불교
의 성전(聖典)으로 《불교대전》을 편찬 간행한 바 있었다. 앞서 나온

《조선 불교 유신론》이 혁신 사상을 담뿍 실은 것이라면, 《불교대전》
은 성전(聖典)의 대중화를 시도한 글이었다.

더욱이나 만해는 부처의 참모습을 젊게 가슴마다에 심고자 불교
청년 운동과 선교 진흥을 위해 계속 노력을 바쳤다. 불교 청년 동맹
(佛敎靑年同盟)과 불교 유신회(佛敎維新會)는 불교 대중화와 불교
유신의 실현을 위한 큰 구실을 했다. 그는 젊은이들을 교도하고 육성하
는 데 언제 어디에서든 심혈을 기울였다.

불교 청년 운동, 약칭해서 이른바 '불청 운동'(佛靑運動)이라는 한국
불교 혁신 운동은 주로 만해의 입김이 짙게 풍긴 불교 혁신 운동이었
다. 한국 불교 청년 운동은 먼저 배일(排日)에 나선 불교의 민족적
순수성을 지킬 수 있었다.

그 훨씬 뒤에 와서 불교 중앙학교 학생을 중심으로 '조선 불교 청년
회'가 성립되었고, 얼마 후 '불교 유신회'가 성립되어 눈부신 활동을
전개해 나갈 수 있었다.

만해는 주로 불교 부흥 운동의 중심을 청년 불자(佛子)들에게 두었
다.

그리하여 이 나라의 중추가 청년에게 있듯이 불교의 부흥도 반드시
청년을 중심으로 해야 한다는 것을 절실히 느끼고 이 운동을 음으로
양으로 키워 갔다.

"임오(1942)년에 '불청' 회원이 중심이 되어 불교 유신회를 조직하
였으니, 즉 불교 청년회의 별동대(別動隊) 격이었다. 불교 청년회는
우리 불교계의 중추 집단인 만큼 객관적 사정에 비추어 그 운영을
신중히 할 필요가 있으므로 '불청'으로서 직접 행동으로 곤란한 일은

유신회의 명의로 실행하기 위한 것이다. 유신회가 성립되자 곧 중앙의 불교 행정기관을 편달하기 위해 모두 규약을 개정케 하여 정교의 분립을 고조하여 총독부 당국에 대해 사찰령의 철폐를 요구하고, 불교의 유신에 대해 여러 가지의 계획이 있었다.

그러나 외적 정세의 불리로 말미암아 목적을 달하지 못하고, 약 3년 후에 유지비의 곤란으로 인하여 불교 청년회와 함께 유신회는 자연 소멸되었다.

우리 불교의 사상계는 실로 원시적이었다. 재래의 정치적 압박과 윤리적 배척으로 인하여 승려의 사상계는 한 번도 밭갈이를 하지 않은 황무지와 같았다. 그러나 황무지는 개척에 따라서 재래의 경작지보다 수확을 많이 할 수 있는 것과 같이, 미개한 승려의 사상은 소박하고 단순해서 도리어 지도하기에 비교적 용이하였다.”

이 글은 만해가 '불청 운동'에 대하여 얼마나 높은 관심을 표시하였는가를 잘 말해 주고 있다.

개혁자로서의 만해는 불교를 혁신하는 길만이 중생을 제도하여 성불(成佛)하는 것으로 믿었고, 사회와 민족을 구하는 길이라고 생각했다. 그러한 뜻의 관철을 위하여 그는 인간의 능력을 신뢰하고 적극적인 태도를 취했다. 파괴를 앞세우는 혁신만이 불교 유신의 지름길이 된다. 파괴가 빠를수록 유신이 빠르고, 파괴가 클수록 유신의 성취도 크게 마련이다. 오늘의 세계는 어제의 세계가 아니다. 세계는 급격히 변천해 간다. 고루한 지난 날의 것에 애착을 둔다면 도저히 내일의 발전을 기대할 수 없다.

발전을 위해서는 다만 현재의 유신만이 요청된다.

그러면 그 유신은 어디에 있으며 누구에게 있는가. 유신은 하늘에 있는 것도, 운명에 달린 것도 아니며, 타인에게 있는 것도 아니다. 다만 내 스스로에 있다 함이었다. 이를 깨닫고 신앙의 정화(淨化)와 불교의 쇄신을 위하여 만해는 일어섰다.

절은 많아도 스님은 없고, 설혹 스님은 있다 하여도 불교는 없던, 가뜩이나 침체해 있던 불교계는 차차 활기를 찾을 수 있었다.

유신의 어머니인 파괴가 세찬 데 정비례하여 절간에는 일진의 청풍 (淸風)이 일어날 기세였다. 이처럼 만해의 불교 유신은 점점 그 파장을 넓혀 가게 되었다.

불교 개혁을 하자면 산간에 숨어 있는 소승 불교의 타성을 뿌리뽑아야 했다. 현실 도피의 타성에 젖어 패배자의 안식처가 된 불교를 대승 불교로 전환해야 하는 일이 시급하였다.

불타의 구세주의란 이타주의요, 이웃과 인류를 사랑하는 보편주의를 의미한다. 일체 중생과 희노애락을 같이하는 숭고한 정신의 실천, 곧 자비행을 뜻한다.

당시 대부분의 승려들은 민가를 호별 방문하여 걸식으로 연명하는 실정이었다.

불교의 본뜻이 걸식에 있지는 않았다.

만해는 승려의 철저한 교육에 대한 필요성을 느꼈다. 첫단계에서 기초 지식을 얻어 불교에 들어오는 필수적인 준비를 하고, 다음 단계에서 15세 이상 40세까지의 승려에게 사범학과 불교학을 수학시켜 세계적인 불교 연구에 공헌케 하는 단계였다.

이러한 과정을 통하여 승려의 자질 향상이 가능한 것이고, 대중 불교의 실현을 담당할 승려의 수준을 고양하는 첩경으로 만해는 보았다.

그는 대중 불교의 실현을 목표로 하여 불교 개혁안을 내놓았다. 그 골자는 '승려 불교에서 대중 불교'로, 그리고 '산간에서 가두'로 불교의 사회 진출을 부르짖은 데 있었다. 일체 중생이 모두 다 불성(佛性)을 가지고 있을 터이고 보면 불교가 승려에게 전속될 수는 없는 노릇이었다. 일체 중생이 모두 다 성불(成佛)할 수 있게 하자면 불교가 굳이 깊은 산 속에 처박혀 칩거해야 한다는 이유가 없었다. 특이한 경우에만 산사에서 고승들이 참선을 하게 하고, 시대적인 요구에 따라 기성 교단을 파괴, 유신하여 대승 불교를 건설하자고 그는 주장했다.

깨달음의 결정체 오도송

대승 불교로 세상을 연꽃 동산으로 만든다는 만해의 주장은 일관된 이론으로 무장되어 있었다.

중생을 모두 다 구제하여 불국토(佛國土)를 이 땅에 건설하겠다는 뜻을 평생토록 굽힐 줄 몰랐다.

그러자면 끝없는 쇄신이 요청되어 마지않았다. 그는 선교 진흥책으로 불교 개혁을 추진하였다. 불교도의 생활 보장, 사찰의 폐합, 그리고 통일 기관의 설치를 통하여 선교의 진흥과 함께 대중 불교의 실현을 그는 종교운동으로 삼았다.

불교의 사회 진출, 선교의 사회 참여는 불교 개혁의 지상 과제였다. 재래의 불교는 무진보 · 무모험 · 무구세(無救世) · 무경쟁적인 타성에서 답보해 왔다.

산 속 깊숙이 처박혀 은둔하며 신비적 취향에 젖어 있어서 대중과

호흡을 같이하지 못했고, 발전해 나갈 수 없었다.

또한 만해는 염불당의 폐지를 주장했다. 부처는 항상 우리 마음속에
있다.

따라서 스스로의 마음속에서 부처를 발견해 내야 한다. 불도(佛道)
란 불러서 구해질 것이 아니오, 수다스런 염불의 형식으로 되는 것도
아니다.

그래서 만해는 목소리를 높여 염불하는 것조차 폐지하라고 내세웠
다.

만해는 일체의 형식주의를 타파할 것을 요구하였다. 이상 야릇한
동상이니 칠성각이니 하는 따위를 철거하고 사찰에는 오직 석가모니
하나만의 안치로 충분하다고 했다.

불교 의식의 간소화를 주장하는 한편 승려의 독신주의를 강요하는
불문율의 철폐를 요구했다. 중의 결혼 금지는 국가와 윤리에 해롭고,
포교 활동에 해롭다.

그렇다고 해서 모든 중이 다 결혼해야 한다는 것은 아니었다. 승려
의 취저(娶妻) 완화를 역설했을 뿐이었다.

대중 불교의 길을 제창한 만해의 개혁안은 교단 일부에서 맹렬한
지탄과 공격의 대상이 되었다.

문제의《조선 불교 유신론》(朝鮮佛教維新論)을 발표했을 때 여기에
들어 있는 승려 취처론(僧侶娶妻論)에 대한 시비가 벌어졌다. 이 때
만해는 다음과 같이 말했다.

"이것은 당면 문제보다도 30년 이후를 예견한 주장이다. 앞으로
인류는 발전하고 세계는 변천하여 많은 종교가 혁신될 텐데, 우리의
불교가 구태의연(舊態依然)하면 그 서열에서 뒤질 것이다. 그리고

지금처럼 금제(禁制)를 할수록, 승려의 파계(破戒)를 할수록 승려의 파계와 범죄는 속출하여 드디어 기강(紀綱)이 문란해질 것이 아닌가. 후세 사람들은 나의 말을 옳다고 할 것이라고 믿는다. 그런데 한 나라로서 제대로 행세를 하려면 적어도 인구가 1억쯤은 되어야 한다. 인구가 많을수록 먹고 사는 방도가 생기는 법이다. 우리 인구가 일본보다 적은 것도 수모(受侮)의 하나이니, 우리 민족은 장래에는 1억의 인구를 가져야 한다."

오늘에 와서 남북한 인구가 7천만이고 보면 2천년대에 접어들어 1억의 인구 돌파는 만해의 뜻대로 낙관적이게 되어 있다.

만해는 1912년을 전후하여 장단(長湍)의 화장사(華藏寺)에서 '여자단발론'(女子斷髮論)을 썼다. 앞서 남자들에 대한 단발령이 사회적 물의를 크게 자아내고 있었지만, 감히 여자의 단발을 부르짖은 것은 그의 선각적인 일면을 잘 나타내고 있다.

그러나 아깝게도 이 원고는 지금 전하지 않아 그 자세한 내용은 알 길이 없다.

그런데 그 무렵 만해는

"앞으로 20년쯤 후가 되면 비녀가 소용 없게 된다."

고 예언하였으며, 좋은 금비녀를 꽂고 있는 부인을 보면

"앞으로 저런 것은 소용 없게 될 텐데……."

라는 예견도 하였다. 오늘에 와서 보면 적중한 선견지명(先見之明)이었다.

선각자 만해가 사랑의 꿈에서 불멸의 세계를 얻게 된 것을 확인하는 매우 충격적인 참선의 계기는 그의 나이 39세 때에 한 차례 닥쳐왔다.

그 해 1917년 겨울, 12월 8일이었다. 당시 그는 다시 강원도 인제군 내설악 오세암에 와 있었다. 마침 동안거(冬安居) 정진 중이었다. 음력 10월 16일부터 결제(結制)하여 이듬해 1월 15일 해제(解制)하기까지 석 달 기간을 계속하여 참선 공부를 하던 무렵이었다.

눈이 쌓인 산사(山寺)의 밤은 이국 정취마저 감돌았다. 깊은 밤, 참선에서 깨어난 그는 용변하고자 밖으로 나갔다. 살을 에는 찬 바람 속에서 그는 눈을 감고 무슨 소리에 귀를 기울였다. 눈보라가 휘몰아쳐 오고 무엇이 땅에 떨어지는 그 소리는 이 세상을 송두리째 부수어 놓는 것만 같았다. 곧 세상이 무너지는 소리가 그의 심장을 때렸다. 그 순간 심장이 으스러지는 것 같아 마음에 눈물을 적시며 다음과 같이 읊어 나갔다.

사나이 이르는 곳
어디나 고향인데
몇 사람이나 오래
나그네 마음 지녔던가.
한 마디 외쳐서
우주를 갈파함에
눈 속의 복숭아꽃
붉게 붉게 나부낀다.

男兒到處是故鄉
幾人長在客愁中
一聲喝破三千界

雪裡桃花偏偏紅

이는 한문으로 씌어진 만해의 '오도송'을 저자가 국문으로 알기 쉽게 풀이한 글에 지나지 아니한데, 심우장 시절 만해 선사와 친교를 나눈 박추담(朴秋潭) 스님은 이 원문을 아래와 같이 의역(意譯)한 일이 있다.

이내 몸 닿는 곳은
모두 다 고향인걸
객수(客愁)가 잦단 말을
그 뉘라 일렀는고.
한 소리 높이 질러
천지를 진동하니,
이 나라 기쁜 소식
내 곁에 들려오네.

그러나 이 '오도송'(悟道頌)은 마지막 글자 한 자가 문제였다.

그 뒤 세월이 흘러 만해가 만공(滿空) 스님과 가장 가까운 도반(道伴)으로 지내게 되었을 때 자랑삼아 이 오도송을 보냈던가 보았다.

마지막 구절의 원문이 본래는 '편편비'(偏偏飛)였다. 이를 보자 만공 선사는

"용운 법사의 경지가 아직 이 수준인가. 그래 날으는 놈은 무엇인가?"

라고 반문을 제기하며 '편편홍'(偏偏紅)으로, 곧 날으는 것[飛]을 붉은 것[紅]으로 수정하여 보냈다.

한국 근대선의 중흥조로 고명한 경허(鏡虛) 선사의 대표 법제자인 금강산 마하연(摩訶衍)과 덕숭산 수덕사(修德寺)의 조실 송만공(宋滿空) 큰스님의 이 지적에 만해는 승복하고 만다.

날을 '비'(飛)자로 하면 글의 기운, 곧 문기(文氣)의 재치는 넘쳐도 법의 기운, 곧 법기(法氣)의 정도(正道)에는 미치기 어렵게 된다.

만해로서는 적지 않이 허를 찔린 셈이었다. 마땅히 고칠 만한 법의 눈이 트였기로 별 항의 없이 따른 것도 선가(禪家)에서는 정법(正法)의 양심으로 돋보이는 일이었다.

만해의 '오도송'은 만공과의 합작인 느낌마저 드는데, 과연 기쁜 소식의 깨우침인 자각의 복음(福音)이어서 눈 속의 복숭아꽃이자 한떨기 매화인 백설 속에 핀 꽃송이는 무궁화를 상징하기도 하며, 깨달음이 깊어진 신앙의 결정체인 명문으로 손꼽힌다.

사자후로 속계 채운 설중매

만해는 불교 경전을 대중화하기 위하여 《불교대전》(佛教大典) 편찬을 계획하고, 경남 양산 통도사(通度寺)의 《팔만 대장경》을 낱낱이 열람하기 이태 만인 1914년 4월 30일 마침내 범어사에서 그 책을 발간했으며, 그 전해에 통도사 불교 강사가 되어 후진들 양성에 주력하였다.

이에 앞서 만해는 젊은 후진들을 양성하기 위하여 서울에 불교 학무원(佛教學務院)을 창설하고 교편을 잡았다.

이 때 박한영(朴漢永)을 비롯하여 이미 열반한 지 오래인 박영호 (朴映湖), 납북되어 간 장금봉(張錦峯) 등의 도반들과 함께 불교 학무 원을 이끌고 나가는 동안 후진들에게 불교 유신 운동의 필요성을 강조 하며 대중 불교를 역설했음은 물론이다.

한편 그는 1914년 봄 불교 강구회(佛敎講究會) 총재를 맡기도 했 다.

이에 앞서 그의 나이 37세 때에 그는 영남·호남 지방의 순례에 나섰다. 운수 행각(雲水行脚)이었다.

그 무렵 1, 2년 동안 만해 선사의 발길이 미치지 않은 곳은 별로 없었다.

그는 말과 글과 행동으로 포교를 하는 한편 독립 정신을 앙양하고 또 동지를 규합했다. 도처에서 그는 열변을 뿌리며 근대 문화 운동으로 서의 불교 개혁 운동에 전심 전력하였다.

만해가 운수 행각에 나선 것은 불교에 있어서 평등주의와 구세주의 를 바탕으로 한 것이지만, 근본적으로는 민족 정신의 고취에 그 뜻이 있었다.

사찰 순례의 길에 나선 만해 스님은 이듬해까지 내장사·백양사· 송광사·선암사·화엄사·쌍계사·해인사·통도사·범어사·구암사 등의 사찰을 두루 순례하면서 강연회를 열어 대중 불교와 불교 유신의 돌개 바람을 일으켰다. 순창 구암사(龜岩寺)에 가서 고승을 만나 보기 도 하고, 내장사에 가서 학명(鶴鳴) 선사도 만났다. 선문답(禪問答) 을 하며 밤이 지새는 줄도 몰랐다.

백양사(白羊寺)의 환응당(幻應堂), 순천 선암사(仙巖寺)의 경운당 (擎雲堂) 등을 두루 친견하고, 금봉(錦峯) 강백과 유유자적하며 시

짓기와 담론을 펼치기도 했다.

관음 도량(觀音道場) 향로암(香爐庵)에서 밤새워 정진도 하였다.

지리산 화엄사(華嚴寺) 진진응(陳震應) 강백과 회포를 푸는 담소도 나누고, 쌍계사(雙溪寺) 원재봉(元濟峯) 강백, 범어사(梵魚寺)의 오성월(吾惺月) 강백과도 서로 문답을 하였다.

통도사(通度寺)의 서해담(徐海曇) 장로와 교분이 있었고, 김구하(金九河) 종사와는 만년까지 숙친했다.

그 무렵 만해는 많은 한시를 비롯하여 '해인사(海印寺) 순례기'도 썼다.

가는 곳마다 대강연회가 개최되었다.

평소에 말수가 적은 그였으나 연단에 올라서면 열변이 도도히 굽이쳤다. 그의 목소리는 특이하여 옆에서 가까이 들으나 멀리 떨어져서 들으나 거의 한결같이 부드러우면서도 매우 세차게 만인의 심장을 울렸다.

다정하면서도 또한 격정을 불러일으켰다. 폐부를 찌르는 열변이오, 폭포수 같은 웅변이었다. 만장의 박수갈채가 우뢰와 같이 쏟아지는 문제의 연설이었다. 말 그대로 사자후였다. 남녀 노유를 막론하고 청중이 감동하지 않을 수 없었다. 누구에게나 용기를 주고 의욕을 북돋아 주는 활력소의 구실을 했다.

운수 행각의 길에 나선 만해는 전국 각처 가는 곳마다에서 장로들의 선지식(善知識)을 친견하고 선문(禪門)의 구도도 했지만, 또한 동지를 규합하고 확보하는 일도 게을리하지 않았다.

그의 말을 듣는 이는 불교 신도이거나 아니거나 흐뭇함을 맛보았다. 청년들의 반응은 만해에게 사기(士氣)를 불어 넣었다. 이 때 만해는 좋은 씨앗을 뿌렸고, 좋은 동지를 얻을 수 있었다.

만해는 불교 개혁과 대중 불교 운동의 종장(宗匠)인 듯한 행적을 날이 갈수록 더하였다.

40 이전의 나이에 불과한 만해였지만 불교 청년들의 피를 끓게 할 뿐만 아니라, 조국 근대화를 위한 신앙 운동이었고, 승려를 위한 유신 운동이라기보다 겨레를 위한 불교 유신 운동이오, 민족 부흥 운동이었다. 그는 스님이면서도 애국자였고, 민족 투사였으며, 시인이 아니었던가.

우리 불교계는 뜨거운 맥박을 찾았다.

새삼 민족의 얼이 서렸다. 정신 풍토에 새로운 바람이 일었다. 그가 우리 앞에 높이 쳐든 불교의 깃발은 실상 태극(太極)의 얼이 선명했다.

그러한 그의 강연은 불교의 진공관(眞空觀)을 통해서 민족혼을 불러일으켰으며, 서릿발 같은 민족 정신을 재환기시켰다.

그는 뛰어난 능변가로 천부의 재능을 아낌없이 발휘하면서 무척 대담했다. 간담이 서늘했던 것은 청중뿐이 아니라 입회한 일본 경찰관들도 마찬가지였다.

당시 박일봉(朴一峯)과 더불어 만해는 불교계의 정평 있는 웅변가로 꼽혔다.

박한영 강백 또한 한용운 스님의 천재적인 능변을 칭찬하기를

"한국 청년 쳐 놓고 한용운의 강연을 못 들은 사람은 한국 청년이 아니다."

라고 말할 정도였다.

만해는 이 번뇌 많은 세상을 결코 굽어보고 살지 않았다. 번뇌의

소용돌이 속에 뛰어들어 빛을 잃고 헤매는 무리와 살결을 비비고 살면서 그 속에서 보다 참된 빛을 찾는 길을 스스로 택했다. 오직 속계(俗界)를 청정하게 할 뿐이었다.

그는 그러나 너무도 인간적인 스님이었다. 모든 번뇌를 벗어나 초연하기를 바라지 않았고, 선각자연해 본 적도 없었다.

그는 자신이 성취한 진리와 선지식과 미덕을 적게는 이웃과 더불어, 크게는 민족과 더불어 나누어 가지고 섬기며 사는 길을 스스로 택했다. 고뇌와 번뇌를 씻기 위하여 부처님을 찾아간 그였지만, 부처님이 곧 내 마음이었기 때문에 고뇌와 번뇌를 새롭게 하는 경지에 달했다. 불타는 좋은 것과 궂은 것을 가리지 않는다. 모든 것을 포괄한다. 만해 선사는 불타의 마음으로 세상을 살아 갔다. 그는 속된 것과 자유로운 것을 한꺼번에 숨쉬었다. 자유와 평화를 추구하면서 우주와 나, 사물과 내가 별개의 것이 아닌 하나의 세계, 곧 진여(眞如)의 경지에 이르렀다.

만해, 그에게는 설중매(雪中梅)의 그윽한 향기가 감돌았다. 그의 인격이 지닌 향내음이었다.

차가운 이성과 냉철한 지성을 지닌 한편, 흐뭇한 정감과 뜨거운 격정이 있었다. 그는 매화와 같은 민족 지사이면서 매화와 같은 불교 선사였다.

늘 앞장서서 사회 구제에 몰두하지만 만해는 마음을 존중한 유심론자(惟心論者)의 표본이기만 했다.

일찍이 《조선 불교 유신론》에서 신앙의 본질을 침식하고 있던 절간의 칠성각과 산신각 따위를 준열하게 배격한 그는 오직 자기 마음속의 참 부처를 존중할 뿐이었다. 그의 불교 사상이나 선교 사상의 토대는

공(空)의 사상에 바탕을 두고 있었다. 만해의 불교 사상은 주로 반야 바라밀경의 정신, 공(空)에 대한 추구였다.

그의 문학적 업적 속에 흔히 나타나 있는 '일체개공'(一切皆空)의 사상은 이를 잘 표현한 것으로 본다.

시집 《님의 침묵》 가운데 있는 '꿈이라면'이란 시의 경우도 주된 사상은 '공'(空)이 아닐 수 없다. 사랑의 속박도, 출세의 해탈도, 무심 의 광명도, 웃음과 눈물의 감정도, 일체 만법도 모두가 허무요, 꿈이 요, 공(空)이 아닐 수 없다.

특히 대승 불교는 불멸(佛滅) 후 7백년대에 와서 용수 보살(龍樹菩 薩)에 의하여 집대성을 본 것이었으며, 체계화되고 조직화되었다. 마명 보살(馬鳴菩薩)·용수 보살, 후에 제바(提婆)에 계승되었던 그의 대승 불교는 2백여 년 후에 다시 무착(無着)·세친(世親)에 의해 더욱 거대한 발전을 이룩하였다.

소승은 자각과 자리(自利)만을 위주로 하나, 대승은 자리 이타(自利 利他)를 겸한다. 소승은 성문행(聲聞行)을 이수하는 데 반하여 대승에 서는 보살행을 닦는 것으로 되어 있다. 소승은 은둔적이오, 이기적인 데 반하여 대승은 큰 나를 위하며 활동적이고 이타적이다.

만해는 이 대승 불교 가운데서 후세의 당·송 이래 발전한 선(禪), 그 가운데서도 특별히 임제선(臨濟禪)의 정통을 이어 받았다. 그는 임제 가풍이었다.

절대 평등 추구의 구세행

30세 전후에 이미 설악산 백담사와 오세암에서 선(禪)과 교(教)

에 아울러 통달한 그는 후진들의 실력 양성에도 심혈을 기울였다. 장단 화장사의 불교 전문 강원에서 교리를 교수하는가 하면, 서울 불교 학무 원이나 오늘의 동국 대학(東國大學) 전신인 중앙 불교 학림(中央佛教 學林)에서 불교 강의에 전념하기도 했다. 그는 교학과 선학에 아울러 투철한 이론을 지니고 있었다.

일찍이 통도사에서 《팔만 대장경》을 열람하고 이를 간추려 대중 불교의 성전(聖典)으로 범어사에서 펴내게 되는 《불교대전》(佛教大 典)을 위한 구심체의 역할을 했다.

그는 젊은이들을 교도하고 육성하는 데 심혈을 기울이면서 한국 불교 혁신 운동에 나섰으며, 불교의 민족적 주체성을 지킬 수가 있었 다.

뒤에 불교 중앙 학교 학생을 중심으로 조선 불교 청년회(朝鮮佛教青 年會)를 구성한 그는 불교 유신회(佛教維新會)가 정리되자 더욱 눈부 신 활동을 펴 나갔다. 만해는 불교 부흥 운동의 중심을 불교 청년들에 게 두고 있었다.

불교의 부흥도 민족 운동처럼 반드시 청년을 중심으로 해야 한다는 것을 절감하고, 이 운동을 음으로 양으로 키워 갔다.

당시만 해도 조선 사찰령(朝鮮寺刹令)이란 것이 있어 일제는 우리 불교에까지 가혹한 탄압을 가하고 있었으므로, 만해는 호국 불교(護國 佛教)의 이념 아래 조국의 수호신답게 끈질기게 도전했다. 그는 조국 의 맥박을 되찾는 민중 대열 그 일선에 선 파수병으로 불교를 통한 항일 운동에 뛰어들면서 민족 해방 운동의 전개에 적극적인 참여를 하게 되었다.

36세에 조선 불교회(朝鮮佛教會) 회장이 되기도 하고, 이듬해에

영남·호남 지방의 사찰을 떠돌며 남방 불교에 활력(活力)을 불어넣는 사자후로 법회를 압도하던 만해가 가을에 조선 선종 중앙 포교당(朝鮮禪宗中央布教堂) 포교사(布教師)로 한반도 일대를 누비다시피 한 것을 보면, 그에게 교(教)와 선(禪)은 대립 없는 원융 자재한 실체였다.

그러던 만해에게 '오도송'을 쓰게 되는 활연 대오(豁然大悟)의 경지가 열림으로써 40대의 문턱에서 그는 움직일 수 없는 믿음의 바위가 되어 줄 수 있었다.

뒷날에 '유심' 잡지 창간으로 불교 근대화와 신문화 운동의 전개를 꾀하던 만해는 처음으로 신시(新詩)를 선보이기도 하나, 아직 문제작은 못 되었다.

이처럼 40대의 막을 올린 만해는 이듬해 봄 3·1 독립운동의 제단(祭壇)에 민족 대표 중에서도 정신적인 영도자로, 더욱이 실천적 기수로 몸바치려 한 것은 특기할 일이었다.

삼보(三寶) 정신에 입각하여 그 자신 친히 '공약(公約) 3장'을 손보아 확정하여 독립 선언의 큰 뜻을 밝힌 것은 과연 '최후의 1인'으로서 '최후의 1각'까지 중생의 불꽃을 끌 줄 모른 장거(壯擧)가 아닐 수 없었다.

일제(日帝) 군·헌·경의 삼엄한 감시 속에서도 만해는 참으로 의연한 자세로 일관하였다. 모두가 믿음의 범위가 된 불심(佛心)의 넉넉함 그것이었다.

한 번은 낙산사 관음굴 홍련암(紅蓮庵)에서 기도를 하고 있을 때 양양(襄陽) 군수가 서장을 대동하고 이 곳을 찾았다. 방 안에 있던 스님들은 모두 나와 그들을 영접했다.

그러나 만해의 안중에는 대관절 군수니 서장이니 하는 것이 무슨 의미가 있을 리 없다. 그는 꼼짝도 않고 앉아 있었다. 만해는 원래 '저울추'란 별명이 붙어 있을 정도로 평소에도 앉는 자세가 곧고 단단했지만, 이 날은 특별히 더 움직일 줄을 몰랐다.

만해의 돌부처 같은 앉음새를 대하자, 서장은 불끈 화가 치밀었다.

"저기 앉아 있는 놈은 대관절 무어길래 저리 콧대가 높을까?"

괘씸하게 생각한 나머지 그는 부하를 시켜 전갈을 올리게 했다.

"지금 군수 영감하고 서장 나으리께서 와 계시니 잠깐 나가 인사라도 하시지요."

"그러지요. 군수께서 사람을 보내시니 나도 사람을 보내리다."

라고 대답한 만해는 사동을 불러 그들에게 인사를 하도록 했다. 이쯤 되자 싸움은 벌써 벌어지고 만 판이었다. 일제의 녹을 먹고 있는 고관들의 자존심이 그대로 물러설 수는 없는 일이었다.

"저, 머리는 박박 깎고 작달막한 것이……."

그들에게는 만해의 당돌한 거동이 몹시도 아니꼬왔다. 마침내 큰 소리가 나기 시작했다.

"야, 이 중놈아! 대관절 뭐길래 꼼짝도 않고 앉아 있는 거야! 눈에 뵈는 게 없어!"

욕설과 함께 서장은 만해를 다그쳤다.

"서장 양반은 보이는 게 없어서 기도 중인 사람을 오라 가라 하는가? 무식한 양반이군."

"뭐라고, 이놈!"

순식간에 육박전이 벌어졌다.

순사 몇 명이 스님 한 분을 향해서 돌격했지만 그의 힘을 당해 낼 도리가 없었다. 덤벼드는 순사마다 만해 스님의 일격에 보기 좋게 나가 떨어질 뿐이었다. 그는 불끈 화가 치밀어 그들을 닥치는 대로 집어 던지기를 계속하였다. 그에겐 일기당천(一騎當千)의 완력까지 있었다.

순사 몇 사람쯤 때려눕히는 일이야 실상 별것이 아니었나 보았다.

그러나 주위에 몰려든 사람들이 너무도 간곡히 말리는 통에 싸움은 일단 끝이 났고, 동시에 그들의 유흥도 보기 좋게 산통이 깨지고 말았다.

그런데 이 이야기가 당국에 알려지자 일제는 당황했다. 그 군수, 서장을 그대로 두었다가는 다시 무슨 화근이 생길지 몰라 여러 가지로 생각한 끝에, 일제는 드디어 그들을 다른 곳으로 좌천시키지 않을 수 없었다.

만해의 불교는 첫째가 평등주의요, 둘째가 구세주의였다. 이러한 종교관은 불교만의 것이 아니다. 동학(東學)의 기본 이념이기도 하다. 그것은 우연이 아니다.

청년 시절부터 동학 운동에 관심을 둔 만해는 불문(佛門)에 귀의하면서 사회적인 구세를 위한 역사의 등대수로서 무겁고도 큰 임무와 사명을 깨달았다. 의롭게 자라나면서 극복해 나가야 할 환경에 부딪쳤을 때 그는 개신에의 집념을 아로새겼다.

그리하여 그는 원효 대사(元曉大師) 이래 경허 선사(鏡虛禪師)를 거쳐오며 드물게 보는 불교계의 혁신적 인물로 등장했다.

'유심' 잡지 창간

흔히 보수적이고 수구적이며 맹목적인 전통파의 행동, 즉 잠자거나 꿈꾸는 소승적(小乘的)인 세계를 그는 과감히 박차고 떠날 수 있었다.

현실 도피적이고 일마다 체념적인 세계에 묻혀 목탁을 두드리며 자기 만족의 망각에 젖는 것을 볼 때, 만해는 우스꽝스럽다는 생각만이 들 뿐이었다.

산자수명(山紫水明)한 자연에 몰입되어 음풍농월(吟風弄月)을 한다고 해서 중생의 문제가 해결될 까닭이 있으랴.

어두운 시대의 아들 한용운은 고달픔과 어려움에서 스스로를 건지고 밝은 세상을 만드는 구세의 길을 당차게 걷고자 결국 승려가 되었다.

인생 문제의 해결이 너무도 시급함에 강원도 백담사에 가서 불도 (佛道)를 닦으며 더욱 큰 뜻을 품기 시작했다.

두어 차례 연해주·북만주 일대에 나갔다가 목숨을 건져 귀국한 그는 계속 도인(道人)의 길을 걷게 되었다.

30세 가까이 되어 일본 시찰을 하고 돌아온 그는 《조선 불교 유신론》이라는 문제의 책을 써서 불교 근대화의 횃불을 들게 되었고, 항일 민족 운동에 투신하는 준비를 하게 된다.

오랜 산사(山寺) 생활을 통하여 참선과 독서의 값진 편력을 거친 만해는 믿음의 돌부처가 됨과 아울러 민족 해방의 절실한 염원을 마음에 새겼다.

새 문화 운동의 필요에 따라 그는 '불교' 잡지에 앞서 1918년 9월 '유심'(惟心) 잡지를 창간하는데 여기에 그의 시 몇 편이 실려 있다. 말하자면 선지(禪旨)의 선포요, 그것의 생활화를 외친 새벽의 첫닭 울음 소리였던 셈이다.

언제 어떤 자리에서나 만만찮은 위력을 발휘한 만해이고 보면, 어떠한 권력자이든 감히 그에게 범접하기가 어려웠다. 말하자면 유아독존 (唯我獨尊)스런 돌부처의 자세였다.

30세 전후에 이미 백담사에서 교(教)를 공부하고 오세암에서 선 (禪)을 고루 공부한 그는 후진들의 실력 양성에도 심혈을 기울여 나간 다. 그것도 어디까지나 실천 불교로서의 생동감을 불어넣는 보배로운 과정이었다.

만해는 스스로 소극적인 인생관을 청산하고 적극적인 행동인이 되어 갔다. 민중의 벗으로서 그는 대중 사회에 뛰어들어 자비의 복음을 씨뿌 렸다.

악과 퇴폐와 구속과 불합리를 발견한 그는 악을 선으로, 퇴폐를 건전으로, 구속을 자유로, 그리고 불합리를 합리로 바꾸는 최선의 방법 으로서 파괴를 전제로 하는 유신(維新)의 철리(哲理)를 실천적으로 터득해 나갔다.

한국에 메이지 유신(明治維新) 같은 대규모의 질적 전환은 없었지 만, 당시만 해도 그다지 알려지지 않은 선사(禪師)로부터 불교 유신이 제창되었다는 사실만으로도 종교 근대화의 헌장(憲章)은 제시된 셈이 었다.

그의 유심 사상은 대중 불교 운동으로 추진된다. 먼저 무질서한 교단(教團)과 승려의 통제를 그는 과감히 외쳐댔다.

그러나 지나칠 정도로 소신이 엄정했던 나머지 때로는 너무도 과격 한 언설(言說)을 토한 것도 숨길 수 없는 일이다.

일찍이 1910년 그가 32세 때 두 차례에 걸쳐 당국에 제출한 승려 취처 문제에 관한 건백서(建白書)를 보아도, 그가 얼마나 당돌하고 진취적인 사상을 가지고 있었던가 하는 것을 짐작할 수가 있다. 그의

주장인즉 승려들에게도 장가를 들여서 아들 딸을 낳게 하라는 제의였
다.

원칙적으로는 대처(帶妻)를 금지시켜 온 것이 우리나라 승려들이
지켜 온 계율이다. 그리고 이 원칙은 소위 '수천년 불역지안'(數千年不
易之案)이란 평을 들을 만큼 오랜 전통과 무너뜨릴 수 없는 수도(修
道)의 관습을 가지고 있는 터였다.

이런 분위기 속에서 그 때 백담사에 있던 일개 무명 승려인 한용운
이 당돌하게도 장가 드는 문제를 가지고 나왔다는 것은 확실히 놀라운
일이었다.

《조선 불교 유신론》은 당대의 거유(巨儒) 김윤식(金允植)도 이를
극구 찬양한 바 있는 명문인 만큼 그것이 일으킨 파문이란 매우 컸
다. 한국 불교의 전통적 교리를 지키려던 청정(清浄) 비구들은 점차
동요하기 시작했다.

"한용운 그는 불법을 모르는 사람이다. 한국 불교를 망칠 놈은 바로
그런 자가 아니고 누구이겠는가."

이런 식의 욕설이 빗발치듯 했다. 하여간 그가 던진 파문은 컸고,
동시에 이것은 가정을 가지고자 하는 승려들에게는 결혼을 합리화하는
구실이 될 수도 있었다.

그래서 만해는 오늘날까지 비구승단 내에서는 별로 달갑지 않은
존재로 지목을 받고 있는 터이다. 그러나 분명한 것은 하나의 선견지명
이었다.

통도사 경봉(鏡峰) 스님이 중심으로 탑골 공원에 만해 선사의 사적
비를 세울 때 불교 신도들이 쳐들어와 그 진행은 매우 어려웠다.

"취처한 파계승의 사적비가 다 뭐냐?"

는 빗발치는 항의에 밤중의 작업으로 겨우 이 불사(佛事)를 마무리할
수 있었다.

그뿐인가.

해인사 방장으로 오랜 세월 종정(宗正)의 자리를 지키는 성철(性
徹) 스님만 하더라도 아직껏

"한용운 선생, 그는 승려는 결코 아니다."

라고 단언할 정도여서 조계종단의 벽은 여전히 드높기만 하다.

누가 무어라 하든 남의 시비에는 그다지 신경을 쓰지 않는 만해였던
것 같다. 이것은 젊은 층에 있어서는 하나의 매력이기도 했다. 그래서
만해는 필봉을 세워 당대 무기력했던 불교계의 현상을 맹렬히 비판하
는 글을 써서 발표했다.

"교단의 권위를 확립하라. 교단의 권위가 이만큼 떨어진 적이 있었
던가를 귀찮게 반성할 때가 아니다. (…)

불도의 타락은 자인하기를 지나쳤고, 승가의 파멸은 우려의 도를
넘었다. 도생(度生)의 불타 대원(大願)은 이미 고갈된 사원의 복전
(福田)에서 찾을 수 없으며, 정법의 승려들의 의기는 벌써 파멸된
불도의 혜검(慧劍)에서 엿볼 수 없게 되었다. 스스로 반성하여 자책
함이 없느냐. 각자의 출가가 축재의 동기에 있지 않았거늘 어찌
이렇듯 이(利)에 쟁(爭)하게 되었느냐?(…)"

글도 명문이지만 다른 승려들로선 엄두도 못 낼 일을 대담하게 파헤
쳐 놓고 있다는 점에서 자못 통쾌한 바가 있다.

뿐만 아니라, 1918년 가을에 '유심'(惟心) 잡지를 창간한 바 있는

그가 1930년대에 잡지 '불교'(佛敎)의 편집을 맡고 있는 동안 계속적으로 정교 분립(正敎分立)을 주장하는 논설을 써냈다.

'총독 정치는 한국 불교에 간섭 말라.'

'불교계는 불교인에게 일임하라.'

이런 식의 논조를 펴는 과감한 글이었다.

그리고 때로는 이것이 너무도 과격해서 불교계의 당국자들이 겁을 집어먹는 경우도 있었다.

1931년에 인수하여 6년 남짓 쉬지 않고 만해가 이어 온 '불교'(佛敎)지의 발행인이 바뀌면서 얼마 뒤에 휴간하게 된 이유 가운데에는 이러한 공포 의식이 일부 작용하고 있었는지 모른다.

불교의 사회 운동화에 앞장

어느 날 만해는 집 앞에서 탁발(托鉢)하는 중을 보고 이렇게 말하였다.

"탁발은 비록 보살 만행(菩薩萬行) 중의 하나이나, 만행에서 9천9백9십9행을 버리고 하필이면 왜 하나인 탁발을 택했는가? 구걸은 자기의 무능을 나타내고 다른 사람의 천대를 받을 뿐인데……."

이 말을 들은 대중들은 부처님의 행적을 들어 만해에게 불만을 표시했다. 그러자 만해는

"지금은 시대가 다르오. 다른 종교인의 멸시를 면치 못할 뿐이니, 불교인을 위하여서라도 앞으로 구걸은 하지 않는 것이 좋으리다."

하고 충고했다.

평범한 한 마디 속에서도 오랜 동안 답습되어 온 탁발 제도에 대한

혁신 정신을 엿볼 수 있다.

1923년 3월 24일 만해는 법보회(法寶會)를 발기했다. 대장경 국역 사업의 기초 작업을 위해서였다.

다음 해엔 조선 불교 청년회(朝鮮佛敎靑年會) 총재에 취임했다. 실제로 불교계를 지도해 나가야 할 위치에서 불교 대중화와 아울러 민중 계몽 운동에 박차를 가하고자 민간 신문의 발행도 구상히여 운영난에 빠진 '시대일보'(時代日報)를 인수하고 불교 청년회를 활성화하는 터전으로 삼으려 했으나 뜻을 이루지 못하였다.

한편 조선 불교 청년회는 1927년에 접어들어 그 체제가 개편되었다.

조선 불교 총동맹(朝鮮佛敎總同盟)으로 개칭하고 김법린(金法麟)·김상호(金尙昊)·최범술(崔凡述) 등과 일제의 불교 탄압에 맞서서 불교 대중화 운동을 민족 운동으로 전개했다.

일찍이 오세암에 머물 때 《십현담 주해》(十玄談註解)를 정리한 만해는 1926년 법보회에서 이를 출판했다. 2년 뒤 건봉사에서 발행한 《건봉사 급 건봉사 말사 사적》(乾鳳寺及乾鳳寺末寺史蹟)의 편찬에 관여한 것은 그가 50세 되었을 때였다.

1931년 6월 그는 '불교' 잡지를 권상로(權相老)로부터 인수하여 속간을 시도하면서 불교 대중화 운동과 민족 운동을 확대, 심화해 나갔다.

조선 불교 총동맹 조직으로 일제의 종교 억압에 맞서서 불교 대중화에 선봉이 된 만해는 '불교' 잡지의 속간으로 앞서 '유심'(惟心)지 시절에 못 다 이룬 종교 개혁 운동에 박차를 가했다. 선지(禪旨)를 열어 보인 그의 많은 불교 논설들은 이 월간 잡지 '불교'에 많이 발표되었다.

종교를 통해서 현실을 투시하고, 투쟁의 공간을 더욱 확대하고자 그가 마지막 종교 결사에 관여하기는 50대에 들어선 다음이었다.

많은 종교인들은 현실을 잊고 그것을 넘어서려는 뜻에서 종교에 귀의한다.

그러나 만해는 달랐다. 그는 종교를 통해서 현실을 보다 깊이 있게 알고 그럼으로써 현실을 타개해 나가려 했다.

그의 불교가 대중화의 깃발 아래 조국의 독립을 쟁취하는 데 앞장선 것은 선교(禪敎)의 사회 참여로 청사에 남을 일이다.   1930년대 초부터 그는 '만당'(卍黨)을 꾸준히 격려하고 지도했다. '만당'은 불교의 비밀결사 단체였다. 정치와 종교의 분립 운동을 전개하기도 했으나 궁극적 목표는 민족의 독립 투쟁이었다. 만해는 '만당'의 대표로 은밀히 추대되었다. 그러나 후배와 동지들이 구성 요원의 대부분이었다.

'만당'의 당원으로는 최범술 · 차상명(車相明) · 서원출(徐元出) 등 19명이었다.

이들은 ① 정(政) · 교(敎)의 분리, ② 불타 정신의 체험, ③ 불교의 대중화를 강령으로 삼았다. 그러나 이것은 표면적일 뿐이었다. 그들의 목적과 이념은 민족 해방 운동이었다. 경남 사천(泗川)의 다솔사(多率寺)를 근거지로 하여 활약했다.

이 때 만해는 50대에 접어들어 있었다. 그는 이들을 성원하여 은근히 자신의 뜻을 펴 보려 하였으나 중간에 좌절되고 말았다. 일제의 강경한 탄압 때문이었다.

10년 가까운 '만당'의 역사는 서울과 사천을 비롯해서 진주 · 합천 · 해남 · 통도사 등지에서 여섯 차례에 걸친 일경(日警)의 검거 선풍에 당원들이 체포되기도 했고, 옥고를 치르는 수난과 시련으로 얼룩진 발자취를 남겨야 했다.

그 중에서도 최범술은 세 차례나 옥고를 치렀다. 그 때마다 만해는 검속된 당원들을 격려하고 위로하기 위해 대구·진주 등지로 뛰어다녔으나 번번이 면회를 거절당했다.

제1차 검거 선풍으로 진주에서 최범술·장도환·박근섭 등이 경남 경찰국에 체포되어 징역 6개월의 언도를 받았다.

제2차 검거 선풍으로 사천군에서 김법린·김범부·최범술 등이 체포되었다.

제3차 검거 선풍은 제2차 검거가 있던 해에 해인사에서 '만당' 당원 및 그에 관련된 인사 40여 명이 검거되어, 해인사 주지는 왜경에 의하여 살해되었으며, 해인사에 있던 사명 대사(四溟大師) 유정(惟政)의 비석이 일경에 의하여 파괴되는 사건이 뒤따랐다.

당원 박영희(朴映熙)가 전라남도 해남에서 일경에 잡혀 혹독한 시련을 받은 것은 제4차 검거 때였다. 그뿐이 아니었다.

다음은 서울에서 최범술·김범부·최운동 등 18인이 일거에 체포되었고, '만당'은 사상적인 범죄 집단으로 몰려 날이 갈수록 시달림을 받게 되었다.

여섯 번째로 통도사에서 김수정 등 여러 명의 당원이 체포되어 투옥당했다.

그가 청년 승려들이 조직한 비밀결사 만당(卍黨)의 영수로 추대받는다든가, 이듬해 54세로 불교계를 대표하는 인물로 지목된다든가 하는 따위는 이미 감춰질 수 없는 설중매(雪中梅)의 법향(法香)으로 만인을 감화시켜 나간 데 있는 줄 안다.

그러나 식민 치하인 당시에 그에게 소망스런 활동의 터전이 주어질 리도 없었으므로, 인도의 처사(處士) 유마(維摩)처럼 중생의 질환을 도맡아 앓을 수밖에는 없었다.

둥글고 편안한 영생을 얻기까지

월간 '불교'를 통하여 만해는 세계 불교의 동향을 소개하기도 했고, 일체의 반종교 운동을 맹렬히 배격하는 글을 발표하면서 일제의 갖은 탄압에도 불구하고 초지(初志)를 일관했다.

"유한의 인간이 무한의 인식을 하려는 것이 곧 종교다. 종교란 우리 가 규정할 수 없는 권력에 대하여 의뢰하는 감정이다. 종교는 이기 적 욕망을 버리고 사람들이 가장 높고 고상한 인격에 향하는 감정과 의지의 경향이다.(…)

반종교 운동의 마르크스주의자는 그 반종교 운동의 심리가 실로 종교심(宗敎心)의 발로다. 왜 그러냐 하면 반종교 운동자가 사람 사람마다 마르크스의 유물론적 역사관, 무신론 등을 일일이 검토하 여 변증법적으로 최후의 결안(決案)을 얻은 후에 반종교를 운위하 는 것이 아니라, 그 대부분은 무조건으로 마르크스를 신봉하게 되는 것이다.(…)

사회주의자의 대부분으로 마르크스를 볼 때에는 각자의 행복을 위하여서의 신앙적 대상이 되고 만다.(…)

종교적 신앙심으로 반종교 운동을 한다는 것은 얼마나 큰 모순이 냐. 이것은 공간을 피하여 달아나는 사람과 같아서 그 목적을 달할 수가 없을 것이다."

이처럼 만해는 반종교 운동자들이 지니고 있는 그 자체의 모순을 날카롭게 통박하기도 했다.

그리고 반종교 운동의 흐름을 제압하려는 장엄한 계획이 이어졌지만 거듭되는 탄압으로 큰 성과를 거두기는 어려웠다.

만해는 3·1 운동 후에 발족을 본 조선 불교 동경 유학생회(朝鮮佛教東京留學生會)를 지도했다. 김상철(金相哲)·이동석(李東碩)·서원출(徐元出)·김태흡(金泰洽) 등이 이 회의 주요 멤버였다.

그 후 박윤진(朴允進)·강유문(姜裕文) 등이 주관하던 기관지 성격을 띤 '금강저'(金剛杵)에 제호를 쓰기도 하고 청년을 격려하는 글을 기고하기도 했다.

'금강저' 잡지는 일제 말엽의 전쟁을 당하여 조종현(趙宗玄)·장원규(張元圭) 등이 편집했다.

그리하여 도꾜에서 인쇄해 온 것을 낙산 감로암에서 불교계 인사들에게 비밀리에 발송한 바 있다.

만해의 호교(護敎) 정신은 불교 청년들을 감화해 나가는 데 중요한 구실을 했다. 불교 유신 운동과 대중 불교 운동은 그의 행동 철학이 되었다.

1930년대에 잡지 '불교'를 발행할 무렵 그는 청진동에 나와 있는 일이 많았다. 당시 만해는 53세였는데 청년들을 좋아해서 누가 찾아가도 반겨 맞이했다.

어느 날 26세의 청년 불자 조종현이 만해를 찾아갔다. 그는 청년을 반겼다.

만해의 거실에는 냉기가 감돌았다. 방 안에는 책상 하나만이 동그마니 놓여 있고, 그 위에 신문지 한 장이 눈에 띌 뿐이었다. 책 한 권 보이지 않았다.

벽에 두루마기와 모자가 걸려 있었다.

그것이 그가 가진 가재(家財)의 전부였다. 말 그대로 운수납자(雲水衲子)의 생활이었다.

책 한 권 없이도 45년을 설법(說法)한 석가모니처럼 입만 열면 폭포 같은 열변이 쏟아지고, 붓을 잡으면 일사천리로 문장이 굽이쳐 흘렀다.

청년들을 만나면 그는 많은 말을 들려 주기보다 차라리 말을 듣는 편이었다.

한 번은 잡지사 사무실에 찾아온 조종현에게

"견성(見性), 견성들 하지만, 그래 마음은 어떻게 본단 말이지?"

했다.

"육안(肉眼)으로 물체를 보듯이 법안(法眼)으로 능히 뚜렷하게 마음을 볼 수 있지 않을까 합니다. 그러기에 '마음을 증득(證得)했다'고 하는 것이 아니겠습니까?"

조종현이 대답했다. 만해는 아무 소리 없이 한 번 빙그레 웃으며 실내를 왔다갔다 했다. 그는 손으로 턱을 받치고 체머리를 흔들며 깊은 생각에 잠겼다. 그의 만주 시절, 불의의 흉탄을 받은 만해는 평생 체머리를 저어야 했다. 파편이 그의 얼굴에 박혀 있어서 늘 고개는 한쪽으로 기울어 있었다.

이따금 흔들어대는 그의 체머리는 그의 신조대로,

"세상은 나와 반대야. 나와 반대 방향이야."

하는 것 같았다. 그리고

"나는 왜(倭)를 싫어한다. 내 머리를 보아라. 싫다고 이렇게 자꾸만
흔들고 있지 않느냐."

하는 것 같았다. 실로 그는 철저하게 살아갔다.

민립 대학(民立大學) 수립 문제가 민족 운동의 당면 과제로 중요시
되자, 만해는 총무간사로 일을 보았다. 그는 또 전국 순회 강연의 모금
운동에도 나섰다.

연만(年滿)해 가면서도 만해는 오히려 노익장(老益壯)의 투혼을
더욱 과시했다.

하루는 이렇게 불교계의 누습을 탄식해 마지않았다.

"불법(佛法)은 가장 존귀한 인생의 최고 목적으로 전생(前生)에
복을 지었어야 믿게 되는 것이다. 이는 물질이 아닌 귀중한 보물이
기 때문에 사람마다 가질 수는 없다. 인류사상 유일무이(唯一無二)
한 대성(大聖) 부처님도 불능도 무연 중생(不能度無緣衆生)이라고
불능을 말씀한 것과 같이, 인연이 없는 사람에게는 신앙심을 주입시
키기 어려우며, 지식인으로서 불법을 이해하지 못하고 취생몽사
(醉生夢死)하는 것은 큰 불행이다. 지식인 중에서도 박사 지위를
가진 사람들은 자기의 지식만으로 만족하기 때문에 신앙을 주입시키
기가 더욱 어려우니 지(知)가 도리어 치(痴)이다."

만년에 재혼하여 심우장에서 딸까지 둔 한용운 법사는 전통 불교의
관점에서는 어차피 이단(異端)일 수밖에 없었으나, 걸승(傑僧) 만공
(滿空) 선사와 선풍(禪風)을 드날려 마지않았고, 위당(爲堂) 정인보
(鄭寅普)·벽초(碧初) 홍명희(洪命憙) 들과 교분을 두터이하며 당대
의 청년들과 식자층에게 늘 일진의 청풍(清風)을 불어넣었으며, 청정

심(淸浄心)으로 극락 정토(極樂浄土)를 지상에 꾸미려는 깊은 뜻을
버리지 않고 있었다.

이처럼 가장 뜨겁게 불타며 조금도 흔들림 없던 우리의 한 자루
'촛불 심지'이자 '저울추'인 만해는 식민 통치의 막바지인 1944년 6월
29일에 66세로 순적(順寂)하였다.

때 늦으나마 70년대부터 이 땅에 만해 선풍이 몰아치게 된 것도
격렬한 진인(眞人)의 매운 향기 탓이 아닌가 본다. 신앙인이기에 그는
시공(時空)을 초월하는 승리의 월계관을 쓸 수 있었다.

그는 승려 생활을 통하여 마침내 무엇을 얻을 수 있었던가?

"나는 결국 영생(永生) 하나를 얻을 것을 느낀다. 어느 날 육체는
사라져 우주의 적멸과 함께 그 자취를 감추기라도 하리라. 그러나
나의 마음은 끝없이 둥글고 마음 편한 것을 느낀다."

한용운의 신앙 고백이다. 과연 걸림이 없고, 막힘이 없는 원융 무애
한 경지였다. 걸림이 없다는 생각마저 깡그리 없애 버린 자유 천하의
절대경(絶對境)이었다.

3

민족운동

3 · 1운동을 준비하며

옳은 일을 위하여는 칼날을 밟아야 한다. 뜻과 믿음에 따라 굳세게 살기 위하여는 한 걸음인들 물러서지 않는다.

슬기로운 사람 앞에는, 용감한 사람 앞에는 역경이란 있지 않다.

민족 역사 앞에서 만해 한용운이 가는 길이 그러하였다. 독립운동의 실천적 기수 만해의 길은 이러한 믿음에 사무쳐 있었다.

키는 작고 얼굴도 자그만 편이지만 꼿꼿한 앉음새에 광휘로운 이마였다.

작달막한 키에 맑고 흰 그 얼굴, 강철 같은 의기에 반짝이는 눈이었다. 30대에 도승(道僧)의 면모가 여실했지만, 40대에 접어들어 역사의 부름을 받고 만해는 결연히 앞장서야 했다. 그는 당당하게 민족의 광장으로 달려갔다.

서울 계동(桂洞) 43번지는 신문화 운동의 산실이오, 3 · 1운동의 비밀 아지트가 되었다. 계동 막바지에 있는 조그마한 집의 문간방에 거처하면서 만해 한용운은 역사에 빛나는 획기적인 일들을 해 나갔다.

불교 개혁 운동과 신문화 계몽의 잡지로 '유심'(惟心)을 창간한 것은 1918년 9월이었다. 경제적인 사정이 어려운 속에서 3호까지 내었다. 동인지 '창조'가 나오기 앞서 반년 전에 나온 '유심' 잡지는 근대 문화의 서광이었다.

더욱 중요한 것은 만해가 계동 43번지 그 보잘 것 없는 문간방을 거점으로 하여 3·1 운동을 추진해 나간 사실이다.

이 때 이당(以堂) 김은호(金殷鎬) 화백이 옆방에 살고 있었다. 그는 당시의 만해 선사를 깊은 감회 속에서 회상한 적이 있다.

"그 때 내가 달마(達磨) 화상의 그림을 그려 드렸는데, 선생은 이것을 늘 방에 걸어두셨죠. 선생은 무서운 분으로 서릿발 같은 기상이 있었지만 같이 앉아 얘기를 나누게 되면 재미있었습니다. 도무지 심심치가 않았거든요. 그리고 3·1 운동 때도 그 분과 같이 서대문 감옥에 갇혀 있었는데, 그 때 만해 선생이 시를 지었지요. 내가 기억하는 귀절에 이런 대목이 있어요.

하늘 가득 찬 번뇌를 베어내고
긴 휘파람 소리 달빛에 넘쳐……

　　満天斬荊棘
　　長嘯月明多

참으로 시의 경지가 높아 감옥에서도 그 분의 기개에 모두 감복했었죠. 그 뒤로 만년에 이르도록 만해는 나의 화실 이묵헌(以墨軒)을 자주 찾아주셨습니다. 하루는 내가 선생께 '저는 기독교인인데 이렇게 같이 상대해도 괜찮습니까?' 하고 문의해 봤습니다. 만해 선생의 대꾸가 명언이었어요. 뭐라고 하시는가 하면 '불교나 기독교나 끝머리는 다 하나야. 별게 아니야' 했어요. 언젠가 나는 네 폭 병풍을 만들어서 선생께 드렸는데, 성북동 심우장(尋牛莊)에 펼쳐 두고 계시던 일이 어제 같기만 합니다."

계동 시절, 가슴 속에 품고 있는 뜻을 펴고자 그는 겉으로는 조용해 보이나 비교적 분망한 나날을 보냈다.

독립 운동 전야, 안팎의 정세는 참으로 어수선했다. 1918년 1월 미국 윌슨 대통령은 14개 조항에 달하는 평화 의견서를 발표했다. 여기에 약소 민족의 민족 자결(民族自決) 원칙이 천명되어 있었다. 그 해 2월 연합군의 승리로 제1차 세계 대전은 막을 내렸다.

그 무렵 조선 총독부에서는 토지 조사 사업을 완료해 놓고 한반도 3천리 강산을 송두리째 삼키게 되었다는 듯이 기세가 등등했다.

1919년이 왔다. 1월 21일 망국의 한(恨)을 상징하는 고종 황제의 죽음에 이어, 다음 달 2월 8일에는 도꾜 유학생 6백여 명이 조선 기독교 청년회관에서 회의를 개최하고 독립 선언을 했다. 춘원(春園) 이광수(李光洙)가 작성한 독립 선언서가 이 때 발표되었다.

저 멀리 민족 지사들의 망명지인 만주 동삼성(東三省)에서는 여준(呂準)·신채호(申采浩)·조소앙(趙素昻)을 비롯한 민족 독립 운동자 39명이 독립 선언서를 발표하기에 이르렀다.

만주에서 '무오 독립 선언'으로 터져나온 것이 바로 이러했다.

그뿐이 아니었다. 상해에서는 대한 청년단(大韓靑年團)의 여운형(呂運亨)·김규식(金奎植) 등이 독립 운동 준비에 몰두하는가 하면, 미국에 있는 대한 부인회(大韓婦人會)에서도 한국의 독립에 관한 청원서를 윌슨 대통령에게 제출하기로 했다.

이렇게 독립의 불길은 나라 밖에서부터 점화되기 시작했다.

이에 중생의 괴로움을 외면할 만해가 아니었다. 40을 갓넘어선 그의 혈관에는 젊은 피가 약동했다.

만해는 3·1 운동의 준비 공작을 하는 동안 여러 사람을 만났다. 최린(崔麟)을 통해 손병희(孫秉熙) 등과 큰일을 도모하기 전에, 한규설(韓圭卨)·박영효(朴泳孝)·윤용구(尹用求) 같은 저명 인사들을 많이 접촉해 보았다. 그런데 모두가 미온적이오, 적극적인 언질조차 꺼려하지 않는가.

독립 운동의 자금 조달을 위해서 하루는 국부(國富)로 알려진 민영휘(閔永徽)를 찾아보았다.

"오늘의 국제 정세는 민족 자결의 필연성을 느끼게 하는데 이 때에 우리가 독립 선언을 한다면 어떠리까?"

"그야 일러 무삼하리까. 조선인으로서 조선 독립을 싫다고 할 사람은 단 한 사람도 없겠죠. 대찬성이면서도 내 자신의 사정 때문에 표면에 못 나섬이 큰 유감이외다. 그러나 비밀리에 모든 협조를 아끼지 않을 뿐만 아니라, 그에 필요한 비용을 원조할 것을 약속하오. 선생, 앞으로는 나를 찾기보다 내 자식 형식(衡植)을 만나서 상의하여 일을 추진해도 될 거외다. 그 애도 그리 큰 바보는 아니니까요. 선생, 부디 성공을 비오."

간곡한 어조였다. 만해는 그 후 민형식과 절친해져서 무슨 일에든지 협조를 구할 수 있었다.

뒤에 신간회(新幹會) 일을 볼 때 다소간의 자금 지원을 받은 것도 그 협조의 하나였다.

만해가 평소부터 의암(義菴)이나 월남(月南)과 교분이 있었던 사이는 아니었다.

최린을 통해서 그들의 의중을 타진했을 때 실망을 금치 못했다.

처음의 태도가 모두 미지근해서 도무지 적극적인 태도의 표명이 아쉬웠다.

일반 사회의 신망으로 보나 인격으로 보나 명사급 인사들이 꼭 가담을 해야겠는데 한결같이 모두 꽁무니를 빼는 데는 어쩔 수가 없었다.

성급한 만해는 드디어 화가 치밀었다.

"죽기가 참 힘든 게로군!"

자못 마땅치 않은 기분을 억제하기 어려웠으나 그렇다고 또 섣불리 무슨 일을 저지를 처지도 아니어서, 이번에는 각 종교 단체의 대표적 인사들과 접촉하여 설득하기로 했다.

이상재와의 격돌

독립협회 때부터 널리 알려진 월남(月南) 이상재(李商在)는 그 당시 청년들의 우상이자 민족운동의 지도자로 기독교 세력을 대표할 만한 원로급 명사였다.

"월남 선생, 이번 운동에 나서야 하겠소. 일선에서 지도해 주십시오."

한동안 대답이 없던 월남은 고개를 갸우뚱한다.

"동지들의 뜻에 찬동하오. 그러나 아직 때가 이르다고 보기에 나로
선 있는 힘을 다해 후원은 하리다."

일선에 나서기를 회피하는 대답이었다.

한용운과 최린의 실망은 컸다. 그들은 다시 의암을 방문했다. 기독교
측이 뒷걸음질친다면 일의 추진은 지극히 난처했기 때문에 최후 담판
을 벌여 보자는 속셈이었다.

의암 손병희가 그들을 대면하자 꺼낸 첫마디는

"월남은 어떻게 됐소?"

하는 물음이었다.

"안 나서겠답니다."

"……."

의암은 입맛만 다셨다. 이에 불길 같은 성미의 만해가 다그친다.

"의암 선생, 들어보오. 그래, 월남이 안 나선다고 당신도 그만둘
거요?"

눈을 지그시 감고 있던 의암의 입술이 움직인다.

"안 한다는 게 아니라……."

"그럼 어떻게 하실 생각이오? 이 일에 나서지 않는다면 편치 못할
줄 각오하오. 나가서 우리 의롭게 싸워 봅시다."

만해가 협박조로 다그치자 제자인 최린이 부드럽게 설득을 벌인다.

"선생님, 일은 가능합니다. 남강(南岡) 이승훈(李昇薰)이 월남 못지
않게 적극적으로 활약하겠다 합니다. 일을 꾸며 성사하는 것은 저희
들에게 일임하시고 대표자로서 지시만 해 주십시오."

"그럼 그렇게 하기로 하지!"

총대표를 조건으로 하는 어려운 승낙이었다. 의암은 그런 과정을

통해서 33인의 민족 대표가 되었다.

반면 월남 역시 지도적 인격의 표본이었다. 그는 풍자와 유머에 능숙해서 그것을 무기로 삼아 일제(日帝)를 통매했고, 영원한 청년으로 평판이 높았다.

그러나 만년의 월남은 독립협회 때 겪은 옥고를 뼈저리게 느낀 탓인지 그러한 고초를 되풀이하는 것을 회피했던 모양이다. 그는 한 야인(野人)으로서 기독교 청년회관에 모여드는 청년들이나 동지들을 내세워 그 영향력을 미치는 것만으로 만족하려 했는지 모른다.

그러므로 월남은 만해 앞에서만은 부끄러움을 면할 길이 없었다.

이런 이야기가 전해 온다. 만해가 그를 찾아가 대사(大事)를 의논하는 자리에서 월남은

"아직 우리의 힘이 약하니까 독립 선언을 하지 말고, 일본 정부에 독립 청원서(獨立請願書)를 제출하고 무저항 운동을 전개하는 것이 유리하오."

라고 반대 의견을 내놓았다.

그러나 평소에

"조선 민중이 자주 독립을 쟁취할 힘은 마치 큰 바위가 고산 준령에서 굴러 내려오는 기세와 다름 없다. 그 누구도 이를 막을 자가 없다."

는 신념을 지닌 만해는

"조선 독립은 제국주의에 대한 민족 운동이오, 침략주의에 대한 약소 민족의 해방 투쟁인 만큼 청원에 의한 타력 본위(他力本位)가 아니라 민족 스스로의 결사적인 행동으로 나가지 않으면 불가능합니다."

하고 주장했다. 아직 민중의 힘이 미약하므로 강대국의 힘을 빌리자 함과 저력이 이미 넘치고 있다는 대립상이었다.

이같이 서로 의견이 맞지 않아 만해와 월남이 정면 충돌하였기 때문에 월남을 지지하는 많은 기독교계 인사들은 만해의 의견에 호응하지 않았다.

그래서 그는

"월남(月南)이 가담했더라면 3·1운동에 호응하여 서명하는 인사가 더욱 많았으련만…… 죽음을 초월한 운명 결단이 극히 귀한 법인데 ……."

라고 한탄했다.

서명서에 기명 날인이 잘 되면 70명 이상 백명까지도 되리라던 예측은 이로써 그만 무너지고 말았다.

1927년 봄 신간회(新幹會) 대표로 별세한 월남 이상재 선생의 사회장(社會葬) 때였다. 만해는 장의 위원(葬儀委員) 명부에 사전 양해 없이 자신의 이름이 기재되어 있음을 알고 수표동(水標洞)에 있는 장의 위원회를 찾아가 자기의 이름 석 자를 펜으로 박박 그어 지워 버렸다. 펜에 얼마나 힘을 주어 그었는지 그만 펜촉이 부러지고 종이가 찢겨졌다.

곁에서 이를 지켜보던 사람이 물었다.

"선생님, 고인이 된 월남공과 무슨 원수진 일이라도 있으신가요?"

"그건 아닐세. 독립 운동 당시 우리는 월남 선생을 찾아가 민족 대표로서 동의해 줄 것을 간절히 요청했다네. 그 때 월남은 끝끝내 거절하더군. 사회장도 좋아. 하지만 거족적인 큰일에 나서지 않은 그에게 경의를 표해야 할 이유를 나는 모르겠단 말야."

만해는 훌쩍 그 자리를 떠났다.

최린과 함께 월남을 찾았을 때 거듭되는 간청에도 불구하고 거절당한 만해로서는 당연했을지도 모른다.

만년의 월남은 적극적인 행동을 보류했으므로 만해 앞에서만은 부끄러움을 무릅쓰지 않을 수 없었다.

3·1운동은 모든 종교 세력의 통합 형태를 띠고 있지만 33인의 태반이 천도교와 기독교 계통의 인사들이다.

그래도 당초의 3·1운동 전개의 핵심체는 천도교와 불교였다. 기독교 대표 월남 이상재의 후퇴로 한때 좌절에 빠졌으나 무엇보다도 최린의 비상한 수완으로 남강의 호응을 얻게 되고 그에 따른 기독교계의 헌신적 봉사 정신으로 일은 비교적 순조로웠다.

남강(南岡) 이승훈(李昇薰)은 1864년 3월 25일 평북 정주(定州)에서 아버지 이석주(李碩柱), 어머니 홍주 김씨의 2남으로 태어났다.

남강의 생후 8개월 만에 어머니 김씨가 산후의 병과 심한 노역으로 병사하여 그는 조모의 손에서 자랐다.

10세 되던 해에는 조모와 아버지가 별세했다. 그들 형제는 천애 고아가 되어 남강은 매우 불우한 소년으로 자랐지만, 나중에는 일약 대사업가로 두각을 나타내었다.

남강이 본격적으로 민족 운동에 뜻을 굳힌 것은 1907년 7월 평양에서 도산(島山) 안창호(安昌浩)의 교육 진흥(敎育振興)에 관한 강연을 듣고부터였다. 남강은 도산을 만난 후 정주 용동(龍洞) 향리에 돌아와 강명 의숙(講明義熟)을 세웠고, 비밀 결사 신민회(新民會)의 발기에 참여했다.

또 서도(西道)에서는 처음인 중학교로 오산 학교(五山學校)를 정주에 세웠다.

오산 학교야말로 후에 민족 교육의 명문으로 우리 나라 민족 교육사 상 금자탑의 역할을 담당하게 되었다.

1911년 2월, 남강은 서울행 기차 안에서 세칭 안악 사건(安岳事件) 으로 일경에 체포되었다. 그는 제주도에서 유배 생활(流配生活)을 하게 되었다. 그 해 가을 105인 사건으로 그는 다시 제주도에서 서울 로 압송되었다.

그는 일제의 한반도 강점 직후 평양에서 기독교에 입교한 몸이었 다.

1912년 10월 남강은 경성 지방법원에서 10년 징역을 언도받고 복역 하다가 1915년 가출옥으로 석방되었다.

그 동안 그의 신앙은 감옥 속에서 더욱 굳어졌다.

감옥에서 나온 남강은 오산 학교에 돌아와 교회와 교육에 온 힘을 기울였다. 남강이 처음 3·1운동에 대하여 구체적인 교섭을 받은 것은 1919년 2월 초순 선천(宣川)에서였다.

연락을 받고 남강은 곧 서울에 도착하여 계동 김성수(金性洙) 저택 에서 고하(古下) 송진우(宋鎭禹)와 만나 기독교도 참가하겠다는 데 합의했다.

세 종교 대표 결속

1919년의 새 봄은 뜻있는 사람들에게는 숨가쁜 나날이었다. 1월에 접어들면서 만해로서도 일생을 통하여 가장 바쁜 나날이었다.

평소에 말수가 적고 명상에 젖는 일이 잦은 그였으나, 이 무렵만은 그래도 해야 할 말이 많은 편이었고, 거들어야 할 일들이 쌓여 있었다.

당시의 사회 정세는 종교 단체 이외의 단체는 거의 없는 실정이었다. 나머지 단체들은 모조리 해산을 당해서 명맥을 보존하고 있는 것은 천도교와 기독교 · 불교 단체, 그리고 일부 유림(儒林) 들이 고작이었다. 천도교측과 기독교측의 합동은 쉽게 달성되었으나 전민족의 총역량을 통합하고 국민 대중을 총동원시키려면 아직은 약체였다. 불교단과 유교측의 참가 없이는 완전한 민족적 통일 체제라고 볼 수가 없었다.

그 무렵의 어느 날 밤이었다. 강원도 양양군 통천면 외설악 신흥사(新興寺)에 있던 한용운은 계동(桂洞) 43번지에서 이미 일본 유학 시절부터 친교가 있던 고우(古友) 최린(崔麟)을 맞이했다. 그들은 다 같이 국제 정세와 국내의 동향에 대한 화제로 열을 올렸다.

한용운이 비분강개한 어조로

"천재일우(千載一遇)인 이 기회를 우리로서 어찌 좌시하거나 묵과할 수 있는 일이오?"

라고 말했다.

그 동안 독립 운동을 위한 준비 과정을 전해 들은 만해는

"그렇다면 최동지, 불교측 동지들과 협의하여 공동으로 참가하겠소."

하고 즉석에서 확답했다.

그 후 만해는 불교측 동지들을 규합하기에 백방으로 노력했다. 박한영(朴漢永) · 진진응(陳震應) · 오성월(吳惺月) 스님에게 연락을 취했으나 시기가 급박하고 일경(日警)의 감시가 심해서 성과를 거두기는

어려웠다.

그래서 해인사 스님 백용성(白龍城)만을 민족 대표의 동지로 얻었
다.

그러나 그들은 넉넉하게도 불교측을 대표할 만한 인물이었다.

이로써 기독교·천도교·불교 등 3대 교단의 동맹이 성립되었다.
만해와 최린은 이와 같은 태세라면 가히 전민족을 대표할 수 있다고
보았다.

만해는 3·1 운동을 계획하면서 독립 선언 서명자 가운데에 유림
(儒林) 출신의 인사가 한 사람도 끼여 있지 못한 것을 개탄했다. 의병
항쟁 과정에서 너무도 많은 희생자를 낸 유림 사회였다. 서울에는 유림
지도자들이 남아 있으나 거의 친일(親日)에 기울어져서 부득이 경남
거창(居昌)에 사는 대유학자(大儒學者) 면우(俛宇) 곽종석(郭鍾錫)
을 찾아갔다.

만해는 먼저 면우에게 세계 정세를 알리고 독립 운동의 참가를 구했
다.

면우는 즉석에서 협조할 것을 쾌락하고, 곧 가사(家事)를 정리한
뒤에 서울에 올라와 서명하겠다는 약속을 했다.

그러나 면우는 공교롭게도 독립 선언일을 며칠 앞두고 급환으로
자리에 눕게 되었다.

그래서 아들에게 자기 인장을 가지고 만해를 찾아가라고 했다. 아들
은 독립 선언일 이틀 전에 서울에 올라와 만해를 만나려고 하였으나
찾지 못하고 명월관 지점에서 독립 선언이 마쳐지는 날에야 비로소
잠깐 만났다.

그리하여 사후 서명이라도 하려고 했으나 초긴장이 된 분위기에서

그 뜻마저 이루지 못하고 말았다.

그러나 독립 선언서에 실제로는 면우의 인장이 찍히지 않았다 하더라도 실질적으로는 찍힌 것과 같아서 서명자는 33인이 아니라 34인이라고 할 수 있다.

3·1운동 주동자로 끌려가 공판정 법원에서 심문을 받을 때, 만해는 면우를 만나러 거창으로 갔으나 형사들이 미행하는 바람에 할 수 없이 중단하고 되돌아왔다고 거짓 진술을 했다. 이것은 물론 면우와 그 아들의 신분을 보호하기 위해서였다.

결국 천도교·기독교·불교 등 세 종교 단체가 통합해서 3·1운동은 계획되고 추진될 수 있었다.

물론 33인 중의 대표는 의암 손병희다. 그러나 그 실제의 정신적 지도자의 한 사람으로 만해를 잊을 수는 없는 일이다.

각 방면으로 동지를 규합하면서 운동의 실행 방법은 대외적으로 두드러진 수완가인 최린에게 일임했다.

2월 20일경이었다. 고우 최린과 만난 한용운은 이렇게 제의했다.

"독립 운동에 있어서 폭력을 쓰는 것은 도저히 성공할 수 없으니, 우리 민족의 의사를 중외에 표명함으로써 열국(列國)의 성원을 얻도록 하는 게 어떻겠소?"

"나도 비폭력주의에 전적으로 찬동하오. 그렇게 함으로써 열강국의 성원은 물론, 일본 정부와 의회에서도 동정을 얻을 수 있을 게 아닌가."

이리해서 열국의 성원을 얻고, 또 일본의 동정을 얻게 되면 한국은 민족 자결에 의해 독립이 성취될 길이 열릴 것으로 내다본 그들은 그런 뜻에서 여러 가지 합의를 보아 나갔다.

독립운동의 3원칙에 따라

세계 만방에 선언서를 보내는 것이 좋겠다고 생각하여 선언서 작성과 보내는 일을 최린이 맡기로 했다.

의암은 이에 제자 최린의 건의대로 독립 운동의 원칙을 '대중화 · 일원화 · 비폭력화'에 두고 이 원칙의 관철을 위한 노력을 전개했다.

그래서 결국 천도교가 주축이 되어 기독교 · 불교 · 유교 등 각 교계와의 제휴는 물론 최남선 · 송진우계와의 막후 제휴에 그치지 않고, 학생측까지 합류시킨 운동 추진체의 통일 전선 형성을 완성하도록 하였다.

독립 운동의 3대 원칙을 근간으로 민족 정기의 발현을 천명한 독립 선언서는 육당 최남선에게 위촉 기초되었고, 이 밖에 독립 통고문 · 독립 청원서도 완성되었다.

독자적 운동 전개를 한때 기도했던 기독교측과의 제휴는 이승훈과 최린의 노력으로 2월 하순에 이르러 행동 일치의 타결을 보았으며, 천도교측에서 기독교측에 거사 자금의 일부를 융통해 주었다.

독립 운동 서명 대표 33인이 선정되어 기명한 독립 선언서 2만1천 통이 보성사(普成社)에서 인쇄되어 경향 각지에 밀송되었다. 손병희의 이 같은 용단은 3 · 1 운동이라는 거사를 이루는 데 커다란 횃불이 되었다.

이로부터 천도교측은 최린이 대표하고 불교측은 한용운, 기독교측은 이승훈(李昇薰) · 함태영(咸台永) 양씨가 대표로 되어서 일을 추진해 갔다.

육당(六堂) 최남선(崔南善)도 그들과 함께 재동 68번지 최린 자택에서 회동하였다.

그런데 그는 뜻밖에도 그 사이 심경의 변화가 있었던지

"나로선 일생을 통하여 학자의 생활로서 관철하기로 이미 결심한 바 있으므로 독립 운동의 표면에는 나서지 않겠으나 계속 협조하겠소."

라는 해명을 하면서 후선(後線)에 물러앉는 형식을 취했다.

기당(畿堂) 현상윤(玄相允)도 최초부터 이들 모임에 참여했으나

"그대는 전도가 유망한 교육계 인사이니 힘써 제자들을 훈도하여 후일 호기(好機)를 기다리는 게 어떻겠나?"

하는 최린의 제의를 받아들여 도중에 관계를 끊게 되었다. 또한 송진우(宋鎭禹) 역시 중도에서 관계를 끊게 되었다.

천도교에서는 손병희를 중심으로 해서 최린·오세창(吳世昌)·권동진(權東鎭) 등의 인사가 수시로 회합했고, 회합이 진행되는 상황은 3교를 대표하는 회의석상에서 보고되고는 했다.

학생들의 움직임도 활발했다.

연희 전문 학교(延禧專門學校) 학생 김원벽(金元璧), 보성 전문 학교(普成專門學校) 학생 강기덕(康基德), 경성 의학 전문 학교(京城醫學專門學校) 학생 한위건(韓偉建) 등이 중심이 되어 독자적으로 운동을 전개하여 독립 선언서를 발표하자는 계획이 있었다.

2월 23일이었다. 33인 중의 한 사람인 박희도(朴熙道)가 김원벽을 만나 역설하였다.

"독립 운동을 전개하려는 그대들 뜻은 장하네. 그러나 독립 운동이란 절대로 일원화되어야 한다는 걸 잊지 말게. 학생단의 독자적인

운동을 그만두고 3교 단합 운동에 참가하여 이를 원조해 나가는
것이 학생 신분으로 보아서도 당연한 일이 아니겠나?"

학생들은 박희도에게 설득되어 따로이 모임을 갖고 교단 운동의
본부에 참가하여 그 지휘에 따라 활동하기로 의견의 합치를 보았다.

독립 운동의 방식으로는 평화적인 시위로 일관하자는 데 합의를
보았다. 일정한 처소에 모여 선언서를 발표하고 독립 만세를 소리 높이
부를 뿐 결코 폭력적 행동은 취하지 않기로 했다.

약소 민족의 해방 운동에 있어서 비폭력 무저항주의를 채택한 것은
당초에 결정한 3원칙에 의함이었다.

선언문 작성과 인쇄

2월에 접어들면서부터 독립 선언서의 작성 문제가 논의되기 시작했
다. 최린이 최남선·현상윤 등과 더불어 운동 계획을 협의하던 차에
운동의 골자를 정리하여 선언문을 준비해 놓아야 한다는 데 의견이
기울었다.

그 자리에서 육당은 선언서 기초를 맡게 되어 친구의 집을 찾아가
며칠 동안 잠적해 있었다.

임규(林圭)라는 친구의 집이었다. 그의 부인은 일본 여자였다. 그녀
의 다정스러움은 세상에서 육당과의 관계를 의심할 정도였던 모양이
다. 그녀의 도움을 받으며 육당이 독립 선언서를 은밀히 작성해 나간
것은 그녀 자신으로서인들 상상도 못할 일이었다.

초고(草稿)의 완성을 본 육당은 한복 저고리 동정에다 그것을 꿰매
가지고 재동 68번지 최린의 집으로 왔다. 그 날이 2월 15일이었다.

최린은 육당의 독립 선언문을 읽어본 뒤 흡족해 하면서 벽에 걸려 있는 거문고 안에 감추어 두었다.

육당은 독립 선언서를 비롯하여 일본 정부 귀족원(貴族院)과 중의원(衆議院) 양원 및 조선 총독부(朝鮮總督府)에 보내는 통고서와 미국 대통령 윌슨에게 보내는 청원서, 그리고 파리 강화 회의 열국(列國) 위원들에게 보내는 서한을 작성했다.

그 얼마 뒤 한용운이 최린의 집에 왔다. 독립 선언서 이야기가 나오자 그는 다른 주장을 했다.

"그래, 독립 운동에 직접 책임을 질 수 없다는 육당으로 하여금 독립 선언서를 작성케 하다니 그건 불가한 일이오."

"그럼 어떻게 하면 좋겠소, 만해?"

"고우, 우리가 이미 생사를 같이하기로 한 이 마당에 내가 지어 볼까 하오."

"누가 짓든 간에 이젠 시간이 없으니 선언서만은 육당이 지은 걸로 해 둡시다. 자아, 여기 읽어보오."

거문고 안에서 꺼낸 선언문을 읽어 내려가며 만해는 다소 눈살을 찌푸렸다.

"논조가 미온적인데다 문장이 너무 어렵고 장황하군."

"하지만 만해, 앞으로 시간이 촉박한 이 마당에 다시 쓴다는 것은 무리라고 보오. 육당의 문재(文才)를 인정해서 그냥 쓰되 이 자리에서 자구(字句) 수정 정도로 손보아 곧 인쇄에 넘깁시다."

만해의 붓끝을 거쳐 약간 수정된 선언문에 이어 육당이 초잡은 '공약 삼장'(公約三章)이 새로이 보완되어 고쳐져 써 내려갔다.

"그 공약 삼장이란 것은 불·법·승(佛法僧) 삼보(三寶) 정신에 입각하여 손질한 것이었어."

뒷날에 만해가 술회한 말이었다. 만천하에 공언한 약속대로 '최후의 1인'으로서 '최후의 1각'까지 불꽃을 거둘 줄 몰랐던 행동인 만해이고 보면 육당의 독립 선언서가 마음에 찰 수 없었다.

그것은 그가 얼마 뒤에 옥중에서 쓴 '조선 독립 이유서'를 보면 육당의 독립 선언서를 보다 더 강화하고 심화한 사정을 잘 알 수 있다. 보다 심오한 독립 운동의 대헌장(大憲章)을 옥중에서 기술한 만해이고 보면 그가 행동가이며 혁명가이기에 앞서 사상가요, 문장가의 한 사람임을 우리는 믿을 수 있다.

독립 선언서의 인쇄는 위창(葦滄) 오세창(吳世昌)으로부터 천도교에서 경영하는 인쇄소인 보성사(普成社)에 보내졌다.

보성사 묵암(黙菴) 이종일(李鍾一) 사장이 공장 감독 김홍규에게, 김은 다시 직공 신영구에게 부탁하여 27일 밤중부터 이튿날 두시까지 2만1천 장 가량을 비밀리에 인쇄했다. 보성사 직공의 기술이 부족하여 그 며칠 앞서 육당이 자기가 경영하는 신문관(新文館)에서 파수를 보면서 직공을 시켜 조판을 해 온 것을 최린의 집에 두었다가 인쇄에 돌린 터였다.

독립 선언서에 서명한 사람은 기독교에서 16명, 천도교에서 15명, 불교에서 2명이었다. 33이라는 사람의 숫자는 계획적인 것은 아니었으나 3·1운동 정신에 비춰 볼 때 관련성이 있어 보이는 것도 기이한 우연이었다.

그러나 선언문에 서명하는 순위의 결정에 있어서는 27일 밤 적지 않은 논란이 있었다.

최린 자택에 자리를 같이한 이승훈·이필주(李弼柱)·함태영 등은 기독교측으로, 한용운은 불교측으로, 최남선은 개인 자격으로 합석하여 독립 선언서와 기타 문서에 기명(記名) 날인하게 되었다. 선언서 이외의 서류가 미비한 관계로 별지(別紙)에다 연명자의 성명을 줄달아 쓰고 그 밑에 날인하기로 했다.

서명자의 순서를 어떻게 하느냐가 문제였다. 처음에 기독교측에서의 제의는 연령순으로 하거나 가나다 순으로 하자고 나왔다. 3교단의 합동이므로 종교적 지위로 보아 기독교인이 수위를 차지해야 한다는 뜻이 내포되어 있었다.

최린이 말하였다.

"가나다 순으로 연명한다면 천도교회의 체제와 질서로 보아서 선생과 제자가 역위(逆位)로 기명될 것이니 그럴 수는 없소."

그러자 피차의 주장이 손쉽게 조화되기는 어려웠다. 이에 최린은 강경한 태도로 나왔다.

"그러면 이 순간까지 서로 노력해 온 일은 그만 파의(罷意)할 수밖에 없소."

육당이 입을 열었다.

"인물로 보아서나 거사의 동기를 보아서나 손병희 선생을 영도자로 모셔 수위에 쓰는 게 어떠하오?"

무서운 행동 결의 공약 삼장

이에 기독교측에서 이승훈이 선뜻 응했다.

"순서가 무슨 순서요. 이거 죽는 순서 아닌가, 죽는 순서. 누굴 먼저 쓰면 어때요. 그럼 손병희를 먼저 써."

격정을 억누른 후 이승훈이 말을 잇는다.

"그리고 제2위는 기독교를 대표해서 길선주(吉善宙) 목사를 씁시다."

이 타협론에 수긍을 해서 길목사를 둘째 자리에 썼다. 그러나 기독교측의 자파 내에서 이의를 제기하는 사람이 있었다.

"길목사는 장로교파로서 기독교 전체를 대표하기 어려우니 감리교를 대표하여 이필주(李弼柱) 목사를 제3위로 쓰는 게 어떨까요?"

이필주 목사가 서명 날인을 끝낸 후 이번에는 불교측을 대표한 한용운이 말문을 열었다.

"우리 불교에서는 시일이 급박한 관계로 다수가 참석하지 못하여 유감된 일이오. 하지만 숫자가 비록 적다 하더라도 최후까지 투쟁할 것이니 그리 아시고, 제4위는 불교계의 백용성(白龍城) 스님을 쓰는 것이 옳다고 보아요."

그래서 손병희로부터 백용성까지 제4위가 확정되고 그 다음부터는 가나다 순으로 서명 날인해 나갔다. 김완규(金完圭)에서 홍기조(洪基兆)에 이르기까지 29명이 차례로 서명 날인하는 동안 장내에는 엄숙한 침묵이 흘렀다.

실질적인 주동 역할을 한 최린·이승훈과 함께 한용운도 묵묵히 가나다 순위에 따라 서명해 나갔다.

그 자리에 참석하지 못한 서명인의 도장은 각기 그 친분대로 모아 가지고 왔었고, 천도교인들은 재동에 있는 김상규 댁에서 인장을 모아 보내었다.

그 자리에 있던 함태영이나 최남선이 서명에 빠진 것은 그 이유가 있었다.

함태영은 처음부터 기독교측을 대표하여 중요한 역할을 한 사람이었다. 당연히 서명할 처지였지만 동지들이 투옥된 뒤에 그 가족을 돌보는 일과 상해와의 연락 책임을 지기 위해서 빠지기로 합의가 되어 있었다. 교회로서 사후의 모든 처리를 담당할 책임자로 동지들이 선정한 까닭에 33인의 대열에는 가담하지 않고 활약하게 되었다.

육당 최남선은 선언문을 기초할 당시부터 그 기초의 책임을 최린이 대신 지기로 약속이 되었다. 그러나 서명하는 그 자리에서 최린은 다시 한 번 그에게 권고했다.

"육당, 선언문을 내가 지었다는 약속은 어디까지든지 이행할 터이나 사실이 중대하므로 다시 생각해 보오. 필경은 발각이 되고 말 것 같은데 그러할 바에는 차라리 독립 선언서에 기명해 두는 것이 어떠하겠소?"

육당은 최린의 권유를 다시 거절했다.

"그 말도 그럴 듯하나 나로서는 학자 생활로 일생을 관철하고 싶다는 것이 내 일관된 주의가 아니겠소. 그런데 이제 독립 선언서에 기명한다는 것은 곧 정치 운동의 표면에 나서는 것이므로 내 평소의 주의가 허락하지 않는 바이오."

육당 최남선이 작성한 3·1독립 선언서는 만해의 마음에 흡족한 것은 아니었지만, 시간 관계상 그가 다시 쓸 형편은 못 되어 육당이 기초한 것에 만해가 글자 수정만 했다.

그러나 3·1운동의 행동 지침인 공약 삼장(公約三章)은 육당의 초고를 만해가 직접 보완하여 새로 쓰다시피 하였다.

1) 금일 오인의 차거(此擧)는 정의 인도(正義人道) 생존 존영

(生存尊榮)을 위하는 민족적 요구이니, 오직 자유적 정신을 발휘할 것이오, 결코 배타적 감정으로 일주(逸走)하지 말라.

1) 최후의 1인까지 최후의 1각까지 민족의 정당한 의사를 쾌히 발표하라.

1) 일체의 행동은 가장 질서를 존중하여 오인의 주장과 태도로 하여금 어디까지든지 광명 정대하게 하라.

조선 건국 4252(서기 1919)년 3월 1일 조선 민족 대표
손병희 길선주 이필주 백용성 김병조 김완규 김창준 권동진 권병덕 나용환 나인협 양전백 양한묵 유여대 이갑성 이명룡 이승훈 이종훈 이종일 임예환 박준승 박희도 박동완 신홍식 신석구 오세창 오화영 정춘수 최성모 최린 한용운 홍병기 홍기조

육당의 중후한 문장으로 된 독립 선언서에 행동파 만해의 무서운 결의가 보태진 공약 3장은 누가 보기에도 확실히 금상첨화(錦上添花)였다.

최린의 비상한 담판

거사일을 3월 1일로 정한 것은 고종 황제(高宗皇帝)의 국장(國葬)을 며칠 앞두고 경향 각처의 많은 인파가 서울로 운집하는 기회였기 때문이다.

일인(日人)들이 역신배(逆臣輩)를 사주(使嗾)하여 고종 황제를 독살하였다는 유언비어가 떠돌아 인심은 극도로 격분되어 있었다.

천시(天時) · 지리(地理) · 인화(人和) 어느 면으로 보나 독립 선언의 여건은 무르익어 갔다.

민족의 독립 운동은 성스러운 과업이었다. 3월 1일은 삼위 일체(三位一體)를 의미하는 뜻도 지니게 되었다. 3교단이 하나가 되어 일으키는 운동으로서 3월 1일의 선정은 큰 의미가 있었다.

거사의 장소를 탑골 공원으로 정한 것은 서울에서도 중심 구역으로 어느 때든지 다수의 인파가 집결하는 곳이기 때문이었다.

독립 선언서가 인쇄되자 그것을 배포하는 일은 서울 시내는 학생단에서 주로 전담하게 했다.

각 지방의 시위 활동 전개에 있어서는 기독교와 천도교측이 분담하여 인원을 파견하기로 했다. 학생단에서는 교단 운동 본부의 지시에 따라 28일 시내 각 전문 학교 대표와 중 · 고등 학교 대표 수십 명이 승동 예배당에 모여서 시내 각처에 선언서를 배포할 것과 아울러 3월 1일 오후 2시에 탑골 공원에 모여서 시위 운동을 전개할 것을 약속했다.

한편 일본 내각과 의회 양원에 보내는 서류는 최남선이 임규에게 부탁하여 27일 밤 임규가 도꾜로 파견되었고, 이에 앞서 외지(外地)와의 연락을 위하여 23일 기독교 목사 현순(玄楯)을 상해로 파송한 바 있었다.

이러한 물샐틈 없는 조직과 시책으로 대체의 준비는 종료되었다. 설혹 일이 발각된다 하더라도 아무 지장이 없이 성공하고 말 것은 의문의 여지가 없었다. 독립 운동에 나서게 된 동지들은 대체로 만족하였다.

그러나 최린의 고심은 여전했다.

3·1운동은 민족 대표들이나 이에 호응한 경향 각지의 애국 동포들에 의해서만 가능했던 것이 아니다. 참으로 그것을 가능하게 했던 두 명의 민족 반역자가 있다. 민족 반역자 이완용(李完用)과 한국인 악질 형사 신철(申哲)로 하여금 소극적이나마 3·1운동을 성사하도록 이끈 공로는 고우 최린에게 있었다.

고우는 과연 신비로운 힘을 발휘했다.

신철 형사의 하숙집으로 한밤중에 들이닥친 고우 최린은 다짜고짜

"너, 어느 나라 사람이냐?"

하고 들이댔다. 최린의 위품에 눌려

"선생님, 그야 물론 조선 사람이죠."

신철의 말이 미처 끝나기도 전에

"너, 다 알고 있지?"

선수를 치자 최린 앞에 당황하여 머뭇거릴 수밖에 없었다.

"글쎄요, 무슨 말씀이신지……."

"우리가 지금 하려는 거사 말이야."

"……."

신철 형사는 고우 최린 앞에 무릎을 꿇고는 마침내

"선생님!"

하는 외마디 소리를 낼 뿐이었다.

3·1 만세 운동이 터지자 경시청에서는 신철 형사를 찾았다. 아무리 찾아보아도 행방이 묘연했다.

"이럴 수가?"

왜경은 전국 각처에 급보를 띄워 그가 경의선을 지나 압록강 국경을 넘으려는 순간 열차 안에서 긴급 체포할 수 있었다. 압송되어 서울

용산 헌병대에 거의 다 왔을 즈음 그는 이미 숨이 끊어져 버린 상태였다. 이미 준비해 놓고 있던 극약 청산가리로 음독 자결한 신철 형사였다.

종로 경찰서 고등계 민완 형사 신철의 마지막 목숨을 바친 순국이야말로 3·1운동을 가능케 한 직무유기가 아닐 수 없었다.

뒷날 최린은 신철이 생각날 때마다

"내가 그 아까운 청년을 죽였어."

라며 눈물을 떨구고는 했다.

친일 거두를 찾아가 거사에 참여하자는 파격적인 권유를 하자, 이완용은 고우에게

"여보, 최동지. 내가 이 운동에 가담한다 해서 일본 사람들이 나를 두려워할 리가 있겠으며, 조선 사람인들 나를 믿어 주기나 하겠소? 나는 최동지가 나를 찾아준 뜻만은 잘 알아. 나는 끝가지 기밀만은 지킬 것이오."

라는 대답을 하기에 이르렀다.

고우의 감화와 담판은 이처럼 결정적인 성과를 거둘 수 있었다.

결속 다진 거사 전야

기미년 만세 시위는 서울 탑골 공원으로부터 전국적으로 불붙도록 준비되어 갔다.

3·1운동을 눈앞에 두고 이 성스러운 의거에 뜻을 같이하여 순국의 이념에 마음을 함께 하기로 맹세한 민족 대표자들은 2월 28일 하오 다섯시경 가회동 170번지 손병희의 자택에 모였다. 동지간에 서로

얼굴을 마주하고 최후의 결의를 하자는 모임이었다.

서명자 중에서 모임에 빠진 인사는 길선주·양전백·이명룡·김병조·정춘수·유여대·백용성·양한묵·홍기조·나인협 등 10명이며 나머지 23인이 모두 자리를 같이했다.

불교측으로 한용운, 기독교측으로 이승훈·박희도·최성모·신홍식·이갑성·김창순·이필주·오화영·박동완·신석구, 그리고 천도교측으로 손병희와 최린을 비롯하여 이종훈·홍병기·권동진·오세창·나용환·임예환·박준승·이종일·권병덕·김완규 등이 그들이었고, 함태영도 합석했다.

장소는 가회동 아늑한 산정(山亭)이었다.

초대면인 사이는 서로 인사를 교환하고 다과(茶菓)를 들었다. 주인인 의암이 간단히 인사말을 했다.

"이번에 우리의 의거는 위로 조선(祖先)의 신성한 유업을 계승하고 아래로 자손 만대의 복리를 작흥(作興)하는 민족적 위업이오. 이 성스러운 과업은 제현(諸賢)의 충의에 의지하여 반드시 성취될 줄 믿어 의심치 않는 바이오."

그는 두어 달 남짓 은밀히 추진시켜 온 이 위대한 사업이 하루 전날 밤까지 일경에 발각되지 않았음을 기도드려 감사했다. 거기에 모인 동지들의 건투를 비는 마음 또한 간절하였다.

그들은 모두 민족 운동의 완전한 성공이나 즉각적인 영향력은 당장 기대할 수 없다 하더라도 그 때까지 아무 사고 없이 일을 진행시켜 왔음에 비추어 천우신조(天佑神助)였다는 생각을 했다.

"이번 우리의 성스러운 거사는 반드시 성공하리라 믿소. 우리의 간절한 소원도 성취되리라 믿어서 여기 여러 동지들이나, 앞으로 독립 만세를 소리 높여 외칠 우리 겨레들 중에서나 한 사람의 희생자도 나오지 않는다면 얼마나 다행이겠소. 끝까지 우리는 우리의 뜻이 관철될 때까지 싸워야 하오."

의암은 감격이 북받쳐 목이 메는 듯했다. 그의 말에 이어 내일 있을 거사 장소에 대하여 말이 오고 갔다.

박희도가 말문을 열었다.

"학생들의 동태를 보건대, 내일 탑골 공원에서 독립 선언식이 있음을 벌써 알고 다수의 청년 학생들이 동원되어 참집(參集)할 것인데 이를 어떻게 하면 좋겠소?"

여기에는 의견이 백출했으나 얼마 후 전체 의사가 좁혀져 갔다.

"그렇다면 내일 탑골 공원에 많은 학생과 민중이 모여들게 마련이어서 군중 심리로 뜻밖의 무슨 동요가 있을지 염려스럽구료. 또 일본 군경이 무슨 간계(奸計)라도 꾸며 현장을 교란하여 폭동의 구실로 삼는다든가 이에 혹독한 탄압 수단으로 나올지 모릅니다. 우리 일동은 공원 근처에 있는 명월관 지점 태화관(泰和館)에 모여서 하회(下回)를 보아 선처함이 옳다고 보아요."

태화관으로 장소를 정한 그들은 선언문 낭독에 대해서도 의견을 모았다.

"장황한 선언문을 읽어 나갈 시간이 있을까요?"

"없다고 봅니다. 누가 간명하게 선언서 요지를 설명하고 만세만 불러도 될 일입니다."

"누가 그 일을 맡을까요?"

"한용운 동지가 좋다고 봅니다."

그들은 만해를 내세워 설명을 간명하게 듣고 이어서 곧 대표자로 만세를 고창하도록 합의를 보았다.

어떤 참석자가 입을 열었다.

"나는 지난 번에 헌병대에 잡혀 가서 취조를 당해 본 경험이 있는데, 그 때 무엇보다 곤란했던 것은 동지들간에 서로 말이 맞지 아니한 점이었습니다. 그러므로 우리가 이 자리에서 중요한 사항만은 말을 서로 맞추어 둘 필요가 있을 듯합니다."

지난 체험을 되살려 일을 보다 더 빈틈없이 하자는 독립 투사의 제언이었다.

이에 대해 대범한 성격의 최린이 대꾸했다.

"당당한 민족 대표로서 독립 선언에 관한 사실을 굳이 왜곡하거나 은폐할 필요가 없다고 보오. 그리고 설혹 이 자리에서 미리 말을 맞춘다 해서 반드시 잘 된다는 보장도 없소이다. 각기 자신이 관계한 사실을 사실대로 떳떳하게 털어놓는다면 말을 맞추지 않아도 저절로 맞춰질 것이오. 종내엔 역사에 기록될 것이니, 구애받지 말고 말하기로 합시다."

이 말에 일동은 웃으면서 동의했다.

참가자 전원은 내일의 성사를 기원하고 동지 서로의 건투를 빌면서 최후의 만찬에서 축배를 들었다.

밤 늦게 가회동의 의암댁 산정에서 산회한 민족 대표들은 각자 집으로 돌아갔다.

누구 하나 제대로 잠을 이룰 수 없는 가슴 설레는 전야(前夜)였다.

만세는 한반도 전역에서 메아리치고 독립에의 염원은 전세계를 뒤흔들 터였다. 필경 일경의 손에 피체(被逮)됨을 면치 못할 몸들이었다. 그들의 지독한 고문에 견뎌내야 할 판국이었다.

하지만 마지막 길을 가는 마당에 떳떳하게 처신해야 한다는 다짐들을 했다.

1919년 2월 말일 밤 열시, 계동에 자리잡고 있는 만해의 집에 청년 승려 10여 명이 모였다. 백성욱(白性郁)·김법린(金法麟) 등을 포함하는 중앙 학림(中央學林) 학생들이었다. 희미한 불빛 아래 총총이 인사를 마치자 만해는 일장의 연설을 했다.

"여러 날을 두고 궁금히 여기던 제군에게 쾌소식을 전하겠소. 제군들이 물론 안타깝게 생각하는 줄은 알고 있으나 기밀이 누설될 것을 염려해서 그 동안 침묵을 지켜왔소."

이렇게 서두를 뗀 만해는 그 동안의 이야기를 들려주고 독립 선언서는 육당이 지었고, 자신이 가필을 하였다는 등을 이야기한 다음, 3천여 장의 선언서를 이들에게 수교하면서 마지막으로 이렇게 강조했다.

"이제 헤어지면 언제 만날지 모르오. 그러나 조국 광복을 위해 결연(決然)히 일어선 우리는 아무런 포외(怖畏)도 없지만, 오직 불조(佛祖)의 혜명(慧命)을 받들어 서산(西山)·사명(四溟) 제사(諸師)의 법손(法孫)으로서 민족의 독립 완성에 매진하기 바라오. 자정이 넘었으니 어서들 물러가오."

일행을 보내고 나서 만해는 혼자가 되어 명상에 잠겼다. 일의 성패는 이제 하루에 달려 있었다. 생사도 그러했다.

독립 선언서 배포는 천도교계 1만 장, 기독교계 3천 장, 불교계 3천 장, 그리고 학생단 2천5백 장이 전국에 배포되었다. 만해가 맡은 3천 장의 절반은 중앙 학림 학생들이 서울 동북부에, 나머지는 영남·호남 지역과 통도사·범어사 등 주요 사찰에 비밀리 전달되었다.

3·1 거사를 눈앞에 둔 그의 마지막 밤은 '사랑의 불'이 가슴에 타올

랐다.

　민족 운동가 만해는 장엄하게 타오르는 가슴 속의 불꽃을 의식했
다. 그의 '님'은 불길 속에서 드세게 일어나면서 의젓한 모습을 드러내
는 것 같았다.

　　산천초목에 붙는 불은 수인씨(燧人氏)가 내리셨습니다.
　　청춘의 음악에 무도(舞蹈)하는 나의 가슴을 태우는 불은 가는
님이 내리셨습니다.

　　촉석루를 안고 돌며 푸른 물결의 그윽한 품에 논개(論介)의 청춘
을 잠재우는 남강의 흐르는 물아!
　　모란봉의 키스를 받고 계월향(桂月香)의 무정을 저주하면서 능라
도를 감돌아 흐르는 실연자인 대동강아!
　　그대들의 권위로도 애태우는 불은 끄지 못할 줄을 번연히 알지마
는 입버릇으로 불러 보았다.

　　만일 그대네가 쓰리고 아픈 슬픔으로 폭발되는 가슴 가운데의
불을 끌 수가 있다면, 그대들이 님 그리운 사람을 위하여 노래를
부를 때에 이따금 이따금 목이 메어 소리를 이르지 못함은 무슨
까닭인가.
　　남들이 볼 수 없는 그대네의 가슴 속에도 애태우는 불꽃이 거꾸로
타들어가는 것을 나는 본다.

　　오오! 님의 정열의 눈물과 나의 감격의 눈물이 마주 닿아 합류

(合流)가 되는 때에 그 눈물의 첫방울로 나의 가슴의 불을 끄고 그 다음 방울을 그대네의 가슴에 뿌려 주리라.

——시 '사랑의 불' 전문

만해는 거의 뜬눈으로 밤을 지냈다.

남강에 뛰어든 논개(論介)처럼, 왜장의 머리를 베고 대동강에서 자결한 계월향(桂月香)처럼 그는 그가 뛰어들 역사의 광장을 예감했다. 그는 이미 출가하여 승려가 된 몸이기에 가족을 위해 흘려야 할 눈물이 간직되어 있지 않았다. 눈물이 남아 있다면 중생을 위하고 민족을 위하는 조국애로서였다. 남 몰래 흐르는 그의 눈물 속에는 마침내 불꽃이 치솟았다.

만해는 빼앗긴 땅이 되어 버린 조국이라는 이 크나큰 '무덤 위에 피묻은 깃대를' 세우고자 하염없는 눈물 속에 밤을 밝혔다.

3 · 1운동의 대표적 주도

묵도 속에서 새벽을 맞이했다.

1919년 3월 1일이 왔다.

계동 43번지에서 아침을 맞이한 만해는 담담한 심경이었다. 손병희 일행과 만날 시간은 점심 때로 되어 있었다.

서울 거리는 고종 황제의 인산으로 많은 사람들이 붐볐다. 시내의 남녀 학생들은 정오를 알리는 시보를 신호로 탑골 공원에 모여들었다.

이 날 아침 손병희는 아침을 마치고 동지들을 기다렸다. 권동진 · 오세창 양인이 들어왔다.

이들은 시중의 동태에 대하여 잠시 이야기를 나누었다. 이윽고 최린이 달려왔다.

"아침 일찍 우리 집 대문 앞에 뿌려진 독립 선언서 두 장을 읽어보았소. 틀림없는 우리들의 거사 준비 성과였는데 시내에 무사히 배포되었구나 해서 감격했지요. 조반을 대하여 몇 술 뜨다가 문득 생각이 났습니다. 선언서가 발표된 이상 우선 선언서에 서명한 사람들만은 그냥 둘 리가 없겠기에 집에 있다가 잡히는 것보다는 여기와서 선생님을 모시고 예정한 처소에 가서 여러 동지들과 같이 당하는 것이 옳다 생각해서 식사를 중지하고 오는 길입니다."

그들은 인력거에 몸을 싣고 인사동(仁寺洞)에 있는 명월관(明月館) 지점 태화관(泰和館)에 이르렀다. 때는 정오였다.

그들 일행을 반갑게 맞이하는 태화관 주인 안순환(安淳煥)에게

"내객은 한 30명쯤 되는데 지난 날의 부탁대로 성찬을 준비하시오."

하고 일렀다.

일행은 별실에 가서 자리잡았다. 태화관은 천도교, 특히 의암과는 인연이 깊은 곳이었다. 해마다 개최되는 천도교 각 기념일의 연회는 이 곳에서 베푸는 일이 많았다. 혹 다른 곳에서 베푼다 해도 요리상 주문을 하는 예가 잦은 편이었다.

안순환으로서는 천도교 교주 의암이 가장 큰 고객이었다. 그래서 의암 손병희의 말이라면 모든 편의를 제공해 마지않았다.

남강은 기독교측의 다른 동지들과 같이 한시가 조금 넘어 태화관에 왔다.

길선주 · 김병조 · 정춘수 등 몇 사람만 빠지고 다른 동지들은 다 와 있었다.

한시 반이 되어 천도교측에서도 모여들었고, 한용운 · 백용성은 시간 전에 와 있었다. 민족 대표 29인은 하오 두시 직전에 전부 모였다.

그 때였다.

탑골 공원에 운집해 있던 학생 대표 강기덕 외에 몇 사람이 태화관에 달려왔다.

회석(會席)까지 들어온 그들은

"여기에들 계시지 말고 저기 공원으로 안 가시렵니까? 아침부터 저기 모여든 군중들 인파 속에서 식을 정중히 거행해야죠."

하고 간절히 요청했다. 그들의 주장은 결코 무리한 것이 아니었다.

그러나 이미 결정한 바가 있으므로 그들을 달래어 간신히 돌려 보냈다. 탁자 위에는 나용환이 가져온 백여 장의 독립 선언문이 흰 보자기에 싸여 있었다.

일동은 감격에 떨리는 손으로 각기 선언문을 펴 들었다. 민족 대표마다의 열람에 그치고 낭독만은 생략했다.

조국의 광복에 일신쯤은 바칠 각오가 있는 그들의 흉중은 모든 세속과의 관계를 끊고 어떠한 고난인들 이겨 나갈 결의가 넘쳤다. 일동의 표정은 숙연했다. 한동안 무거운 침묵이 깔렸다.

얼마 후 요리상이 운반되었다. 식탁을 대하고 축배를 들게 되자 한용운은 자진해서 다음과 같은 일장의 연설을 해 나갔다.

"우리는 조선 독립을 세계 만방에 엄숙하게 선포합니다. 우리는 기필코 민족의 독립을 쟁취할 것으로 믿습니다. 독립이 선포된 이상 우리는 최후의 1인까지 최후의 1각까지 싸워야 합니다. 이제 독립을 선언했으니, 우리가 싸우다 쓰러져도 탓할 일은 없습니다. 보십시오! 국제 정세의 추이는 바야흐로 우리 민족에게 독립을 허용하지 아니하지는 않을 것입니다. 우리 민족은 그 동안의 간악한 일제 식민 통치 그 철쇄(鐵鎖)를 풀고 자유 천지를 향해 궐기하려는 힘을 구축한 것입니다. 여러분, 지금 우리는 민족을 대표해서 한자리에 모여 독립을 선언했습니다. 기쁘기 한이 없습니다. 이제는 죽어도 한이 없습니다. 그러면 다 함께 독립 만세를 부릅시다!"

간단하고 짧은 연설이지만 만해가 하고자 한 말의 전부였다. 유창한 연설이었다.

두시 정각이 되었다. 일동은 기립하여 그를 따라 엄숙하게

"조선 독립 만세!"

를 삼창(三唱)했다.

독립 만세 물결 속 투옥

이와 때를 같이하여 탑골 공원에서 군중들이 독립 만세를 제창하는 소리가 천지를 진동시키는 듯했고, 태화관 건물 일대에까지도 그 만세소리에 동요되었다.

그리하여 학생들은 각기 분대를 조직해서 시내 각처 중요한 구역으로 진출하여

"조선 독립 만세!"

를 목이 터져라고 고창했다.

민족 대표들이 독립 만세를 삼창하고 축배를 들게 되자, 명월관 주인은 그만 혼비백산해서 애원했다. 좌중에서는 주인에게

"이 집 입장이 그토록 난처하다면 총독부에 전화를 걸어 이 사실을 알려도 좋으니 알아서 하게!"

하고 명령했다. 일제의 보복에 희생됨을 막자는 충정(衷情)에서였다.

본래의 계획대로 이갑성(李甲成)은 세브란스 의전 학생인 서영환으로 하여금 총독부에 독립 선언서를 전달케 해 놓았고, 한편 종로 경찰서에도 인력거꾼으로 하여금 편지를 투함케 하였다.

독립 만세의 절규는 온 시가에 번졌다. 서울 장안을 비롯하여 한반도 일대가 말 그대로 독립 만세로 진동하였다. 당황한 일본 관헌들이 일제히 달려왔다. 정사복 순사와 헌병 7, 80명은 일제히 태화관을 에워쌌다.

민족 대표들은 조금도 동요하지 않고 태연자약했다.

그들을 지휘하던 일인 경부가 최린을 불러냈다.

"사세가 이에 이른 이상 가실 수밖에 없습니다."

"간다면 어디로 가?"

"경시 총감부까지는 가셔야 합니다."

"좋소. 그러나 우리가 걸어갈 수는 없으니 자동차를 대비하란 말이오."

민족 대표들을 에워싼 그들은 어찌할 바를 몰라했다.

만해는 일제의 경찰에 체포되기 직전 더욱 치열한 항일 정신을 드세게 달렸다.

그 자리에서 만해는 세 가지 실천 목표를 세워 놓고 있었다. 그 3대 원칙이란 변호사를 대지 말고, 사식을 받지 말며, 보석을 신청치

않는다는 것이었다.

실로 감옥의 역사가 생긴 이후에 이러한 죄인은 드문 일이었다.

"이 목숨은 이제 이 나라, 이 땅, 이 백성에게 깨끗이 다 바쳐야 한다."

이것이 그의 신념이었다.

30분이 지나자 자동차가 현관에 닿았다. 한 대뿐이었다.

"차가 부족하여 한 대만 가져왔으니 1회에 세 분씩 타고 왕래하시죠."

일동은 순순히 자리에서 일어섰다. 세시가 넘어 네시 가까운 시각에 손병희를 필두로 하여 민족 대표들은 태화관을 떠났다.

삼엄한 일경의 경비망을 뚫고 독립 만세 소리는 끊일 줄 몰랐다.

29인의 독립 지사들이 세 명씩 차례로 연행되어 가는 마지막 차편에 한용운과 최린이 타게 되었다. 이 때가 오후 다섯시경이었다. 태화관 정문 밖을 나서자 학생들의 대열은 그 때까지 길 좌우에 분열해 서서 모자를 벗어 흔들며 만세를 연창했다. 군중들은 목이 쉬어서 제대로 소리를 내지 못하였다.

그 광경을 본 만해와 고우 최린은 감격하여 눈물을 금치 못했다. 종로 거리의 크고 작은 상점은 전부 폐쇄되어 있었고, 군대가 출동하여 전 시가를 계엄 지구로 삼았다.

남산 왜성대(倭城臺)의 경시청 총감부에 끌려가는 동안 이런 일이 있었다.

만해는 자동차에 실려 좁은 골목을 지나게 되었다. 그 때였다. 열두서너 살 되어 보이는 소학생 두 명이 그가 탄 자동차를 향하여 만세를 부르고 두 손을 들어 환호하였다. 경찰의 제지로 개천에 떨어지면서도 만세를 계속하다가 마침내는 잡히게 되었다. 한 학생이 잡히는 것을 보고도 옆의 학생은 계속해서 만세를 절규했다. 그 정경을 지켜보던 만해의 눈에는 눈물이 맺혔다. 그 눈물은 그의 일생을 두고 잊지 못할 감격으로 남았다.

학생들은 계속하여 곳곳에서 목청껏 독립 만세를 외쳤다. 만세의 물결은 해가 지도록 출렁댔다. 민족 대표뿐 아니라 일경은 당일부터 애국 동포들을 무차별 투옥했고, 사나운 탄압의 마수를 뻗쳤다.

경무 총감부는 강압적인 일본의 식민 통치 기구로 악랄하기 비길 데 없는 경찰의 총기관이었다.

몇 차례 취조를 마치고 난 민족 대표들은 4, 5일 뒤에 마포 경찰서를 거쳐 서대문 감옥으로 이송되었다.

"영세토록 독립 운동을"

역사에 길이 빛나는 1919년 3월 1일 기미 독립 만세 시위의 민족 항쟁은 요원의 불길처럼 전국 각처를 누볐다. 이에 평화적 시위를 저지하는 일제의 탄압은 무자비했다.

민족 자주 독립의 함성은 한반도(韓半島) 전역을 진동하고 해외 멀리로도 메아리쳐 갔다.

이에 일제의 잔학성은 혹독한 고문으로 수많은 시위자들의 생명을 끊거나 혹은 불구자로 만들기도 했다.

민족적인 거사와 항쟁에 당황한 일제는 그 보복 조치 또한 야비할 정도였고 철저했다.

독립 선언식이 거행된 명월관 지점 태화관과 선언문을 인쇄한 보성사는 모두 소각시켜 버렸다.

그들은 방화 혐의를 두려워하여 소방차를 출동하는 체했으나 급수 사정의 악화를 구실로 삼아 불난 데 부채질을 하는 격으로 하여 일시에 잿더미가 되게 했다.

남산 왜성대의 경무 총감부에 연행된 민족 대표 29인은 그 날 밤부터 일제히 개별적인 취조를 받게 되었다. 태화관에 참석치 못했던 길선주 · 유여대 · 정춘수 3인은 지방에서 늦게 상경한 관계로 독립 선언식에는 참석하지 못했으나 민족 대표 전원이 잡혀간 이야기를 듣고 각기 자수했다.

김병조만은 끝내 자수의 길을 택하지 않고 신의주를 거쳐 중국으로 탈출하는 데 성공했다. 그는 망명 독립 지사로 뜻을 굽히지 않고 긴밀한 연락을 취하여 민족의 독립 전선을 펴 나갔지만 배신자로 지목받기도 했다.

취조를 받게 된 민족 대표 32인은 담담한 심경으로 조사에 응하였다. 어느 것 하나 숨기려들지 않았다. 서로의 책임을 전가하기는 고사하고 큰 책임을 맡은 동지를 떠받들어 마지않았다.

문초가 계속되는 동안 처음부터 일제가 심하게 다룬 것은 아니었으나, 서양인과의 연락이라든가 해외 연락 관계의 일을 심문하면서 심한 혹형을 가했다.

이갑성은 가장 어린 나이로 선교사와의 관계와 학생과의 연락 관계로 심한 곤욕을 치르게 되었고, 남강은 상해와의 연락, 선우혁(鮮于爀)과의 관련 때문에 고초를 당하였다.

그 밖의 인사들은 대체로 무사했다.

사건 전체에 대한 것은 처음부터 고우 최린이 책임을 지고 진술하게 되었다. 그는 수사관 앞에서 공언했다.

"우리가 민족의 대표로 독립을 선언한 이상 조금도 비겁하게 숨길 것이 없다고 보오. 나는 이 사건의 전말을 사실 그대로 말하겠소."

만해 한용운 역시 그러했다.

그 해 1월 27, 8일경 그를 찾아온 최린과 자주 독립 운동을 밀의한 것을 필두로 두세 차례 더 만나 조직화 작업에 나서게 된 전말과 아울러, 3월 1일 왜경이 2, 3중 포위를 한 태화관 선언식 때 민족 대표들 앞에 나서서 기념 식사를 한 사실 그대로를 3월 1일과 11일 경무 총감부 수사 과정에서 다 털어놓았다.

최린은 동지들과의 첫 약속과 약간 달리 독립 만세 운동의 동기와 계획을 실행한 사실, 그리고 관련 인물들을 하나도 빼지 않고 진술했다. 최남선 등을 보호해 주기로 한 당초의 약속이 무너지게 됨에 따라 선언서에 서명하지 않은 인사로서 운동의 모의와 추진에 주요 역할을 담당한 인사들이 계속 수사망에 걸려들었다.

현상윤(玄相允)·송진우(宋鎭禹)·함태영(咸台永)·정노식(鄭魯湜)·김도태(金道泰)·김세환(金世煥)·김지환(金智煥)·임규(林圭)·안세환(安世桓)·최남선(崔南善)·박인호(朴寅浩)·노헌용(盧憲容)·김홍규(金弘奎)·이경섭(李景燮)·한병익(韓炳益) 등 16명이 수배되었고, 얼마 뒤에 피검되었다.

그래서 32명의 민족 대표와 16명을 합하여 48인의 민족 지사를 3·1운동의 영예로운 꽃으로 우리는 숭상해 온다. 독립 만세 시위 운동이 발발한 직후 며칠 동안 서울에서 체포된 대부분의 시위 학생들은 혹은 방면되고 나머지가 기소되었다. 피어린 항쟁으로 각처에서 수만의 희생자를 낸 것은 그 뒤의 일이었다.

독립 운동 주동자들에 대한 취조는 쾌속으로 진행되어 3월 중순까지 검찰 조서가 작성되었고, 4월 상순에는 경성 지방법원 예심계의 심문을 받기에 이르렀다. 비중이 그리 크지 않다고 여겨지는 인사들에 대해서도 4월까지는 경찰과 검찰의 취조가 대체로 끝나고 5월에는 예심에 돌려지는 형편이었다.

총감부에서 조서를 꾸며 서류가 작성되는 대로 검사국에 넘어가게 되어 서대문 감옥 미결수 감방에 들어가게 되었다. 검사국에서는 또다시 사실을 면밀히 조사하여 경성 지방법원에 고소를 제기했고, 지방법원에서는 사건의 중대함에 비추어 예심에 회부했다.

나가지마(永島雄藏)라는 일본인 예심판사가 이 사건을 담당하여 전후 14만 장에 이르는 조서가 꾸며졌다.

예심판사는

"독립 선언서의 발표로 전국 방방곡곡에서 소동이 일어났고, 강서(江西)·수원(水原)·수안(遂安) 등지에선 폭동까지 일어났으니, 이른바 3·1 소요 사건은 내란죄(內亂罪)에 해당된다."

고 했다. 취조는 10여 차나 계속되었다.

한용운은 참으로 놀라운 고집장이오, 만고(萬古)에 드문 자기 의사 관철자였다.

그의 확고부동한 의사를 꺾을 수 있는 이는 드물었다. 몇몇 사람을 제하고는 민족 대표라 하더라도 처음 들어가 보는 감옥이라 다소 당황하지 않을 수 없었다.

그는 아주 다부지고 지독하였다. 여기에 심문 조서를 펼쳐 보이기로 한다.

5월 8일, 경성 지법 예심이 마침내 열렸다. 만해는 해인사 백용성

(白龍城) 스님을 불교계 민족 대표로 참여시킨 경위부터 설명한 뒤 늠름하게 법정에서 답변해 나갔다.

"피고는 이 선언에서 기재된 취지에 찬성하는가?"

"그렇다."

"이 독립 선언서를 인쇄 배포하는 목적은?"

"그것은 조선 전반에 독립한다는 것을 알리자는 것이다."

"이런 선언서를 배포하면 어떠한 결과가 올 것이라고 생각하였는가?"

"조선은 독립이 될 것이고 인민은 장차 독립국 국민이 될 것이라고 생각하였다."

"3월 1일을 기하여 조선 각지에 선언서를 배포하기로 사람을 보낸 일이 있는가?"

"나는 그런 일이 없으나 천도교·야소교에선 보낸다는 것을 최린·이승훈에게 들었다."

"피고들이 전조선에 독립 선언서를 배포함으로써 조선 독립이 될 줄로 알았다지만, 일본 정부가 털끝만치도 귀를 기울이지 아니하는 때에도 조선 인민이 여하한 일을 할 줄로 생각하는가?"

"나는 일본 정부가 반드시 조선의 독립을 승인할 줄로 알았다. 그러므로 승인이 안 될 때에 어찌한다는 것은 생각하지 않았다."

"피고 등 33인의 독립 선언을 일본 정부가 승인하지 않을 것이라는 것은 명확하지 않은가?"

"캐나다·애란·인도가 독립하므로 조선도 독립이 될 줄로 알았고, 세계에 제국(帝國)이라고는 없을 줄로 생각하므로 일본은 반드시 조선 독립을 승인할 줄로 생각했다."

"피고 등이 독립 선언서를 배포하는 것은 인민을 선동하여 다수한 사람으로 하여금 시위 운동을 하고 폭동을 일으키게 하는 데 목적이 있는 것이 아닌가?"

"그런 목적은 아니다."

"이 선언서에는 최후의 1인, 최후의 1각까지라는 것이 있는데 그것은 폭동을 의미하는 것이 아닌가?"

"그런 것이 아니다. 그것은 조선 사람은 한 사람이 남더라도 끝까지 독립 운동을 하라는 뜻이다."

"그런데 인민이 피고 등의 선언서에 자극되어 관리에 대항할 것으로 생각하였는가?"

"나는 독립 선언을 하면 일본은 반드시 승인할 줄로 믿어 그런 생각은 아니하였다."

"선언서에는 일체의 행동은 질서를 중히 하라 하였는데 그것은 폭동을 경계한 것인가?"

"그렇다."

"그런데 선언서를 보고 질서를 문란시키고 폭동을 일으킨 것이 있는데?"

"그런 말은 듣지 못하였다."

"피고는 금번 계획으로 처벌될 줄 모르는가?"

"나는 내 나라를 세우는 데 힘을 다한 것이니 벌을 받을 리 없을 줄 안다."

"피고는 금후도 조선 독립 운동을 할 것인가?"

"그렇다. 언제든지 그 마음을 고치지 않을 것이다. 만일 이 몸이 없어진다면 정신만이라도 영세(永世)토록 가지고 있을 것이다."

떳떳하게 말하는 피고인 한용운은 되풀이하였다.

"언제든지 그 마음을 고치지 않을 것이다. 만일 몸이 없어진다면 정신만이라도 영세토록 가지고 있을 것이다."

이것은 그 후 그의 오랜 세월을 통한 불굴의 대일(對日) 항쟁에서 여실히 실증되었다.

옥중에서 쓴 '조선 독립 이유서'

오랜 동안의 심문에 시달리면서 만해는 초지일관하여 그의 뜻을 굽힘 없이 밝혔다. 일제는 48인들에게 내란죄(內亂罪)의 가혹한 죄목으로 극형에 처하려는 잔인한 의도를 역력히 드러냈다.

만해는 경시 총감부와 지방법원 예심정에서, 또 계속하여 고등법원 특별 재판부 예심정에서 전후 10여회의 취조와 심문을 당하였다.

48인의 독립 지사들에게 가장 날카로운 추궁을 한 대목은 독립 운동 전개의 성격이었다. 독립 운동 전개에 있어서 무력이나 폭동에 호소하여 공공의 안녕 질서를 파괴하고 국권(國權)을 전복시키려는 의도가 아니었느냐는 추궁이었다.

만해는 확답했다.

"선언문의 문맥으로 보나 우리의 실제 행동으로 보나 질서 정연한 비폭력·무저항 운동이오, 평화적인 방법에 의한 독립 운동의 전개였다고 자부하오."

그러나 일제는 이토록 명료한 답변에 아랑곳하지 않고 그들을 내란죄 혹은 선동죄로 몰아 독립 운동의 횃불에 찬물을 껴얹으려고 광분했다.

특히 일제가 추궁한 핵심은 공약 3장의 두 번째 항목이었다.

"공약 3장을 피의자가 썼다는데?"

"그렇소. 최남선의 초고를 다시 정리해 썼소."

"공약 3장을 보면 '최후의 1인까지 최후의 1각까지'라는 문구가 나오는데 그것은 무엇을 의미하오?"

"우리 민족은 최후의 1인, 최후의 1각까지 어디까지나 자주 독립의 의사를 가지고 있음을 말하는 것이오."

"그것이 군중의 난동과 소요를 지시하고, 그러므로 해서 폭동을 예기한 것이 아니오?"

"그렇지 않소. 우리는 폭력을 배제한 평화적인 독립 운동을 거듭해서 호소해 왔소."

"처음부터 그렇다고 보지는 않는데? 이것은 어디까지나 독립의 의사를 발표할 것을 권하고 민족 전체의 분기(奮起)를 재촉한 것이 아니오?"

"우리 자신들도 단결하여 독립의 의사를 발표하고, 전국민도 최후의 1각까지 독립 의사를 발표하라고 기초했을 뿐 다른 뜻은 없소."

재판은 처음부터 지방법원 예심에서 심리하게 되었다.

그러나 사건 내용이 내란죄에 해당된다는 예심의 결정에 의하여 고등법원 특별 재판부에 송치되었다. 특별 재판부 예심에서 이 사건의 심리를 맡았다.

"본건은 내란죄가 아니며, 보안법과 출판법 위반에 해당된다."

는 판단 아래 사건은 다시 지방법원에 반송되었다.

다시 지방법원에서 공판이 개정되었지만 재판장 다치가와(立川二郎)의 공소 불수리 판결에 의하여 검사의 공소가 있었기 때문에 사건은 드디어 복심 법원에서 다루게 되었다. 재판장 쓰카하라(燦原石太郎)의 주심으로 여러 차례 재판이 속개되었고, 사건은 엎치락뒤치락을 거듭했다.

그런 어느 날이었다. 왜인들은 48인을 위협 공갈하기 위하여 일부러 엄포를 놓았다.

"아무래도 국가 반란죄나 내란죄는 면치 못하게 된다는구료."

이런 내용이었다.

일부 인사들은 사시나무 떨 듯하였다. 몇몇 간부급들은 태연하였지만 실상은 거의 다 걱정스러웠고 모두 공포에 질려 있었다. 왜냐하면 국가 반란죄나 내란죄의 최고 형량은 대개가 사형 아니면 무기였기 때문이다. 감방 안이 갑자기 술렁거리며 공포에 잠겨 있는 꼴을 보자, 만해는 변기(便器)를 들어 그들에게 덮어씌웠다.

"이 천하에 더러운 놈들아! 이 똥값에도 대하지 못할 위인 같으니라구. 너희들이 민족과 나라를 위한다는 놈들이냐? 예끼, 더러운 것들, 이 똥물도 아깝다!"

이러한 것이 만해의 옥중 행장이었다.

우리들은 처음엔 만해를 얕잡아 보다가 나중엔 고집불통, 옹고집으로 돌려 함부로 상대하기를 피했다.

그는 하루 종일 면벽관심(面壁觀心)하고 있었다. 이미 그는 선지(禪旨)를 깊이 터득하고 있었다.

그는 감옥을 하나의 수선장(修禪場)으로 삼았다. 말하자면 벽을 마주하여 큰 도를 깨우치는 달마 선사(達磨禪師)였다.

찌는 듯한 더위가 계속되는 그 해 7월 10일이었다. 검사와의 열띤 논쟁이 고비에 달해 있을 때였는데, 그는 기미(己未) 독립 운동에

대한 옥중 답변서를 '조선 독립 운동에 대한 감상의 개요'라는 제목으
로 기초하여 제출했다. 변기통이 부글부글 끓어오르고 비지땀이 개기
름처럼 휘감아 흐르는 무더위 속에서였다. 단 한 권의 참고 서적의
도움도 빌지 않고서 만해는 민족 독립의 사상적 근거를 제시했다.

과연 '조선 독립 이유서'(朝鮮獨立理由書)로 널리 알려진 이 글만으
로도 독립 항쟁사상 그가 불멸의 존재임을 우리는 알 수 있다. 민족
독립사상의 진수는 이 글 중 다음과 같이 쓴 것으로 집약된다.

"자유는 만물의 생명이오, 평화는 인생의 행복이다. 그러므로 자유
가 없는 사람은 시체와 같고, 평화가 없는 사람은 가장 고통스럽
다."

3년 징역 선고받고

1919년 7월 12일 오전 아홉시, '48인 사건'에 대한 첫 공판이 열렸
다. 경성 지방법원 특별 법정에서였다.

주석 판사에 다치가와(立川), 배석 판사에 다자이(太宰明), 검사에
사카이(境)였다.

3월 1일 검거된 후 처음으로 독립 지사들이 한자리에 모여 앉게
된 피고석이었다. 나흘 동안이나 인정 신문(人定訊問)이 계속되었다.

이틀째 되는 날은 일반의 방청이 금지된 채 최린·권동진·오세
창·최남선의 진술이 있었다. 다음날은 이승훈·함태영·양전백·이
명룡·유여대 등에 대한 심문이 있었다.

개정 닷새 만인 7월 16일 변호인 긍인(兢人) 허헌(許憲)이 재판장

에게 공소 불수리 신청을 냈다. 이 문제는 1주일을 끌다가

"공소 불수리 신청이 정당하므로 지방법원에서는 이 사건을 수리하
지 않는다."

고 다치가와가 판결을 했다.

그러나 검사국에서는 다시 복심 법원에 공소(控訴)를 제기했다.

그로부터 두 달 후인 9월 20일 복심원 공판이 개정(開廷)되었다.
재판장은 쓰카하라(塚原) 판사였다.

손병희를 위시한 천도교 대표들에 대한 심문으로부터 시작되었다.
둘째 날엔 기독교 대표, 셋째 날엔 불교측 대표의 심문이 계속되었다.
9월 22일이었다.

만해는 재판장 앞에 섰다. 그는 마치 재판장을 꾸짖듯

"우리는 마땅히 해야 할 일을 했을 뿐이오. 그대들이 이 나라에
와서 우리를 죄인으로 다루다니, 천부당만부당한 일이오!"

라고 의연하게 말했다.

"피고는 금후에도 이 운동을 계속할 것인가?"

"물론이오. 내 목숨이 끊어진다 해도 계속할 것이오. 일본에 월조
(月照)가 있듯이, 조선에 한용운이 있을 것이오."

월조는 전 일본인이 존경하는 고승(高僧)이었다.

"이러한 운동을 주동하면 처벌받는다는 건 잘 아시겠죠?"

"제 나라를 찾겠다는 운동이 벌을 받다니, 그게 될 법이나 한 일이
오? 내 육신이 죽어진다 해도 정신은 살아 남아 민족 운동을 계속하
겠소!"

만해는 굽힐 줄을 몰랐다. 그는 추상같이 말했다. 재판정이 숙연해졌
다. 쓰카하라 판사마저 입을 열지 못했다. 침묵이 흘렀다.

"마지막으로 할 말 있으면 더 하시오."

쓰카하라가 말했다.

만해는 천천히 판사와 검사를 훑어보았다. 그리고는 입을 열었다.

"이번 우리들의 거사는 당신네들의 치안 유지법(治安維持法)에 비춰 보면 혹 죄가 성립될는지도 모른다. 그러나 우리 일동은 우리 조국과 민족을 위하여 마땅히 해야 할 일을 한 것뿐이오. 무릇 정치 란 덕(德)을 닦는 데 있는 것이지 결코 험(險)한 데 있는 것이 아님 을 잊지 마오."

옛 고사(故事)에 '재덕 부재험'(在德不在險)이라 했다. 그릇 알고 통치하려 들면 한 배를 타고 있는 모든 사람이 다 적의 나라 백성이 되고 만다. 곧 '주중지인 개적국'(舟中之人皆敵國)으로 떨어지기에 이른다.

위(魏)나라 때 무후(武候)가 천하의 명장 오기(吳起)와 함께 배를 타고 양자강(揚子江)을 내려오던 중이었다. 무후는 한창 신이 나서 위나라의 부국과 강병을 떠벌이다가 강가 좌우의 산천을 돌아보며 감격해서

"아름답다, 산하(山河)의 견고함이여! 이는 바로 이 나라의 보배됨 이 아닌가!"

소리쳤다.

이에 오기 장군이 정색을 하며 대꾸했다.

"경의 할 일은 덕에 있지 결코 산천의 험난함에 있진 않소. 만약에 덕을 닦지 않으면 이 배 가운데 있는 사람은 다 적국(敵國)의 백성 이 될 터이오. 이와 같이 내가 독립 운동을 하는 것은 총독 정치의 압제가 싫어서만이 아니오. 당신들이 선정(善政)을 베푼다 해도

역시 마찬가지요. 압제도 선정도 싫소! 4천 년 역사를 가진 조선 민족이 이제 와서 남의 나라 노예가 되어야 할 이유가 어디 있단 말인가."

만해의 최후 진술은 숙연한 분위기 속에 얼음장이 깨지는 목소리로 이어서 장내에 울려퍼졌다.

"오늘에 와서 일본이 강병과 힘을 내세워 우리의 국권을 능욕하고 있지만 덕을 통치의 요체로 삼지 아니할 경우 국제 사회의 고립을 면치 못할 것이오, 종내에는 패망의 길이 멀지 않다는 것을 예언하여 두는 바이오."

이 내용은 8월 11일자 '동아일보'에 특보되기도 하였다.

3·1운동을 주도한 민족 대표들에 대한 재판은 시위 가담자들에 대한 다른 사법 처리와 함께 전국적인 규모로 진행되었다.

공소 진행을 위한 서류만도 1만8천여 장에 달하였다.

1920년 10월 30일 오전 열시 언도 공판(言渡公判)이 열렸다. 경성 복심 법원 특별 법정에는 쓰카하라 주심, 아라이(新井胖)·스기무라(杉浦武雄) 배심과 검사가 나와 앉았다. 재판의 개정 선언에 이어 검사가 논고를 했고, 곧 판결문이 낭독되었다.

만해는 주동자의 1인으로 몰렸다. 그는 거족적인 민족 운동으로 청사에 길이 남을 업적을 이루었다. 3·1 운동에 있어서 만해의 활동과 움직임은 전민족뿐 아니라 민족 지사들의 사표가 될 만하였다. 그의 민족 사상은 최고조에 달해 있었다. 기미 운동으로 인하여 그는 의암·고우·남강 등과 함께 법정에서 최고의 형량인 3년 징역을 선고받았다.

3·1 독립 선언 거사에 대한 판결문을 보면 우리는 만해가 얼마

나 이에 주도적 역할을 하였는가 알 수 있다.

'판결문'

한용운(韓龍雲) :

불교측의 유력한 자로서 독립 선언서의 분포를 담당하여 경성 시내에 약 3천 매를 배포하였으며, 3월 1일 명월관에서 독립 선언 식을 할 때

"우리가 무사히 독립 선언을 발표함은 지극히 경하할 바이며, 독립을 위하여 더욱 노력함을 바란다."

는 연설을 하고 독립 만세를 선창한 자다.

이리하여 1년 8개월 만에 확정 판결이 나기에 이르렀다.

그 동안 일제는 만해로부터 굴복서나 참회서를 단 한 통도 받아 내지 못했다.

산 부처가 출옥하던 날

1920년 9월 25일자 '동아일보'에 실린 공판 기록은 지금도 우리의 심금을 울려 주고 있다.

그는 재판장의 심문에 다음과 같이 답변했다.

"동서고금을 막론하고 국가의 흥망은 일조일석에 되는 것이 아니오. 어떠한 나라든지 제가 스스로 망하는 것이지 남의 나라가 남의 나라를 망하게 할 수는 없는 것이오. 우리 나라가 수백 년 동안 부패

한 정치와 조선 민중이 현대 문명에 뒤떨어진 것이 합하여 망국의 원인이 된 것이오. 원래 이 세상에 개인과 국가를 막론하고 개인도 자존심이 있고 국가도 국가의 자존심이 있으니 자존심이 있는 민족은 남의 나라의 간섭을 절대로 받지 아니하오. 금번의 독립 운동이 총독 정치의 압박으로 생긴 것인 줄 알지 말고, 자존심이 있는 민족은 남의 압박만 받지 아니하고자 할 뿐만 아니라 행복의 증진도 받지 않고자 하는데 이는 역사가 증명하는 바이오. 4천년이나 장구한 역사를 가진 민족이 언제까지든지 남의 노예가 될 것은 아니오. 그 말을 다 하자면 심히 장황하므로 여기에서 다 말할 수 없으나, 그것을 자세히 알려면 내가 지방법원 검사장의 부탁으로 '조선 독립에 대한 감상'이라는 글을 옥사에서 지은 것이 있으니 그것을 갖다 보면 다 알 듯하오."

이 답변은 신문을 통하여 당시 식자층과 학생층에게 많은 감명을 주었다.

만해는 서대문 형무소에 투옥당했다.

모진 옥고를 치렀다. 그러나 만해는 고통스러워하지 않았다. 그에게는 나라 빼앗긴 치욕과 울분을 능가할 고통이란 없었다. 그는 끊임없이 일본의 침략주의를 규탄했다.

간수들은 만해를 핍박했다. 간수부장 앞에서 머리를 숙이지 않는다는 이유에서였다. 틈만 나면 간수들이 모여 와서 만해를 괴롭혔다. 그러나 간수부장에 대한 만해의 태도는 여전했다. 육체적 고통으로 만해를 굴복시킨다는 생각은 차라리 어리석었다.

"저놈은 독종이야."

"지독한 중놈이군."

"흉악한 조선 중놈의 오야붕이라네."

간수들끼리 모여 떠들었다.

만해의 옥바라지는 그의 상좌 이춘성(李春城)이 했다. 만해는 늘 건장한 모습으로 면회 오는 제자 앞에 섰다. 만해는 선사(禪師)였다. 그는 밤낮을 가리지 않고 좌선(坐禪)을 했다. 그는 활불(活佛)처럼 싱그러웠다. 철창 밖으로 내다보이는 달을 보며 그는 부처를 생각하고, 조국과 민족을 생각했으며, '님'의 세계를 묵상했다. 그리고 그는 시를 읊조리기도 했다.

자유가 그리운 나날, 그는 침묵의 참맛을 알았다. 비로소 '님'의 침묵을 읽혀 나갔다.

하지만 2천만의 중생 전체가 일제 식민 치하라는 거대한 감옥에 갇혀 있는 시절이고 보면 독방 생활은 작은 극락이라는 생각이 들기까지 했다.

복역 중 만해는 법정에서 말로 다할 수 없는 사연을 글로 써서 유명한 '조선 독립 이유서'(朝鮮獨立理由書)를 지어 보였다. 그러나 원래 이 글은 왜정 치하에서는 대표적인 불온 문서인 까닭에 세상 밖으로 내보낼 성질의 것이 아니었다. 가까스로 이 글이 새어나가 겨우 상해 '독립신문'에나 반영되었을 뿐 오래고 오랜 시련을 거쳐 만해의 대문장 '조선 독립 이유서'가 햇빛을 본 것은 나라가 광복된 뒤였다. 그 글의 주인공은 이미 열반(涅槃)에 든 지 1년이 훨씬 지나서였다. 만해의 그 명문은 어느 한 사람의 것이 아니라 오늘날 6천만 민족 전부의 것이다. 우리는 오늘도 '조선 독립 이유서'를 필요로 하는 시대에 살고 있다.

1922년 3월, 빼앗긴 들에도 봄은 왔다.

만해가 만기(滿期) 출옥을 하는 날이었다. 감옥 밖에는 사회 유지급 인사들이 마당이 좁다 하고 꽉 차 있었다. 자유의 몸이 된 만해를 맞이하러 온 얼굴들이었다. 만해는 그다지 너그럽게 그들을 대할 수 없었다. 둘러보면 모두가 아는 사람들이었으나 또한 거의가 약삭빠른 사람들이었다.

"부탁대로 이번 독립 운동에 가담하지요."

하고는 이 핑계 저 핑계를 대고 3·1 만세 운동 때 빠져나간 사람들이 태반이었다. 개중에는 서명을 하기로 약속까지 해 놓고 목숨이 아까워 꽁무니를 빼던 위인들도 없지 않았다.

만해는 심한 모욕을 느꼈다. 그는 자기를 맞이하러 온 인파의 호의를 받아들일 수가 없었다.

"여보게들, 내 인사 좀 받으려나? 내 인사를……."

그는 침을 탁 뱉었다. 보기 싫은 비겁한 이중 인격자들을 향하여 쉬지 않고 침을 뱉었다.

"그대들이 이렇게 나를 마중할 줄은 아는 모양인데, 왜 마중받을 줄은 모르는가. 오늘은 내 인사를 받게나. 여보게들, 왜 내 인사를 받을 줄 몰라? 내 인사 좀 받아 봐!"

3·1운동이 일어난 얼마 뒤 운양(雲養) 김윤식(金允植)이 그 전에 일제가 준 남작의 작위를 반납한 일이 있었다. 3·1 운동은 시기 상조라 하여 직접 가담하지 아니했지만, 작위 반납은 독립 운동의 여운이 감도는 당시에 취해진 민족적인 반성이었다.

우발적인 일치랄까, 연쇄 반응이랄까, 이 일이 있은 뒤 일본에 들러 우리 나라를 '동방의 등촉'이라고 예찬한 바 있는 인도(印度)의 시성

(詩星) 타골이 영국에서 받았던 작위를 반납하였다.

이것은 간디의 무저항주의적인 반영(反英) 운동의 자극을 받은 때문이었다. 이 소식을 전해 들은 만해는,

"인도에도 김윤식이 있게 되는 모양이구나."

하는 묘한 비판을 했다.

이는

"한국에도 간디 비슷한 사람이 생겨나는가?"

하는 반문이었다고 본다.

충절 서린 사회 지도자 활동

치열한 반항아 만해는 요지부동의 자세였다. 태산이 무너진다 해도 만해는 흔들릴 수 없었다. 옥고를 치르면서도 일본이 멸망할 것을 내다본 그로서는 출옥 후 세태 인심의 변화에 적지않이 놀랐다.

민족혼은 소멸되어 가는 듯했다. 그래서 그는 출옥한 뒤 서울 안국동 선학원(禪學院)에 머물며 얼마 뒤 5월에는 청중 앞에 나서서 사자후로 능변을 구사하면서 꺼져 가는 민족혼의 심지를 돋구려 했다. 앉아서 보고만 있을 수는 없었다. 혼자서 통탄하고만 있을 수가 없었다.

만해 한용운 이전에도 물론 이 땅에 웅변가가 없었던 것은 아니다. 근대적인 첫 웅변가는 서재필(徐載弼)이다.

문장가이면서 웅변을 겸한다는 것이 대단히 어려운 일이 아닐 수 없는데, 만해는 타고난 철성(鐵聲)에 조리 정연한 웅변술을 가지고 있었다. 그의 해박한 지식과 광범한 섭렵(涉獵)과 총명한 기억력은 웅변가로서의 기초적 조건으로 충분하였다. 그 위에다 그는 그칠 줄

모르는 투지와 영원한 민족적 신념을 품고 있었다.

그가 한 번 강당에 서면 일찍이 약관의 나이로 한반도 전역을 주름 잡은 능변가 도산(島山) 안창호(安昌浩)를 연상시켰다.

미국에 건너가 남다른 선각자가 된 도산 안창호가 로스앤젤레스에서 1913년 5월 13일 수양 단체 홍사단(興士團)을 발족하여 근대화의 조직적 추진에 앞장서 있다가 1919년 4월 상해 임시 정부 수립에 즈음 하여 실무를 관장함으로써 그의 명성은 대단하였다. 단재(丹齋) 신채 호(申采浩)는 홍사단이 사조직이라 하여 이미 도산과 결별하였고, 임정 때에는 미지근한 그의 독립 노선을 배격하여 마지않았다.

1932년 4월 29일 윤봉길(尹奉吉) 의사의 상해 의거(上海義擧)가 전세계를 놀라게 한 그 여파로 왜경에 잡혀 본국에 압송되어 온 도산 이 2년 반 만에 대전 감옥에서 친일파 뒷바라지의 보석으로 가출옥한 뒤에도 그의 명성은 하늘을 찌를 만하였다.

하루는 만해가 도산과 마주 앉게 되었다.

"도산, 우리 민족의 독립은 머지 않아 달성될 것이 틀림없소. 해방된 나라에서는 어떤 방법으로 일을 하여 나감이 좋으리라고 보오?"

만해의 물음에 도산은

"그야 지난 5백년간 우리 서북계가 너무 소외되어 왔으니까 평안도 출신을 비롯한 이북 사람들이 우리 신정부를 주도해 나가야 하지 않겠소."

라는 대답을 청산 유수격으로 내뱉지 않는가. 말하자면 중부권 인사 타도의 지역 편중 지향 논조였다. 어처구니가 없어

"도산의 생각과 구상이 고작 그 정도로군요."

한 마디 남기고 만해는 자리를 박찼다.

상해에서 임시 정부 활동에 열을 올리다가 흥사단 원동(遠東) 지부의 조직에 더욱 심혈을 기울이는가 하면, 춘원(春園) 이광수(李光洙)로 하여금 수양 동우회(修養同友會)라는 국내 조직을 그것도 일본 정계 막후 수뇌와 결탁하여 서두르게 한 그 참뜻이 어디에 있는가.

'흥사단'이라는 이름부터가 근대화의 기수요 개화 사상가인 대선각 유길준(兪吉濬)이 1907년부터 결성해 문화 계몽 활동을 서울에서 펴던 그 이름 그대로가 아닌가.

서북계 중심의 흥사단은 구당(矩堂) 유길준까지 모독하는 도산의 사조직으로 은연중 서북계가 권력을 주름잡는다는 숨겨진 뜻이 없지 않았다. 만해의 놀라움은 컸다.

그 뒤로 만해는 두 번 다시 도산을 만나지 않았다. 한갓 지방열(地方熱)이나 고취하는 그에 동조하여 일할 필요가 전혀 없어서였다.

만해와 헤어진 얼마 후 도산이 일으킨 흥사단 소속의 인사 일부분은 친일에 앞장서는 범죄를 저질렀다.

이를 어찌 우연의 탓으로만 돌리랴. 만해의 선견(先見)이 적중한 셈이었다.

만해는 청중들 앞에서 사자후로 뜨거우나 비창(悲愴)하게 울부짖었다. 그의 열변은 가슴을 찌르는 심도(深度)에 있어서 누구보다도 절실한 감명을 주었다.

만해가 자주 선 연단은 기독교 청년회관이었다. 이 때는 소위 사이토오(齋藤實) 총독의 문화 정치 표방 때문에 이 나라에 다소의 언론 자유가 허용되었던 시대였다.

만해는 모두가 크게 뭉쳐 하나로 전진하자는 자각의 환기를 해 나감에 울분과 장한(長恨)을 이따금 이 곳에서 토로하였다. 모이는 청년들

은 만해의 열변과 웅변과 달변과 성변(誠辯)에 도취되어 무아(無我)
의 경지로 이끌려 갔고, 그리하여 거의 자아를 망각할 지경이었다.

한 번은 어떻게 한 웅변이었던지 이를 감시 취조차 와 있던 임석
경찰관이 제 직분도 잊어버리고, 군중과 함께 휩쓸려들어 무의식중에
박수를 치고는 흠칫 놀라기도 했다. 실로 어처구니없는 일이었지만
만해의 웅변술을 짐작할 만하다.

만해의 강연이 있다고 하면 으레 기독교 청년회관은 초만원을 이루
었다.

몇 시간씩 미리 와서 기다리는 사람도 있었다. 그의 철석 같은 민족
혼과 뜨거운 조국애, 그리고 부동(不動)의 인격과 대해(大海)와 같은
불교 철학이 그로 하여금 그와 같은 인기를 불러일으키게 했다.

만해의 시문과 문장은 신비스러운 데가 있었다. 하지만 그의 웅변은
언제나 글 못지 않게 조리가 너무도 정연했다. 헛점이란 있을 수가
없었다. 그의 웅변은 불타는 민족혼의 절규였다.

기미 독립 만세가 있은 지 3년이라는 기간이 지난 후 청중 앞에
나선 만해는 여전히 늠름했다.

첫 강연이 조선 불교 청년회(朝鮮佛教青年會) 주최로 기독교 청년
회관에서 개최되었다. 출감 이후 최초의 강연회에 초청받은 연사는
만해뿐이었다. 그 날의 연제는 '철창 철학'(鐵窓哲學)이었다.

강연회장은 청중들로 초만원을 이루었다. 문 밖까지 사람의 물결로
성황을 이루었다. 만해는 종횡무진한 열변으로 장내의 분위기를 제압
했다. 그의 청중을 감동케 하는 이 날의 연설은 무려 두 시간 동안이나
계속되었다.

"개성 송악산에서 흐르는 물이 만월대(滿月臺)의 티끌은 씻어 가도

선죽교(善竹橋)의 피는 못 씻으며, 진주 남강(南江)의 흐르는 물이 촉석루(矗石樓)의 먼지는 씻어 가도 의암(義岩)에 서려 있는 논개(論介)의 이름은 씻지 못합니다."

이렇게 만해는 강연을 끝냈다. 박수와 환성으로 장내가 떠나갈 듯했다. 그 자리에 참석했던 종로 경찰서의 악명 높은 임검 미와(三輪)까지도 박수를 쳤다.

만해가 치른 3년의 옥고(獄苦)는 선죽교의 피나 논개의 얼을 기리게 했으며, 그로 하여금 충절의 시범에 앞장서게 했다.

이로부터 몇 달 뒤인 그 해 가을 천도교 기념관에서 도꾜 유학생 주최로 종교 강연이 있었다.

천도교측에서 최린, 기독교측에서 김필수 목사가 나왔고, 불교 대표로 만해가 참석했다.

최린의 연설이 끝나고 만해가 연단에 올랐다. 연제는 '육바라밀'(六波羅蜜)이었다.

육바라마란 보시(布施) · 지계(持戒) · 인욕(忍辱) · 정진(精進) · 선정(禪定) · 지혜(智慧) 등을 말한다. 선교(禪敎)의 이론을 통하여 열렬한 독립 정신을 고취하자는 데 뜻이 있는 강연이었다. 청중의 열광은 극치에 달했다. 강연을 마친 만해는 손을 들어 원을 그리고 주먹을 쥐어 그린 원에 점을 찍어 보였다. 하나의 세계가 새롭게 열려야 한다는 힘찬 암시였다. 한 마음 한 뜻으로의 명시(明示)였다. 그리고 그는 하단했다.

이듬해 1923년 그의 나이 45세가 되었다. 만해는 조선 물산 장려 운동(朝鮮物産獎勵運動)을 적극 지원하고, 민립 대학(民立大學) 설립 운동도 추진해 나갔다.

신간회 서울 대표, 그 고고한 기백

1926년이었다. 6 · 10 만세 사건에 앞서 6월 7일 그는 일시 예비 검속되었다가 풀려나기도 했다.

민족 단일 노선과 협동 전선을 표방한 신간회(新幹會)의 창립 운동은 1927년 1월 19일 창립 발기인과 선언 강령이 발표됨으로써 구체화되었다. 그 발기인은 신석우(申錫雨) · 안재홍(安在鴻) · 김준연(金俊淵) · 이관용(李灌鎔) · 문일평(文一平) · 한용운(韓龍雲) · 홍명희(洪命熹) · 조만식(曺晚植) · 신채호(申采浩) · 백관수(白寬洙) · 권동진(權東鎭) · 이갑성(李甲成) · 유억겸(兪億兼) · 이상재(李商在) · 이승복(李昇馥) · 한기악(韓基岳) 등 34인이었다. 2월 15일 창립 총회에는 회원 4백 명 중 2백여 명과 많은 방청객들이 참석한 가운데 중앙기독교 청년회관에서 개최되었다. 그 자리에서는

① 우리는 정치적 · 경제적 각성을 촉구함

② 우리는 단결을 공고히 함

③ 우리는 기회주의를 일체 부인함

으로 된 강령이 채택되었다. 임원 선거에 들어가 신간회 회장에 이상재, 부회장에 권동진이 선출되었고, 간사회가 구성되었다. 신간회 창립의 주역은 실제로 벽초(碧初) 홍명희와 조선일보사 계열의 인사들이었다.

만해는 좌우 합작의 유일 전선임을 내세운 신간회 그 발기인의 한사람으로 중앙 집행 위원이 되었으며, 6월 10일에 서울 지회가 설치되면서 초대 회장으로 추대되었다. 신간회 서울 지회 부회장에는 허헌

(許憲), 간사는 이원혁(李源赫) 등 25명이었다.

신간회의 조직은 날로 확대되고, 대일 항쟁의 규모도 만만찮게 되자 일제 당국은 탄압을 가하기 시작하여 종내는 해산되지 않을 수 없었지만, 1920년대 후반에 민족 운동 단체로서 자매 단체 근우회(槿友會)와 더불어 3·1운동의 열이 식어 가는 민족 정신의 고취에 큰 영향을 미쳤다.

1929년 11월 광주 학생 항일 운동이 폭발하자 신간회는 그 진상을 규명하고자 현지에 조사단을 파견했다.

김병로(金炳魯)·이인(李仁) 등은 민중 항쟁의 진상을 파악하고 돌아와 백여 명의 구속 학생을 석방하라고 당국에 엄중 항의했다.

그러나 아무런 반응도 없자 '광주 사태 실정 보고 대회'를 열고 그 부당성을 규탄하려 했다.

민중 대회는 1929년 12월 13일로 정해졌다. 한용운은 송진우·권동진·허헌·홍명희·이관용·이원혁·조병옥·이관구 등과 함께 민중 선언서를 발표하고, 일제의 식민 정책을 비난하고 규탄하는 범국민적인 민중 대회를 계획했다.

신간회 본부에서 한용운·권동진 등 간부 7, 8명이 모여 민중 대회를 기하여 전국적인 항쟁을 전개하기로 결의했다.

12월에는 서울 시내에서도 계속 학생 시위가 일어나고 있었는데, 민중 대회 개최를 앞둔 여덟 시간 전에 신간회 본부는 일경에 의해 포위되었다.

이 날 한용운·권동진·홍명희·허헌·이관용·조병옥 등 44명의 신간회 간부와 신간회 자매 단체인 근우회 관계자까지 모두 47명이 구속되었고, 이 가운데 이관용·허헌·홍명희·조병옥·김무삼·이원혁 등은 실형 선고를 받고 복역 중 이듬해 2월에야 가출옥 석방되었다.

　신간회 시절 핵심 임원으로 밀착된 한용운과 홍명희는 문학계에서도 시와 소설 분야를 주름잡는 양대 거걸로 쌍벽이 되었다. 특히 그 당시 벽초는 옥중에서 《임꺽정》 소설을 집필하여 '조선일보'에 연재하기 시작했는데, 만해의 시집 《님의 침묵》과 함께 불후의 명작으로 평가받고 있다.

　당시 민중 대회 사건을 변호했던 이인(李仁)의 일화가 있다.

　하루는 형무소에 면회를 갔는데 홍명희가 두 손으로 낯을 가리고 나왔다.

　"여보 애산(愛山), 학생들 보기가 부끄러워 그러오. 우리가 무슨 일을 한 것도 없는데 변호가 다 뭐요."

　"그러기에 미수범이라는 것 아니오. 벽초(碧初), 일을 하고자 한 그 정신만은 학생들 모두가 알고 있으니 조금도 낙심은 마오."

　민중 대회 사건으로 이들이 형을 살고 출옥한 뒤 이인 변호사가 만해를 안국동 선학원(禪學院)으로 찾아갔을 때였다. 점심을 같이 하게 되었는데 만해가 애산 이인에게 말하였다.

　"원 세상에, 《육법전서》를 읽어 가며 독립 운동하는 꼴은 처음 보았네."

　"만해, 무슨 일인데요?"

　"한 번 들어보오, 애산. 동지들이 모두 경기도 경찰부 유치장에 갇혀 있을 때인데, 긍인(兢人) 허헌(許憲)은 《육법전서》를 차입시켜 열심히 읽더군 그래. 감방 동지들에게 하는 말이 '우리가 한 일은 아무리 보아도 경범죄밖에 안 되네. 그러니 고작 구류 아니면 과태

료 처분 정도에 해당될 뿐이오' 합디다. 그래, 우리가 독립을 위해서 저들과 싸우는 마당에 죄의 경중을 따져서 무엇하겠소? 그 생각을 하니 어찌나 화가 나던지 앞에 있는 목침을 들어 한 대 쳐주고 싶더군."

그 때의 분이 덜 풀려서 이인 변호사를 붙들고 사정을 토로하는 만해였다. 법률가로서 《육법전서》를 펼쳐든 긍인이나, 그 옆에서 화가 치밀어 뒷날에도 흥분을 감추지 못하는 만해를 생각할 때 실로 웃음을 참기 어려운 애산이었다.

한창 씹던 상추쌈이 밖으로 튀어나와 그 자리에서 그만 만해의 얼굴에까지 덮씌우게 되었다는 후일담이다.

왜정 때 긍인 허헌, 가인(街人) 김병로(金炳魯)와 함께 민족 변호사 '3인'으로 추앙받던 이인 옹은 그 만해를 만년까지 몹시 아쉬워하고 있었다.

"만해는 고고한 맛이 풍기면서도 쇠로 뭉쳐진 분이었소. 나는 그와 무관하게 지내면서 더러 싸우기도 했지만, 대의에 불타고 불의에 항거하기 언제나 첨단이었소. 너무 고답하여 근접하기 어려운 면도 없지 않으나, 온정과 인간미는 많이 풍겼습니다. 지금은 그를 따를 사람이 없어요. 지금 그가 살아 있다면 여러 면으로 경종을 울리면서 하나의 청량제가 될 텐데……."

한반도를 강점한 왜적들과 대적하여 싸우는 마당에 저들의 법 조문이나 들춘다 함은 신성한 독립운동을 모독하는 일이 아닐 수 없었다. 죽기를 각오하고 싸워야 국권을 되찾을 수 있는 위급한 판에 일본 법률 따위란 그 얼마나 터무니없는 잠꼬대인가.

본래 변호사의 변론을 원한 만해가 아니었다. 3·1 만세 운동 때

피검되어 48인이 공동 피고로 재판을 받게 되었을 때 다만 긍인의 변론이 불가피할 뿐이었다.

그런 사정이 아니었던들 '3인' 중 대표인 허헌 변호사를 종로 경찰서 유치장에서 목침으로 매섭게 응징했을 만해의 기백이었다.

전혀 변호사의 도움 없이 왜정 때 법정에 선 유림계의 심산(心山) 김창숙(金昌淑)이나 여순 감옥에서 8년 동안이나 항쟁하다가 옥사 순국한 사학계 거두 단재(丹齋) 신채호(申采浩)와 함께 고고한 민족 정기의 화신 '3걸'로 만해 한용운은 단연 불교계를 대표할 만한 우두머리 지도자였다.

4

근대 시성

민족얼 담긴 님의 송가

만해 한용운의 문학은 국어의 진미를 살려 독자적으로 작품 세계를 이룩한 본보기가 된다. 외국 문학의 아류가 아닌 한국 시문학의 보배로운 개척으로 만해는 한 세기를 통틀어 근대 시성(近代詩聖)의 자리에 오르게 된다.

서당 시절부터 한시(漢詩)를 수업한 만해는 민족 투사로서 3·1 운동에 뛰어들어 옥고를 치르면서 한국 근대·현대의 시성다운 체질을 형성해 간다. 그의 시작(詩作)은 아낌없이 세련된 우리말로 심원하고도 오묘한 세계를 노래한다.

불교적 세계관을 바탕으로 뜨거운 민족얼을 담은 사랑의 시편(詩篇)들은 님에의 송가(頌歌) 아닌 것이 없고, 자유와 평화에의 목마른 영가(靈歌) 아닌 것이 별로 없다.

만해는 한 그루 나무가 자라듯이 암흑 시대에 고뇌을 심호흡하면서

자유 의지를 키운다. 그는 자유라는 이름의 나무로 침묵을 비료로 삼아
자란다.

결국 민족의 송가를 이루며, 침묵 시대의 흑진주가 알알이 반짝이고
있는 시편들의 예고는 3·1운동의 주동자로 옥고를 치르며 1920년
전후에 쓴 그의 시에서 보게 된다.

달아 달아 밝은 달아,
옛나라에 비춘 달아.
쇠창을 넘어 와서
나의 마음 비춘 달아,
계수나무 버혀 내고
무궁화를 심으과저.

달아 달아 밝은 달아,
님의 거울 비춘 달아.
쇠창을 넘어 와서
나의 품에 안긴 달아,
이지러짐 있을 때에
사랑으로 도우과저.

달아달아 밝은 달아,
가이 없이 비춘 달아.
쇠창을 넘어 와서
나의 넋을 쏘는 달아,

구름재(嶺)를 넘어 가서
너의 빛을 따르과저.
　　　　　——옥중시 '무궁화 심으과저(심고자)' 전문

여기에서 이미 한용운은 20세기 전반 우리 근대 문학사상 한 획기적
인 시문학(詩文學)의 전환점을 마련하기 시작한다.

그의 마음에는 '나라'와 '무궁화'가 달빛처럼 꽉 차 있다.

무궁화를 심어 나라를 광명의 낙원으로 꾸미자는 행동 의지가 엿보
인다.

쇠창살로 막힌 유형지(流刑地)인 이 강토를 빛의 낙토(樂土)로
바꾸겠다는 한결 같은 마음은 다음 연의 사랑과 빛과 넋으로 발전된
다.

빛으로 충만된 큰 사랑의 마음은 만해의 님으로 더욱 굳어진다.

이러한 마음을 두고 우리는 조국 광복을 염원하는 결연한 혁명 의지
로 보아 크게 잘못이 없다.

빛을 향한 애타는 마음이 곧 만해의 님이라고 할 수 있다.

다시 말하여 독립의 원동력이 되는 자유 정신의 전투적 실천을 그는
믿음으로 삼았고, 사회적 평등의 구심체인 불교 사상을 체현하려는
것이 만해의 시정신을 이루는 기조가 된다.

그의 마음에는 무궁화, 품에는 사랑, 그리고 넋에는 빛으로 채워진
다. 여기에 처음으로 '님'이란 말도 등장한다. 수구적인 '님'이 아닌
능동적인 '님'의 얼굴이 비로소 고개든다.

1920년 전후로 신시(新詩)의 발성 연습이 자못 활기를 띠게 되고,
자유시와 산문시 형식이 실험되고는 있었지만, 대부분이 식민지 청년

들의 영탄이 주조를 이루었다.

값싼 감상의 서정을 읊거나 회고풍의 시심(詩心)에서 더 나아가지 못하고 있을 당시, 만해의 옥중시 '무궁화 심고자'는 4·4조의 정형시 형태이면서 미묘한 활력(活力)을 지닌 근대 시학의 선두로서 한국 시문학의 새 지평(地平)을 열어 보인다.

만해 한용운의 시 작품들은 이 작품을 기점으로 하여 2백여 편의 시, 30여 편의 시조, 160여 편의 한시 모두가 님의 마음과 사랑과 빛으로 충만되어 있다.

이에 앞서 깊은 산사에서 법열(法悅)의 경지를 헤매던 만해가 서울로 향하여 설악산을 내려오기는 1918년이었다.

1917년 겨울 설악산 오세암에서 큰 진리를 터득하고 속세에 내려온 만해는 계동 막바지 문간방에 거처를 정한 다음 '유심'(惟心)이라는 월간 교양지를 발간하기 시작했다. 1918년 9월에 창간을 보아 포교 위주의 새로운 문화 운동을 전개한다. 이 잡지 첫머리에 쓴 글이 있다.

배를 띄우는 흐름은 그 근원이 멀도다. 송이 큰 꽃나무는 그 뿌리가 깊도다.

가벼이 날으는 떨어진 잎새야, 가을 바람이 굳셈이랴 서리 아래에 푸르다고 구태여 묻지 마라. 그 대(竹)의 가운데는 무슨 걸림도 없느니라.

미(美)의 음(音)보다도 묘(妙)한 소리, 거친 물결에 돛대가 낳다. 보느냐. 샛별 같은 너의 눈으로 천만 장애를 타파하고 대양(大洋)에 도착하는 득의(得意)의 파(波)를.

보이리라. 우주의 신비.

들리리라. 만유(萬有)의 묘음(妙音).

가자. 가자. 사막도 아닌 빙해(氷海)도 아닌 우리의 고원(故園).
아니 가면 뉘라서 보랴.

한 송이 두 송이 피는 매화(梅花).

———'처음에 씀'

'유심'지 창간호에 매화를 피우려 한 산문시(散文詩) 형태의 글을
처음으로 발표한 만해였다. 한편 같은 호에 아래와 같은 자유시 한
편이 보인다.

심(心)은 심(心)이니라.

심(心)만 심(心)이 아니라 비심(非心)도 심(心)이니 심외(心
外)에는 물(物)도 무(無)하니라.

생(生)도 심(心)이오, 사(死)도 심(心)이니라.

무궁화도 심(心)이오, 장미화도 심(心)이니라.

호한(好漢)도 심(心)이오, 천장부(賤丈夫)도 심(心)이니라.

신루(蜃樓)도 심(心)이오, 공화(空華)도 심(心)이니라.

물질계도 심(心)이오, 무형계(無形界)도 심(心)이니라.

공간도 심(心)이오, 시간도 심(心)이니라.

심(心)이 생(生)하면 만유(萬有)가 기(起)하고, 심(心)이 식
(息)하면 일공(一空)도 무(無)하니라.

심(心)은 물(物)의 실재요, 유(有)의 진공(眞空)이니라.

심(心)은 인(人)에게 누(淚)도 여(與)하고, 소(笑)도 여(與)하

느니라.

심(心)의 허(墟)에는 천당(天堂)의 동량(棟樑)도 유(有)하고, 지옥(地獄)의 기초도 유(有)하느니라.

심(心)의 야(野)에는 성공의 송덕비(頌德碑)도 입(立)하고, 퇴패(退敗)의 기념품도 진열하느니라.

심(心)은 자연 전쟁(自然戰爭)의 총사령관(總司令官)이며, 강화사(講和使)니라.

금강산(金剛山)의 산봉(山峰)에는 어하(魚鰕)의 화석(化石)이 유(有)하고, 대서양(大西洋)의 해저(海底)에는 분화구(噴火口)가 유(有)하니라.

심(心)은 하시(何時)라도 하사 하물(何事何物)에라도 심 자체(心自體)뿐이니라.

심(心)은 절대(絶對)며 자유의 만능이니라.

──'심'(心) 전문

비록 한문투가 가셔지지 않고 있다 하더라도 20세기에 들어와 신문예 출범 이래 근대 자유시로서 동인지 '창조'(創造)에 발표된 주요한 (朱耀翰)의 '불노리'를 한 해 앞지른다. 시 정신의 불교적 좌표를 읽게 할 뿐 세련된 노래가 되기에는 손색이 없지 않으나, 3·1운동의 한 주역으로 3년간의 옥고를 치르는 동안 많은 한시를 계속해 쓰는 한편, '무궁화 심고자' 같은 작품을 쓴 것은 일대 진경(進境)이 아닐 수 없다.

만해의 시 작품도 '처음에 씀'에서 보인 매화(梅花) 동산이다. 그의 마음속에는 매화의 향기로 가득 차 있다.

지상을 낙토화하려는 피맺힌 불길

만해의 시는 '심'(心) 이후 마음의 시로 일관한다. 마음을 노래한 그가 '님의 시인'으로 널리 알려진 데는 그럴 만한 사정들이 있다. 적지 않은 선시(禪詩)를 쓴 것도 사실이나 그만이 반세기 앞서 비법(祕法)으로 구사한 시작(詩作) 활동의 묘리(妙理)를 밝혀내며, 불 같은 사랑을 간직한 혁명의 마음을 더 많이 노래하고 있다.

그뿐만 아니라 민족 혁명의 원동력이 바로 민중 속에 있다는 그의 신앙은 중생 구제의 한 방편으로 민족 문화 전개에 기조(基調)가 되어 준다.

더욱이 그는 매화 향기 그윽한 정원을 가꾸는 중생의 원정(園丁)으로서 차츰 인도의 시성 라비드라나트 타골을 넘어선다.

1922년 3·1운동 주동자로 3년에 걸친 만기 복역을 마치고 자유의 몸이 되었을 때, 이미 옥중시 '무궁화 심고자'에서 보인 4·4조의 정형시만으로도 중대한 시발점에 서 있었음을 알게 한다.

미묘한 법문(法門)이자 유창한 증도가(證道歌)의 서장이 열린 셈이다.

다시 내설악 백담사에 입산하여 만해당 일실에서 1925년 10월 16일 빚어낸 시편 《님의 침묵》을 이듬해에 시집으로 펴냄으로써 우리 시 문학사는 새로운 전기(轉機)를 마련한다. 무엇보다 그는 '굳세게 생각하여 아름답게 노래한다'고 하는 슬기로운 시심(詩心)의 눈동자를 선보인다.

한용운만이 창시할 수 있었던 큰 깨우침의 막힘 없는 증도가(證道

歌)인 《님의 침묵》의 세계라는 지평(地平)이 한국 문학사에 활짝 열리게 된다.

근 70년 앞서 한국 시문학(詩文學)의 놀라운 기적, 곧 단순한 소리의 울림이 아닌 사상의 노래로 날개를 펼친 《님의 침묵》의 세계를 속속들이 알자면 부처님을 넘어서는 사람도 더러 있음을 아는 이만이 그 자격을 갖춘다.

노래는 평이한 듯하면서 그 의미는 심오하기 무궁동의 극치다. 흡사 올리브 열매와도 같아서 씹으면 씹을수록 씹히는 맛이 있고, 맛을 보면 볼수록 참맛이 넘친다. 새벽 동틀녘의 종달새와도 같이 하늘 끝 가는 데까지 치솟아 오르는 이미지가 있고, 불 속에 피어나는 신비로운 연꽃같이 만해의 시는 작열한다.

누구에게나 말하기에는 너무도 벅찬 도(道)를 그는 노래한다. 작품 '칠석'(七夕)에서와 같이 표현할 수 없는 '사랑'을, 또 볼 수 없는 '사랑'의 신성(神聖)을 비밀로부터 그는 건져낸다. 표현을 넘어서는 깨달음의 길을 만해는 침묵하는 '님'을 통하여 찾는다.

이 경우 '님'은 화두선(話頭禪)이 되고, 묵조선(黙照禪)도 된다. 침묵마저 초연하는 절대 진리의 품에 들 때 비로소 한용운의 시신(詩神)과 우리가 만나게 되고, 오도송(悟道頌) '설리 도화'(雪裡桃花)의 선경(禪境)을 엿볼 수 있게 된다.

시집 《님의 침묵》의 서시(序詩)인 '군말'에서 만해는 다음과 같이 쓰고 있다.

'님'만 님이 아니라 기룬 것은 다 님이다. 중생(衆生)이 석가의 님이라면 철학은 칸트의 님이다. 장미화의 님이 봄비라면 마찌니의

  님은 이태리다. 님은 내가 사랑할 뿐 아니라 나를 사랑하느니
라…….

  자신의 시가 '님의 노래'임을 선언하는 대목인데, 여기에서 우리는
님의 개념을 어느 정도 알 수가 있다.
  기룬 것은 다 님이오, 내가 사랑하는 대상이자 나를 사랑하는 실체
가 곧 님이다. 그가 석가라면 그의 님은 중생이며, 그가 마찌니와 같은
위치에 있고자 한다면 그의 님은 한국이다.
  칸트의 님이 철학이라면 만해의 문학이 님과 다른 것일 수는 없다.
  장미꽃의 님뿐만 아니라, 삼라만상의 님이 되는 봄비는 그의 님이
아니 될 수 없다. 그가 사랑하여 기리는 일체 존재는 그대로 님이 되어
준다.
  사랑이 있는 곳에 만해의 님이 있다.
  시집 《님의 침묵》이 우리 문학사상 성전(聖典)의 하나인 것은 조금
도 우연한 일이 아니다.

  아아, 님은 갔지마는, 나는 님을 보내지 아니하였습니다.
  제 곡조를 못 이기는 사랑의 노래는 님의 침묵을 휩싸고 돕니다.
                                    ──시 '님의 침묵'에서

  마음의 총체며 사랑의 실체인 님은 속절없이 가 버렸으므로, 88편의
시 작품집 《님의 침묵》에서 님을 기리는 사랑의 마음은 극의(極意)
에 다다른다.
  거기에 무서운 침묵이 자리잡을 뿐이다. 그 침묵은 피맺힌 울림이자

불타는 꽃동산으로 꾸며져 나간다.

하지만 기리는 것은 모두, 다 '님'이기 때문에 내가 사랑할 뿐 아니라 나를 사랑하는 상대로 그 '님'과 '나'는 하나가 되고, 마침내

> 님이여, 당신과 내가 사랑의 속에서 하나가 되는 것을 참아 주셔요. 그리하여 당신은 나를 사랑하지 말고 나로 하여금 당신을 사랑할 수가 없도록 하여 주셔요. 오오, 님이여.

하는 시 '참아 주셔요'의 경지에 이르게 된다.

이미 사랑 속에서 하나가 되는 이상 다른 생각이나 표현은 군더더기가 될 따름이다.

그래서 무한인 동시에 무궁한 죽음의 사랑이라 하는 작품 '오셔요'의 세계에 미칠 수 있게 된다.

그러나 조국 또는 중생이나 깨달음으로 흔히 풀이되는 '님'과의 완전한 일치를 추구하기란 참으로 고통스런 이상 세계(理想世界)의 실현이 아닐 수 없다. 그리고 만해는 지고(至高)·지심(至深)·지명(至明)·지강(至剛)의 그러한 세계를 지상에 낙토화(樂土化)하려는 의지를 굽힌 적이 없다.

유마힐의 미묘 법문 그 흐름

문제의 시집 《님의 침묵》 발간을 전후로 하여 만해는 사회 활동의 창문을 밝게 열어제치고 민족 운동과 문화 운동의 법륜(法輪)을 굴려 나간다.

　그것도 온 중생이 앓고 있는 질환을 치유하고자 해서 시인 만해는
진흙 속에서 연꽃을 피워내는 원정(園丁)으로서 인도(印度)의 처사
유마힐(維摩詰)의 길을 걷는다. 한용운에 유마힐의 모습이 뚜렷하다.
유마힐은 인도의 현자(賢者)요 거사(居士)로 세속 생활에 일관하는
보살행(菩薩行)의 큰 실천자였다.

　한국의 유마힐 만해는 떠나 버린 님이 침묵하는 시대에 더 큰 침묵
의 사자후로 대응한다. 백만 대군의 위력을 품고 그가 선택한 님만이
최대의 도전적 의미로 생동한다.

　만해의 한시 중 '매화 지는 모습의 느낌'(觀落梅有感)을 보면 유마힐
로 자처(自處)한 귀절이 나온다.

우주의 위대한
조화 있어
절 가득히 지난 날처럼
매화 폈어요.
머리 돌려 삼생(三生)의 일을
묻고자 하는데
한가을 유마힐의 집에
절반은 꽃이 졌어요.

　　宇宙百年大活計
　　寒梅依舊満禪家
　　回頭欲問三生事
　　一秋維摩半落花

1933년 그의 나이 55세 때부터 만해는 《유마힐 소설경 강의》(維摩詰所說經講義)를 번역하기 시작하여 완성하지 못한 채 유고로 남긴 일이 있다. 대승 불교의 묘리를 갈파한 이 《유마경》(維摩經)이야말로 불가사의(不可思議) 해탈(解脫)의 경지를 설명해 준다.

이미 1914년에 간행된 《불교대전》(佛敎大典)에도 《유마경》이 많이 인용되고 있지만, 유마힐은 중생고에 허덕이는 인류의 이상을 대표하는 사람이다.

인간의 완성이란 개인의 완성으로만 생각할 수 없고, 사회적 구제로써 비로소 가능해진다. 개인의 완성은 인류의 완성을 돕는 데 필요한 작용이나 하게 되며, 또한 인류의 완성에 대한 착안이 없이는 개인의 완성도 불가능하게 된다.

유마힐의 사회적 정화(淨化)를 통한 성불(成佛)의 포부는 바로 한용운의 과제였다. 유마힐의 사상인 중생 구제의 이념은 만해의 많은 저서에서 기본적 핵심이 되어 줄 뿐만 아니라, 격조 높은 유마 거사의 게문(偈文)은 그대로 시집 《님의 침묵》의 미학으로 발전하게 된다.

설법회(說法會)에서 어느 보살이 유마힐에게 묻기를

"거사여, 당신의 부모와 처자와 권족(眷族)은 누군가요?"
한다.

이에 유마 거사는 대답한다.

"피안(彼岸)에 이르는 길(道)은 어머니이고, 방편은 아버지이며, 법열은 아내이고, 자비의 마음은 딸이며, 선심 성실(善心誠實)은 아들이니, 공적 청정(空寂淸淨)이 내 가정이라오."

이러한 화법(話法)의 묘미는 한용운의 시 작품을 이루는 바탕이 된다.

유마 거사의 실덕(實德)과 권능(權能)을 믿고 실천하며, 보살의
정토행(淨土行)을 추구한 만해로서는 대승(大乘)의 묘리를 설파하는
데 있어서 유창한 시어(詩語)의 문맥을 선택한 셈이다.

중생이 병들면 보살도 병들고, 중생의 병이 나으면 보살도 또한
낫는다. 중생을 제도함이 보살행이며, 모든 해탈은 마땅히 일체 중생의
심행(心行) 가운데서 체득된다.

만해의 님은 일체 중생의 마음을 뜻하므로 조국과 민족이 그 실체라
할 수밖에 없다.

흔히는 그를 인도의 시성(詩聖) 라빈드라나트 타골과 비교하여
신비주의 시인으로 보는 경우가 있으나, 그것은 특이한 시법에 따른
만해의 한 모서리만 느껴 알아본 정도일 뿐이다.

그는 타골보다 훨씬 격렬했으며, 몸 전체로 작품을 쓰면서 여러
가닥의 마음만을 시 작품에 보이려 했다.

한국 역사에 대해서, 그리고 사회 발전에 대해서 만해는 누구보다
정통적인 이해와 인식이 있었고, 민족주의 이념이나 근대적 자아의
형성에 가장 자신 있는 논리적 구조로써 실천에 옮겼던 만큼 신비주의
취향에서 만남과 헤어짐을 읊조릴 여성주의 시인만은 결코 아니었다.
작품이 안으로 품고 있는 그윽한 여운은 불교의 경전(經典)을 스스로
의 문맥으로 아우른 데에서 온다.

만해 한용운의 다른 모든 면은 위대한 극치이나, 시 작품만은 별개
의 것이오, 불교에 치우친 경지라는 단순한 풀이도 없지 않은 듯 여겨
지지만, 해석의 착오가 아닐 수 없다. 생애의 핵심을 이루는 사회 운동
가로서의 인격 못지 않게, 때로는 그 이상으로 우수한 시를 문학사에
남긴 만해였다.

그의 시가 여성 취향이자 신비 취향으로 받아들여지는 것은 초보 이해에 지나지 않는다.

불의 시인, 혁명의 전사(戰士), 미래세(未來世)의 문예인이기 때문에 그릇된 모더니즘이나 이미지즘에 중독된 일시적인 문사들에게만 이별의 시인이오, 혹은 타골 아류의 신비주의 시인이 된다.

만해야말로 한국 문학사상 리얼리즘 시문학의 확실한 선봉이며, 꺼지지 않는 역사의 에토스를 노래한 혁명 시인이며, 민족 문학이라 이름 붙여 합당한 우리 말 우리 글 순화의 첨병이다.

더욱이 그 시대의 압권인 그의 민족주의로 민족의 미립자인 민중 단위로서 역사 발전에 순교하는 열의와 성실을 시집 《님의 침묵》을 비롯한 많은 시편들과 소설에도 남김없이 불어넣을 수 있었다.

비록 불경(佛經)의 문맥에 심취하여 선시(禪詩)를 배태했지만, 그러한 시법(詩法)이야말로 오히려 시를 작품으로 영원히 구제했으며, 오랜 세월을 두고 독자 구조를 끊임없이 개척할 소지까지 이룩해 낸다.

순수한 우리 말과 우리 글로 '혀끝에서 물결이 솟고 붓 아래에 꽃을 피운' 그는 '향기로운 목숨'과 '사랑의 실마리'를 실감한다.

만해의 꽃은 들에 핀 야생화(野生花) 정도의 것이 아니며, 그의 '목숨'이나 '사랑' 또한 범속한 단계의 것이 아니다.

더욱 중요한 뜻을 함축한 '굳세게 생각하고 아름답게 노래한다'는 명제에 이르면, 우리는 시의 위대한 비밀을 감득하게 된다. 민족 계몽 운동과 시문화 운동에 생애를 바친 만해로서 어디까지나 '굳세게 생각하고 아름답게 노래하기'를 잊은 적이 없다.

유마 거사의 미묘 법문 그 흐름의 세찬 연속인 시 작품이기에 이러한 차원에서 우리는 만해 문학의 세계에 접근해 가야 한다.

《님의 침묵》에 이르는 길

중생의 마음속에는 헤아릴 수 없이 많은 세계와 삼라만상이 갖추어져 있다. 중생의 마음이 곧 보살의 정토(淨土)라 할 때 만해의 시 세계는 8만 대장경의 세계라 하여도 지나친 말이 아니다.

그리고 모든 것을 초탈하여 고요하면서도 항상 작용하는 진여(眞如)의 경지에 한용운은 도달한다. 그래서 만법(萬法)의 진리는 사랑에 귀일(歸一)하게 마련이다.

진정한 자아를 시로써 추구하여 달성한 만해였다.

그런데 마음과 부처와 중생이 셋이면서 그 실제는 하나이며, 세상에 한 중생이라도 성불(成佛)하지 못하면 참된 생명은 불가능하다. 높고 깊은 정신을 담은 만해의 시 작품은 종교이자 철학인 그러한 불교의 심오한 세계를 폭넓게 담고 있다.

그런데 불교는 평등주의(平等主義)와 구세주의(救世主義)로 압축된다. 근대의 자유주의와 세계주의는 불교의 평등한 진리에서 나온 것임을 만해는 《조선 불교 유신론》에서 밝힌 바 있다. 평등과 자유의 이념은 불교의 진리이며, 구세주의 또한 애타주의(愛他主義)의 불교적 특성이다.

"어찌 세상을 구제하지 않고 천추(千秋)에 걸려 꽃다운 향기를 끼치는 이가 있으랴."

—— 《조선 불교 유신론》에서

한용운의 시 작품이 풍기는 매운 향내는 중생 구제의 몸부림에서 온다. 그리고 그의 침묵은 유마(維摩) 거사의 묵묵부답 그것이기도 하다.

불이법문(不二法門)을 토론하는 자리에서 문수(文殊) 보살이

"그것은 언어를 떠난 경지이겠죠. 그러면 유마 거사의 생각은 어떠 하십니까?"

하고 반문할 때, 유마는 다만 묵묵한 채로 불멸의 진리가 언어를 떠난 경지임을 암시한다.

여기에 침묵의 우렁찬 함성이 울려퍼진다.

그렇다. 우렁찬 침묵의 절규에서 모든 것을 잃어버린 민족의 목소리 는 피맺힌 침묵으로 얼어붙어 있다.

시 '두견새'에서

"실컷 울다
울다가 못 다 울어
피흘려 우는……"

의 피맺힌 울음이 침묵의 공간으로 채워진다. 침묵으로 응고된 민족한 과 울분, 절망과 항거가 어우러져 함성 이상의 법음(法音)을 안으로 간직한다.

마침내 단순한 믿음의 시편으로만 맴돌기보다 마음의 절창으로 침 묵의 노래를 빚어내기에 이른다.

한용운의 시 세계는 언어를 넘어서 있다. 침묵의 진리로 그는 시를 쓴다. 그것도 님이 침묵하는 시대에 침묵의 소리로 중생의 마음을 휘어

잡는다.

'날로 새롭게 자기를 향상시켜 지옥까지도 장엄하게 꾸미고자' 만해
는 세상 돌아가기를 기다리는 게 아니라 '오직 시대의 대세를 만드는
뜻 있는' 사람으로 진취(進取)의 기상에 지표를 둔다.

사실 《조선 불교 유신론》에 의하면 '일을 꾀함이 나에게 있고, 일을
이루는 것도 응당 나에게 있다.' '하늘을 믿기 전에 나를 믿으라'고
만해는 가르친다.

불경(佛經)에 기록된 바 '몸과 마음이 필경 평등하여 여러 중생과
같고 조금도 다름이 없는 데에 불도(佛道)가 있다'라고 하였다.

그러므로 현실은 개혁되어야 한다. 혁신하고 다시 혁신하여 향상하
고 후퇴함이 없어야 한다. 노력하면 언제나 성과가 있다. 중생 구제는
나의 향상이며, 상황의 개혁 또한 나의 개혁으로 비롯된다. 불교는
실로 각자의 정신적 생명에 존재하며 그 자각에 존재한다.

만해는 불교가 참으로 그 큰 원리에 서서 민중과 접하며, 민중으로
더불어 동화(同化)하기를 바라면서 개혁 운동을 전개했고, 전민중을
위하여 작품을 쓰고자 했다.

"작품을 써내려 가실 때 예술성과 통속성, 또는 순수 문학과 대중
문학의 좌화에 대하여 어떠한 고심을 하여 가십니까?"
"……합리적으로는 예술성과 통속성, 순수성과 대중성을 겸해야
하겠지마는, 그렇지 못할 경우에는 예술성보다는 통속성에, 순수적
인 것보다는 대중적인 편이 도리어 좋지 않을까 나는 생각한다.
본래 예술이란 대중적이어야 하는 것이 근본 원리인데, 아무리 예술
성을 지키고 순수 문학적이라 하더라도 독자 대중이 없다면, '전연

없지는 않겠지만 극소수인 경우 좀더 통속성과 대중적인 편이 낫다'고 하지 않을 수 없다."

———월간 '삼천리'(1936. 6)에서

불교 대중화 운동을 전개해 온 만해는 문예 대중화에도 기여하려는 관점에서 순수 문학을 경계하는 입장을 취했다.

그의 문학관이 이러했다면 예술관은 어떠했나를 헤아려 본다.

"선생은 시나 소설을 쓰시면서 예술에 대해서는 늘 어떻게 생각하십니까?"

"예술이란 우리 인생의 한 사치품이지요. 오락이라고밖에는 안 보지요. 요사이에 와서는 예술을 이지(理智) 방면으로 끌어 가며 그렇게 해석하려는 사람들도 있지마는, 감정을 토대로 한 예술이 이지에 사로잡히는 날이면 그것은 벌써 예술성을 잃는다고 하겠지요. 그리고 또 근자에 이르러 너무나 감정이 극단으로 흐르는 예술은 오히려 우리 인간 전체에 비겁과 유약을 가져오는 것이나 아닌가 하고 우려까지 하지요. 예를 들면 우리의 생활에 있어서 기름이나 고추나 깨는 없어도 생활할 수 있어도 쌀과 물과 나무가 없으면 도저히 생활할 수 없는 것과 마찬가지로, 예술은 없어도 최저한의 인간 생활은 이룰 수가 있겠지요. 그러나 좀더 맛있게 먹자면 고추와 깨와 기름이 필요 없다고는 할 수 없겠지요. 어떤 사람은 항의하리다만, 나는 이렇게 예술을 보니까요."

———월간 '삼천리'(1936. 6'에서

   과연 예술은 생활의 사치이며, 맛을 돋구는 양념에 지나지 않는
것일까.
   그. 당시에 벌써 오락으로 전락해 가는 예술에 대한 경고이며, 극단
적인 감정의 유희에 흘러 의식을 약화하고 소멸하는 문학에 대한 위
험 신호의 긴급 발언이었다고 본다.
   일찍이 한시에서부터 만해의 시에는 기백과 충절이 폭발함을 본다.
안중근(安重根) 의사의 거사와 매천(梅泉) 황현(黄玹)의 자결 순국에
즈음하여 만해는 남달리 비장한 심회를 달랜다.

   만 석이나 되는 더운 피여,
   열 말의 크나큰 담이여.

   한 칼 베어내
   서리가 날렸습니다.

   고요한 밤 갑자기
   벼락치는 소리.

   불꽃 튀며 날리는 곳에
   가을 하늘만 드높아요.

      萬斛熱血十斗膽
      淬盡一劍霜有鞱
      霹靂忽破夜寂寞

鐵花亂飛秋色高

———한시 '安海州'

의에 나아가 태연스레
나라 위해 눈 감으니

만고에 그 절개
꽃이 피어 새로워요.

죽어서도 못 푸는 원한
남기지 말 것을.

그 충절 위로하는
사람도 적지 않아요.

就義從容永報國
一暝萬古劫花新
莫留不盡泉臺恨
大慰苦忠自有人

———한시 '黃梅泉'

안중근과 황매천의 의기(義氣)를 간직한 만해는 독립 운동가로
투옥되었다. 어느 날 이웃 방과 통방하다가 들켜 간수에게 문책받게
됨에 그 자리에서 즉흥시를 읊었다.

농산의 앵무새는
말을 잘도 합니다.

그 새만도 훨씬 못한
이 몸은 부끄러워요.

웅변은 은이오
침묵이 금이라는데

이 금으로 자유의 꽃이나
모두 사들였으면 하건만.

隴山鸚鵡能言語
愧我不及彼鳥多
雄辯銀兮沈黙金
冶金買盡自由花

——한시 '獄中卽唫'

이 밖에도 10여 편의 옥중 한시가 있음을 보는데, '증별'(贈別)에서 '국화와의 기약, 저버리지 마오'(莫負黃花期)라 한 것이나, 최린에게 주는 시 '증고우 선화'(贈古友禪話)에서 '한 그루 매화만은 지니지 못했는데(一樹梅將不得), 눈바람 이리도 세차니 어쩌면 좋아요'(其如 滿地風雪何) 한 탄식은 모두가 《님의 침묵》에 이르는 소중한 과정이 되어 준다.

만해 한용운 선사는 다만 그가 달려갈 길을 노래할 뿐이다.

만해의 길은 그리고 사랑의 길이었다.

그 길은 '무덤 위에 피묻은 깃대를 세우는' 고난의 가시밭길이었고, 슬픔과 고통이 극화(劇化)된 기쁨의 샘터가 되었다. '굳세게 생각하고 아름답게 노래하는' 만해의 길은 피맺힌 절규가 배어 있음을 본다.

의(義) 있는 사람은 옳은 일을 위하여는 칼날을 밟습니다.

서산에 지는 해는 붉은 놀을 밟습니다.

봄 아침의 맑은 이슬은 꽃머리에서 미끄럼탑니다.

그러나 나의 길은 이 세상에 둘밖에 없습니다.

하나는 님의 품에 안기는 길입니다.

그렇지 아니하면 죽음의 품에 안기는 길입니다.

그것은 만일 님의 품에 안기지 못하면, 다른 길은 죽음의 길보다 험하고 괴로운 까닭입니다.

——시 '나의 길'에서

더 말할 것 없이 만해는 '님의 품에 안기는 길'에 서 있다.

님의 길, 사랑의 길, 유심(惟心)을 깨닫는 오도(悟道)·견성(見性)의 길, 그것은 중생 구제의 보살행이었다.

그 길을 만해는 애타게 노래한다.

나의 노래가 산과 들을 지나서, 멀리 계신 님에게 들리는 줄을 나는 압니다.

나의 노래가락이 바르르 떨다가 소리를 이르지 못할 때에 나의 노래가 님의 눈물겨운 고요한 환상으로 들어가서 사라지는 것을 나는 분명히 압니다.

나는 나의 노래가 님에게 들리는 것을 생각할 때에, 광영에 넘치는 나의 작은 가슴은 발발발 떨면서 침묵의 음보(音譜)를 그립니다.

———시 '나의 노래'에서

무량 광명을 추구하는 만해의 노래는 님의 품에 도달하고, 침묵 속에서 마침내 하나가 되어 간다. 《님의 침묵》 시편들과 아울러 2백편을 넘게 헤아리는 그의 시 작품에서 침묵의 기도가 절창에 이를 때의 법열(法悅)은 만해 스스로의 것으로 우리 모두의 것이 되어 주기에 이른다.

굳세게 생각해 아름답게 빚은 시편

감옥에서 풀려나온 만해는 몇 차례 대중 강연에 나가 열변을 토하였다. 이듬해 1923년 3월 24일 그는 법보회(法寶會)를 발기했다. 대장경 국역 사업의 기초 작업을 펼쳐 나가고자 해서였다. 다음 해엔 조선 불교 청년회(朝鮮佛敎靑年會) 총재에 취임하여 불교계를 지도해 나가며 민족 운동과 청년 운동을 계속했다.

그러던 중 그는 설악산으로 향하는 행장을 꾸렸다. 내설악의 백담사가 만해를 반겨 맞이했다. 대자연 속에 묻혀 노래를 읊조리며 그는 우리 문학사의 새로운 전환점을 마련했다. 백담사 자그만 방에서 그는

《님의 침묵》 88편을 1925년 가을철 10월 16일 (음력 8월 29일) 밤까지 탈고했다.

> 독자여, 나는 시인으로 여러분의 앞에 보이는 것을 부끄러워합니다.
> 여러분이 나의 시를 읽을 때에 나를 슬퍼하고 스스로 슬퍼할 줄을 압니다.
> 나는 나의 시를 독자의 자손에게까지 읽히고 싶은 마음은 없습니다.
> 그 때에는 나의 시를 읽는 것이 늦은 봄의 꽃수풀에 앉아서 마른 국화를 비벼서 코에 대는 것과 같을는지 모르겠습니다.
> 밤은 얼마나 되었는지 모르겠습니다.
> 설악산의 무거운 그림자는 엷어 갑니다.
> 새벽종을 기다리면서 붓을 던집니다.
>
> ──서시 (序詩) '독자' (讀者)에게

시집 《님의 침묵》의 초판은 이듬해인 1926년 5월 20일에 회동서관에서 간행되어 보급되었다.

그러나 이 시집 한 권만으로도 만해는 세기적인 대업을 성취한 것이 아닐 수 없다. 마른 국화가 아닌 생화로 매화의 싱그런 향기를 뿜어내며, 괴로움의 바다, 곧 사바 세계의 진흙탕 속에서 연꽃을 탐스럽게 피워 보인다.

그는 시인의 안목만으로 국화 향기를 풍기지 않는다. 그에게는 육안 (肉眼)·천안 (天眼)·혜안 (慧眼)·법안 (法眼)·불안 (佛眼) 등 5안

이 있어 사물에 접근하고, 불변 부동의 진리요 불생 불멸의 진체인
진여(眞如)의 경지에 이른다. 평등 일여(平等一如)인 진여의 세계,
여여(如如)의 세계, 곧 님과의 일체(一體)에 이르는 길을 《님의 침
묵》은 깨닫게 한다.

> 님은 내가 사랑할 뿐 아니라 나를 사랑하느니라.(…) 나는 해
> 저문 벌판에서 돌아가는 길을 잃고 헤매는 어린 양이 기리어서 이
> 시를 쓴다.
>
> ──'군말'에서

만해의 시는 빛의 충만이다. 무량 광명(無量光明)이 아닌 시편이
거의 없다. 선정(禪定)의 침묵 속에서 그는 님을 본다.

민족의 독립이 님을 찾는 길이었던 시대를 그가 살았다면, '길을
잃고 헤매는 어린 양'은 오늘 남과 북으로 흩어져 헤매고 있다. 오늘
우리가 님의 길을 찾기를 계속한다면 민족 통일은 자유 민주 평화
통일의 달성에 있음을 이 시집은 시사한다. '내가 사랑할 뿐만 아니라
나를 사랑'하는 님이 중요하다.

사랑의 성스런 완성을 《님의 침묵》은 우리에게 호소한다. 자유와
평화를 상징하는 살아 있는 실체인 님은 민중이자 조국이다. 중생이
석가의 님인 것처럼 한용운의 님은 중생, 곧 민중이기 때문이다. 마찌
니의 님이 이태리인 것처럼 한용운의 님은 한국임이 확실해지기 때문
이다.

'조선 독립 이유서'를 보면 우리 나라 독립의 원동력으로 첫째 민족
자존성(民族自存性), 둘째 조국 사상, 셋째 자유주의를 들고 있다.

그리고 다른 나라의 독립을 위해서 끝으로 세계에 대한 의무를 지킬 것을 주장한다. 만해의 민족주의 사상을 이해하는 데 있어서 민족 자존성은 중요한 위치를 차지한다. 그는 우리 민족의 실력이 이미 독립할 수 있는 상태에 있다고 본다. '조선 독립의 자신(自信)'에서 그는 이렇게 언급한다.

"조선의 독립은 산 위에서 굴러내리는 둥근 돌과 같아서 목적지에 이르지 않으면 그 기세가 멎지 않을 것이다."

———'조선 독립 이유서'

독립의 원동력이 되는 이러한 믿음을 자유 정신의 전개에 두었다. 그런데 그의 자유는 그 본질이 절대적임을 표방한다.

사회적 자유와 내면적 자유를 실현하기 위해서 끊임없이 투쟁하지 않으면 안 된다.

그리고 평등은 자유와 맞먹는 것이므로 완전한 자유가 실현될 때 완전한 평등도 실현된다.

더욱이 민족 독립을 가져올 힘이 민중 속에 있다는 그의 신앙은 민족주의 문학 전개의 성전(聖典)이라 할 《님의 침묵》의 기조(基調)가 된다 할 수 있다.

3·1운동을 전후로 하여 이 땅의 근대 지식인들이나 독립 운동가들은 만해와는 달리 민족의 역량이나 민중의 저력을 믿지 않았다. 열강(列強)에 독립을 청원한다거나 외교에 의한 위임 통치를 내세우는가 하면 준비론(準備論)을 들고 나오고, 민족 개조론(民族改造論)이라는 것을 전개하여 외세의 강권 통치에 동조하거나 자치론(自治論)으로

투항하며 식민 정책 수행을 합리화하는 결과를 초래하기에 이른다. 신문화 운동이나 문예 운동까지도 봉건적인 사고 체제를 불식하지 못한 채 식민지 열강의 새로운 멋을 도입하기 일쑤였고, 단순하게도 식민지 지식인의 허무 의식을 전파하는 데 그친 실정이었다.

국초(菊初) 이인직(李人稙)·육당(六堂) 최남선(崔南善)·춘원(春圓) 이광수(李光洙)의 신문학과 그 아류의 문학은 말할 것도 없고, 1920년대에 들어오면서 활기를 띤 동인지(同人誌) 활동이라는 것도 참된 민족 문학이나 민중 문학의 전개에 그다지 큰 구실을 하지 못했다.

식민지 식자 청년들의 발성(發聲)만 다소 새로워진 정도인데, 그나마 외래 문학의 모방 수준이 고작이었다.

한편 만해 한용운은 그들 식민지 문학도처럼 이렇다 할 무슨 주의를 내세우지 않았고, 시집 발문에서 밝힌 바와 같이 시인임을 오히려 부끄러워할 뿐만 아니라 '여러분이 나의 시를 읽을 때에 나를 슬퍼하고 스스로 슬퍼할 줄을' (讀者에게) 안 겸허한 문학의 성직자(聖職者)였다.

시인 스스로는 밝히기를 '나의 시를 읽는 것이 늦은 봄의 꽃수풀에 앉아서 마른 국화를 비벼서 코에 대는' 것으로 표현한 것과는 정반대로, 그러나 그의 시편 중 우수한 작품들은 오히려 만대(萬代)에 생동하는 향내음을 뿜을 것으로 믿어지고 있다.

　　님은 갔습니다. 아아, 사랑하는 나의 님은 갔습니다…….
　　나는 향기로운 님의 말소리에 귀먹고 꽃다운 님의 얼굴에 눈멀었습니다.

　사랑도 사람의 일이라 만날 때에 미리 떠날 것을 염려하고 경계하지 아니한 것은 아니지만, 이별은 뜻밖의 일이 되고 놀란 가슴은 새로운 슬픔에 터집니다……

　우리는 만날 때에 떠날 것을 염려하는 것과 같이 떠날 때에 다시 만날 것을 믿습니다.

　아아, 님은 갔지마는 나는 님을 보내지 아니하였습니다.

　제 곡조를 못 이기는 사랑의 노래는 님의 침묵을 휩싸고 돕니다.

——'님의 침묵'에서

　사랑하는 님과의 이별을 확인하는 새로운 슬픔을 그는 노래한다. 비통한 사랑의 노래에는 그러나 떠나간 님이 언젠가 되돌아오고 다시 만날 때가 있을 것을 굳게 믿는 신앙이 자리잡는다.

　이미 가 버린 님이지만 그림자만은 그의 마음의 문 안에 남아 있다.

　이 시에서 크나큰 침묵의 여운이 기다림의 그림자를 이끌고 있다. 침묵의 우람한 그림자는 눈부신 깨달음으로 드리워져 그 안팎으로 아름다운 모서리를 수놓는다.

　침묵으로 응고된 함성, 가라앉은 숭고한 침묵을 통하여 광채어린 정신 세계로 이처럼 마음의 문을 열어 준다. 피맺힌 침묵의 음보(音譜) '님의 침묵'은 성스런 민족의 합창으로 그 언젠가 이어질 수 있게 된다. 이별을 통한 사랑의 확인은 그의 시인 의식을 승화해 준다. 많은 시편들이 사랑의 신성(神聖)을 추구하면서 이별의 애처로운 여운을 구가한다.

　그러한 시법(詩法)의 본질은 펴 진지하다.

가갸로 말을 하고 글을 쓰셔요.
혀끝에서 물결이 솟고 붓 아래에 꽃이 피어요.

그 속엔 우리의 향기로운 목숨이 살아 움직입니다.
그 속엔 낯익은 사랑의 실마리가 풀리면서 감겨 있어요.

굳세게 생각하고 아름답게 노래하여요…….
가갸날, 오오, 가갸날이여.

              ——'갸가날에 대하여'(1926. 12)에서

    한글로 사고하고 한글로 글을 써서 불멸의 노래를 남긴 그는 어디까지나 '굳세게 생각하고 아름답게 노래'하기를 잊지 않는다. 민족 운동에 일생을 바친 우렁찬 목소리는 아름다운 가락으로 시편 도처에 깔려 있다. 만해는 역사를 혁명하고 민족을 개신하고 문학을 싱그럽게 한다.
    "무덤 위에 피묻은 깃대를 세우셔요."
라고 '타골의 시를 읽고'에서 노래할 때 혁명가의 경건한 목소리가 울려옴을 우리는 듣게 된다.

       천추에 길이 남을 민족의 영가

    만해 한용운은 자유를 추구하는 과정에서 불교 개혁을 부르짖고, 민족 운동에 참가하며 《님의 침묵》에 수록된 시를 비롯한 많은 문예 작품을 쓴다.

그런데 그의 작품 세계에는 인도의 거사 유마힐(維摩詰)의 목소리가 언제나 울려퍼지고 있다.

《유마경》이 초논리적이고 초윤리적이며, 경우에 따라서는 천상의 황홀경에 젖게 할 때도 있는 것처럼 《님의 침묵》에서 만해의 비상한 상상력은 천상(天上)의 음악처럼 들려질 때가 적지 않다.

　바람도 없는 공중에 수직의 파문을 내이며 고요히 떨어지는 오동 잎은 누구의 발자취입니까.
　지리한 장마 끝에 서풍에 몰려가는 무서운 검은 구름의 터진 틈으로 언뜻언뜻 보이는 푸른 하늘은 누구의 얼굴입니까.
　꽃도 없는 깊은 나무에 푸른 이끼를 거쳐서 옛 탑 위의 고요한 하늘을 스치는 알 수 없는 향기는 누구의 입김입니까.
　근원은 알지도 못할 곳에서 나서 돌부리를 울리고 가늘게 흐르는 작은 시내는 굽이굽이 누구의 노래입니까.
　연꽃 같은 발꿈치로 가이없는 바다를 밟고, 옥 같은 손으로 끝없는 하늘을 만지면서 떨어지는 날을 곱게 단장하는 저녁놀은 누구의 시입니까.
　타고 남은 재가 다시 기름이 됩니다. 그칠 줄을 모르고 타는 나의 가슴은 누구의 밤을 지키는 약한 등불입니까.
　　　　　　　　　　　　　　　──시 '알 수 없어요'

꽃은 떨어지는 향기가 아름답습니다.
해는 지는 빛이 곱습니다.
노래는 목메인 가락이 묘합니다.

님은 떠날 때의 얼굴이 더욱 어여쁩니다.
──시 '떠날 때의 님의 얼굴'에서

한용운은 《유마경》의 설법을 터득하여 이별을 통한 만남을 예견한다. 거기에 시의 핵심이 있다. 이러한 세계는 곧 유마힐과 만나는 벅찬 세계다. 그러므로

따슨 볕 등에 지고
《유마경》(維摩經) 읽노라니
가볍게 나는 꽃이
글자를 가립니다.
구태여 꽃 밑 글자를
읽어 무삼하리요.
──시조 '春晝' 1

에서처럼 '꽃 밑 글자' 모두를 그의 시에서 의미로 추출하려 함은 무리가 따르게 될지 모른다.

다만 그가 간 길 자체가 사랑의 길이었고, 님을 향한 길의 선경(禪境)임을 경이롭게 지켜볼 따름이다.

봄 물보다 깊으니라.
가을 산보다 높으니라.
달보다 빛나리라.
돌보다 굳으리라.

사랑을 묻는 이 있거든
이대로만 말하리.

        ——시조 '사랑'

물이 깊다 해도
재면 밑이 있고
뫼가 높다 해도
헤아리면 위가 있다.
그보다 높고 깊은 것은
님뿐인가 하노라.

        ——시조 '無題' 2

진정한 사랑은 표현할 수가 없습니다.
그들은 나의 사랑을 볼 수는 없습니다.
사랑의 신성(神聖)은 표현에 있지 않고 비밀에 있습니다.

        ——시 '七夕'에서

 사랑의 신성 만해의 길은 표현을 넘어선다. 깨달음의 경지를 향한 그의 길은 사랑의 길이오, 곧 님의 길임을 우리는 안다.

  그러나 나의 길은 이 세상에 둘밖에 없습니다.
  하나는 님의 품에 안기는 길입니다.
  그렇지 아니하면 죽음의 품에 안기는 길입니다.
  그것은 만일 님의 품에 안기지 못하면 다른 길은 죽음의 길보다 험하고 괴로운 까닭입니다.
　아아! 나의 길은 누가 내었습니까.
　아아! 이 세상에는 님이 아니고는 나의 길을 낼 수가 없습니다.
　그런데 나의 길을 님이 내었으면 죽음의 길은 왜 내셨을까요.
　　　　　　　　　　　　　　——시 '나의 길'에서

　만해의 길은 죽음의 길이 아니었다. 언제든지 님의 품 안에 안기려
는, 기다리다 그 품으로 달려가 만나기에 이르는 님의 길, 깨달음의
길, 사랑의 길이었다.
　차라리 이별이 미의 창조이고, 미는 님과의 벅찬 만남이며, 유심의
완성임을 그는 다짐한다.

　아아 님이여, 위안에 목마른 님이여.
　걸음을 돌리셔요.
　거기를 가지 마셔요. 나는 싫어요.

　대지의 음악은 무궁화 그늘에 잠들었습니다.
　광명의 꿈은 검은 바다에서 자맥질합니다.
　무서운 침묵은 만상(萬像)의 속살거림에 서슬이 푸른 교훈을
내리고 있습니다.
　아아 님이여, 새 생명의 꽃에 취하려는 나의 님이여.
　걸음을 돌리셔요.
　거기에 가지 마셔요. 나는 싫어요.
　　　　　　　　　　　　　　——시 '가지 마셔요'에서

하필이면 '무궁화 그늘'에 잠든 대지(大地)이고, 검은 바다에서 자맥질하는 '광명의 꿈'이다.

가지 말기를 애태운다. 무궁화의 광명과 만나고자 함이다. 하지만 차마 떨치고 가 버린 그 님의 소리는 침묵이었고, 그 얼굴은 흑암이었으며, 또 그 그림자는 광명이었다.(작품 '反比例')

그리고 만해는 그 님의 사랑을 사랑한 정열이었다. 님의 손길만이 그의 가슴에 타오르는 불꽃을 어루만져 줄 수가 있었다.

님의 사랑은 불보다도 뜨거워서 근심 산을 태우고 한(恨) 바다를 말리는데, 님의 손길은 가슴의 불꽃을 끌 수가 있다('님의 손길')고 그는 상상한다.

그러나 님의 얼굴이 사막의 꽃이며 그믐밤의 만월(시 '?')이라면, 그는 님의 그림자('님의 얼굴')에 지나지 않았다.

그러면서도 그는 '죽음을 기러기 털보다도 가볍게 여기고, 가슴에서 타오르는 불꽃을 얼음처럼 마시는 사랑의 광인(狂人)'(시 '슬픔의 三昧')으로 자처한다.

과연 만해는 사랑의 광자(狂者)로 님과의 일치를 일생토록 갈구하였다.

그의 노래는 침묵의 음보(音譜)에 실은 궁극에는 님과 일치되면서 님의 길을 님의 노래로 숨죽여 부르는 가운데 완성의 길이 있음을 깨닫는다. '고통의 가시덤불 뒤에 환희의 낙원을 건설하기 위하여 님을 떠난'(시 '樂園은 가시덤불에서') 그는 님과의 일체(一體)를 목마르게 노래한다.

님이여, 나의 마음을 가져가려거든 마음을 가진 나에게서 가져가셔요. 그리하여 나로 하여금 님에게서 하나가 되게 하셔요.
                                        ──시 '하나가 되어 주셔요'에서

　나에게 생명을 주든지 죽음을 주든지 당신의 뜻대로만 하셔요.
나는 곧 당신이어요.
                                        ──시 '당신이 아니더면'에서

　님이여, 당신과 내가 사랑의 속에서 하나가 되는 것을 참아 주셔
요. 그리하여 당신은 나를 사랑하지 말고 나로 하여금 당신을 사랑
할 수가 없도록 하여 주셔요. 오오, 님이여.
                                        ──시 '참아 주셔요'에서

　오셔요. 당신은 오실 때가 되었어요.
　어서 오셔요.
　당신은 나의 죽음 속으로 오셔요. 죽음은 당신을 위하여 준비가
언제든지 되어 있습니다.
　만일 당신을 쫓아오는 사람이 있으면 당신은 나의 죽음의 뒤에
서십시오.
　죽음은 허무와 만능이 하나입니다.
　죽음의 사랑은 무한인 동시에 무궁입니다.
　죽음의 앞에는 군함과 포대가 티끌이 됩니다.
　죽음의 앞에는 강자와 약자가 벗이 됩니다.
　그러면 쫓아오는 사람이 당신을 잡을 수는 없습니다.
　오셔요. 당신은 오실 때가 되었습니다.

어서 오셔요.

——시 '오셔요'에서

죽음까지도 무릅쓰면서 님과의 일치를 추구한 만해는 우리 시 문학 사상 가장 위대한 시성(詩聖)의 한 사람이 된다. 되지 않을 수 없게 된다. 무엇보다 그는 역사와의 완전한 일체감으로써 진여(眞如)를 추구했기 때문이다. 보내지 않은 님이다. 가서는 안 될 길을 훌쩍 떠나 간 님이라서 그 뒤로 무궁화 강산은 초토가 되어 버렸으며, 검은 바다 에 무서운 침묵의 파도가 좀처럼 걷힐 줄 모른다.

생명의 님이 더 이상 잠들게 해서는 안 된다. 올 때가 되었다. 되어 간다.

그러나 기다린다 해서 저절로 와 줄 님은 이미 아니다. 죽음을 각오 하고, 죽음과 희생으로써 전취할 님일 뿐이다. 이러한 순교자다운 결의 와 격정은 곧 혁명의 마음이 아닐까 한다.

삼엄하기 이를 데 없으나 이처럼 침묵을 깨부수는 가운데서 님과 사랑 안에서 하나가 된다는 것은 민족과 하나가 된다는 뜻이었으며, 조국과 하나가 된다는 무서운 선언이었다.

결국 사랑의 실천을 위한 복음서요, 인류 평화의 예언서이며, 인간 자유의 영원한 송가인 《님의 침묵》은 천추에 길이 남을 민족의 영가 (靈歌)의 자리에 있게 되는 줄 안다.

죽어 가는 민중의 피땀을 닦기에는

진정으로 역사에 참여한 탁월한 민족 시인 만해는 침묵의 큰 물결

속에서 민중의 고달픈 생활 현실 속에 눈을 돌린다.

> 첫새벽 굽은 길을
> 곧게 가는 저 마누라.
> 공장 인심 어떻던고
> 후하던가 박하던가.
> 말없이 손만 젓고
> 더욱 빨리 가더라.

──시조 '職業婦人'

> 맑은 물 흰 돌 위에
> 비단 빠는 저 아씨야.
> 그대 치마 무명이오
> 그대 수건 삼베로다.
> 묻노니 그 비단은
> 뉘를 위해 빠는가.

──시조 '漂娥'

이러한 정경은 생활의 부조화 현상이오, 모순된 사회 구조임에 틀림 없다. 그러나 그러한 모순 현상을 해소하기에 만해의 시 쓰는 자세는 어쩌면 너무도 미온적이고 초논리적인 느낌을 감추기 어렵다.

이런 면에서 본다면 만해의 문학은 미묘한 법문(法門)으로 유마 거사다운 선지식(善知識)을 설파하기에 급급할 뿐이다. 도처에 널려 있던 인간의 고통과 절망에 민감했으면서도, 민족 전체의 의식을 향상

하고 계도(啓導)할 수 있었으면서도 죽어 가는 식민지 민중의 생존을 위한 무기가 된다든가 그들의 피땀을 닦아줄 손수건이 되기에는 지나치게 고답적이고 신비스런 베일에 가려져 있었는지 모른다.

그렇다 해도 만해의 고결한 인격이 오히려 더욱 치솟는 것은 그가 지사(志士)답게, 법사(法師)답게 일관된 길을 한 번도 흔들림 없이 걸은 데 있다.

모순이 모순이라면
모순의 모순은 비모순(非矛盾)이다.
모순이냐 비모순이냐
모순은 존재가 아니고 주관적이다.
모순의 속에서 비모순을 찾는 가련한 인생
모순은 사람을 모순이라 하느니 아는가.

———시 '矛盾'에서

말의 유희에 가까운 설법(說法)이기는 하나 여기에 그치지 않고, 일찍이 타골에게 경고하기를

벗이여, 나의 벗이여.
죽음의 향기가 아무리 좋다 하여도
백골의 입술에 입맞출 수는 없습니다.
그의 무덤을 황금의 노래로 그물치지 마셔요. 무덤 위에 피 묻은 깃대를 세우셔요.
그러나 죽은 대지가 시인의 노래를 거쳐서 움직이는 것을 봄바람

은 말합니다.

――시 '타골의 詩를 읽고'에서

라 한 바 있는 만해이고 보면, 시 '원정'에서의 타골 못지 않게 그도
마침내 죽음의 무덤에 황금의 노래를 보탠 것이나 아닌지 모른다.
　탁월한 민족 시인이면서도 만해가 절실한 민중 생활 속에 뛰어들
기에 무리가 있어 보임은 실생활 현장에 뛰어들기 이전이거나 이후
여서 자못 아쉬운 일이 아닌가 한다. 실상 그 자신이 생활을 부정한
탓이었을 것인가.
　그런데도 근대 시성으로서 진면목을 나타낸 것은 그가 생활인으
로서라기보다 선승으로서 빛나는 노래를 남긴 점에 있다고 본다.

　달을 기다리며
　매화나무는 학처럼 야위나요.

　오동나무에만 앉으니
　사람 또한 봉황이 아닌가요.

　온 밤내 추위는 지칠 줄 모르고
　눈사태는 산봉우리를 이룹니다.

　　待月梅何鶴
　　依梧人赤鳳
　　通宵寒不盡

遠屋雪爲峰

——한시 ‘淸寒’

님을 기다리기에 학과 같이 야윈 매화나무의 모습에서 한용운의 생애를 읽고, 오동나무에 올라앉으며 인간 봉황의 길을 걸은 그의 고사 (高士)다운 자세를 상기할 뿐이다. 온 생애를 두고 설한풍(雪寒風) 만 드세었건만 만해는 하나의 웅봉(雄峰)으로 버티기만 했다.

의인 절사풍의 소설 작품

한편 만해는 여러 편의 소설을 썼다.

그의 소설 작품들이 그다지 높이 평가받지 못한 이유는 시편들이 너무도 빼어난 데 있었다.

당대에 평가받을 겨를이 없었지만, 만해의 소설 또한 그의 사상을 반영하고 있으며, 삶의 교훈을 담고 있다.

중편소설 《죽음》은 1924년 10월 24일에 탈고했으나 사후 25년이 지나서야 발표되었고, 1930년대 후반에 장편 《흑풍》(黑風)·《후회》 (後悔)·《철혈미인》(鐵血美人)·《박명》(薄命) 등을 신문에 연재하였 다. 제2차 대전이 발발한 뒤 《삼국지》(三國誌)를 ‘조선일보’에 한때 연재한 적도 있다.

대체로 한용운의 소설은 행동 소설이거나 불교 소설이다. 의남 의녀 (義男義女)들이 나와 역사의 선두에서 투쟁한다. 남녀의 사랑은 흔히 혁명 앞에 패배한다. 악인들은 언제나 인과 응보(因果應報)를 면치 못한다. 근본적으로 계몽 소설(啓蒙小說)의 범주에 드는 작품들이다.

처음으로 발표하게 된 소설 《흑풍》의 연재를 앞두고 만해는 1935년 4월 8일자 '조선일보' 지상을 통하여

"나는 소설 쓸 소질이 있는 사람도 아니오, 또 나는 소설가가 되고 싶어 애쓰는 사람도 아니올시다."

라는 실토를 하고 있다. 무대를 중국으로 하여 청조(淸朝) 말엽의 풍운아 서왕한(徐王漢)을 등장시켜 이야기를 펼친다.

민중 구제의 혁명 사업에 투신하기 앞서 왕한은 쾌한(快漢)의 위용을 보인다.

부호를 털어 빈민굴을 돕기도 하고 죽음의 위기에서 벗어나 우연한 일로 미국 유학까지 간다. 미국 가는 선상(船上)에서 해적들과 탐정극이 벌어져 미모의 여인을 보호하고, 미국에 가서도 한때 연애에 빠진다.

밀정으로 온 미녀의 정체를 알게 되자 위기를 피하여 귀국, 무창(武昌)으로 향한다. 혁명 운동에 뛰어들었으나 연애 행각에 빠져 혁명 의지가 적지 않이 약화된다. 혁명 운동은 차차 침체에 빠진다.

이에 왕한의 동반자요 혁명의 협조자인 호창순은

"구태여 사랑이 필요하다면 혁명을 애인으로 삼아 주세요."

라는 유서를 남기고 죽음으로써 남편을 받든다.

이 작품에 나오는 여성 해방회(女性解放會) 대목에서는 자유 평등의 여권 신장에 대한 이론 제시가 엿보인다.

또 《흑풍》 속에 이런 귀절도 나온다.

"사람이 짐승보다 다른 것은 자기 몸 이외의 가족을 알고, 사회를 알고, 국가를 알고, 행복보다 의리를 중하게 여겨야 하는 것이다.

천하 만고에 사회와 국가를 위하여 일신의 행복은 말도 말고 귀중한
생명을 티끌같이 버린 이가 얼마인가?"

———《韓龍雲 全集》5권 250면

이것은 만해의 목소리가 아닐 수 없다.

소설 《흑풍》은 1936년 2월 4일까지 '조선일보'에 연재되었다.

《후회》는 같은 해에 '조선 중앙일보'에 연재되다가 중단된 미완성
작품이고, 《철혈 미인》 역시 1937년 '불교' 지에 연재되다가 매듭을
짓지 못한 소설이다.

창수(昌洙) 앞에 나오는 신여성과 구여성을 통하여 그의 인생에
닥치는 일들을 묘사하는 데서 《후회》는 중단되고 있다.

《철혈 미인》에서는 군벌의 거두를 암살한 시곡란(施谷蘭)의 이야기
가 전개되다가 말지만, 연약한 여자라도 동지를 모아 혁명을 일으켜야
한다는 작가의 의도가 드러난다.

1938년 5월 18일부터 이듬해 3월 12일까지 '조선일보'에 연재된
장편소설 《박명》은 만해가 거룩한 한국 여성을 그려낸 작품이다. 장순
영(張順英)의 기구한 인생을 그린 이 작품은 그녀가 불법에 귀의함으
로써 결말이 난다.

사건 전개의 지나친 우연성이 다소 구성의 결함인 듯 여겨지나 긍정
적인 한국 여인상의 제시치고는 농촌 사회와 도회지 사회 이면에 대한
현장 파악도 비교적 선명해 보인다.

온갖 희생을 감내하고 살아 나가야 하는 생활의 윤리를 보이면서
심오한 불교의 이치를 밝힌 장편소설이 《박명》이라면, 중편 《죽음》은
혁명가 김종철을 둘러싼 인과응보의 줄거리다. 《죽음》에는 '자유'라는

제목으로 시집 《님의 침묵》에 넣을 만한 시 한 편이 삽입되어 있어
눈길을 끈다.

> 자유가 사람에게 가는 것입니까.
> 사람이 자유를 얻는 것입니까.
> 자유가 사람에게 간다면 어떠한 사람에게 갑니까.
> 사람이 자유를 얻는다면 어떻게 얻습니까.
> 자유가 사람에게 가는 것은 아니오,
> 사람이 자유를 얻는 것도 아닙니까.
> 그러면 자유가 곧 사람이오, 사람이 곧 자유입니까.
> "님이여, 나에게 자유를 주지 않으려거든 나를 사랑하지 말아 주세
> 요."

하였습니다. 그 때문에 나에게 자유가 없습니까.

> "님이여, 나를 사랑하여 주세요. 나는 나의 자유를 사랑하겠습니
> 다."

이렇게 말하면 나에게 자유가 있겠습니까.

> "잠잠하여라, 자유는 말로 얻는 것이 아니다. 자유는 생명의 꽃수레
> 를 타고 다닌다."

하십니까.

'생명의 꽃수레'를 타고 다니는 자유이기로 그 근원적인 자아인 님과
자유와 생명은 서로 떨어져서 존립할 수 없다는 것을 알게 한다. 그
자유가 말로써 얻어지지 않고, 보살행으로 가능함을 밝히고자 '자유는
생명의 꽃수레를 타고 다닌다'고까지 극치의 표현을 아끼지 않고 있

다.

의인(義人)과 절사(節士)의 풍격(風格)을 소설 작품을 통하여 그려 보인 만해는 모든 문학 예술의 창작에서 자유의 기쁜 소식이 되고, 평등의 절규가 되며, 마침내 민족의 해방과 인류의 평화를 싸워서 찾는 거룩한 길을 열고자 한다.

그러나 그것은 충만된 침묵의 공간으로 신비의 품을 떠날 줄 몰랐기에 시편들을 통하여 드물게 보는 근대 시성으로서 해방의 목소리 수준을 암시하는 것만으로도 우뚝한 자리를 아직은 끄덕없이 지킨다.

영생 찾는 극복의 길

만해(卍海)는 《님의 침묵》 발표를 전후하여 매화(梅花) 향기 그윽한 많은 산문을 남겼는데, 형식에 구애받지 않고 자유 자재롭게 쓴 비교적 단문(短文)의 글들을 수필이라고 볼 때 에세이스트로서의 일가(一家)를 이룬 편모도 확인되어진다.

그러나 그는 요즈음 폭발 현상을 보이는 수필가 제류(諸流)와는 그 격(格)을 달리 한다.

《님의 침묵》이라는 탁월한 시집을 내면서도 시인이라는 데 대한 부끄러움을 느낀 그이고 보면, 자신이 수필가의 자리에 오르게 됨은 더욱 천부당만부당함을 역설해 마지않을 것으로 여겨지기부터 한다.

만해 이상으로 죄책감에 젖어 산 수도자가 별로 없다.

그는 본래 탕자(蕩子)였다. 어버이에 대한 불효의 한(恨)이 사무친 나머지 '하늘의 크기로도 남음이 있을 죄'를 참회하는 부끄러움 속에서 천하의 중벌이 내려질 것을 고백하는 죄인으로 자처하였다. 흔히 근래에 보이는 수필들의 문맥(文脈)은 고작 이런 유(類)의 한 타령이나 상념(想念)에 머물고 있지 않은가 모른다.

하지만 만해의 인생 고회(苦悔)는 민족 앞에, 역사 앞에, 그리고 인류와 세계 앞에 심오하고 유창하게 확산되어 그 자신이 민족의 죄인이오, 인류의 죄인이 아닐 수 없게 된다. 한용운의 수필이 속류(俗流) 수필객(隨筆客)들과 그 차원을 달리하는 근원은 여기에 있다.

그렇다고 해서 만해를 근대 한국 문학의 전형적 수필가나 그 원조(元祖)로 떠받든다면 차라리 그를 모독하는 일이 되며, 그의 법우(法雨) 쏟아지는 심오한 철리(哲理)를 훼손하는 결과가 될 성만 싶다.

그런 점에서도 만해의 산문적 격조(格調)를 완파(完破)할 만한 에세이들이 가뭄의 단비처럼 쏟아져 내리기를 바랄 뿐이다. 그럴 때에야 이 땅에 문예부흥의 벌마는 진척되리라고 기대해 볼 수 있다.

단적으로 말하여 만해의 글들은 인생을 사는 데 있어서나, 세상과 격투를 전개해 나가는 데 있어서 경건한 출사표(出師表)의 양식을 택한다. '굳세게 생각하여 아름답게 노래'한 그의 시편(詩篇)들이 혁명의 리듬까지 감추고 있다면, 그의 수필은 인생을 날로 새롭게 또 철저한 깨달음으로 달려간다는 영대(英大)한 위력의 자우(慈雨) 아닌 것이 별로 없다.

해탈(解脫) 과정의 반짝이는 이정표이며, 유심(惟心) 경지에 이르는 세찬 저력(底力)을 그는 과시한다. 민족 항쟁의 대열에서 마지막까지 쉬지 않고 달려간 그러한 긴장감의 응축(凝縮)이야말로 만해의 산문이 바로 그 자신임을 결코 숨기려 들지 않는다.

운수 행각(雲水行脚)으로 세상을 떠돌다가 만년에 성북동 심우장

(尋牛莊) 선실(禪室)에서 거부의 몸짓으로 대아(大我)를 찾다가 홀연입적(入寂)하기까지 그는, 스님이었고, 민족 투사였으며, 문호(文豪)의 자리를 넘보는 시인이었다.

고결한 인격을 뒷받침하는 만해의 문조(文潮)는 거의 영세 불후의 것으로 오늘도 도도히 굽이침이 있다. 어쩌면 그의 글들은 오히려 그 사람됨을 뛰어넘는 면이 있어 보인다.

우리 근대사에서 만해만한 사람이 결코 쉽지 않다고 할 때, 그의 글이 담고 있는 격조 높은 심오한 의미야말로 헤아려 볼수록 더욱 그러하다.

설한풍(雪寒風) 드센 역사의 광장에서 그는 글로써 한떨기 매화(梅花)를 가꾸는 원정(園丁)이었다. 한평생 한겨울의 추위에 시달리면서 그가 참선하며 지새우는 '냉돌'을 낙원(樂園)으로 만들었다. 풍창파벽(風窓破壁)을 면할 길이 없는 모진 추위를 깊이 숨쉬며, 그는 세존적(世尊的) 예지(叡智)를 대춘(待春)의 꿈으로 가꾸었다. 그 장엄한 꿈이 얼지 않도록 민족의 소생을 도모한 그는 설중 매화(雪中梅花)의 기상으로 값진 대춘부(待春賦)를 엮어나간 깨달음의 인격체였다.

만해의 글은 중생(衆生)의 마음을 열어준다. 심산 유곡(深山幽谷)에서의 득도(得道)를 통하여 속계(俗界)에 집요하게 항전한 그의 고행(苦行)은 불꽃의 언어로 바뀌어지고 있다. 그의 문장을 제대로 심득(心得)하자면 누구나가 도솔천(兜率天)의 미륵 보살(彌勒菩薩)이 될 수는 없는 노릇이나, 부처님의 큰 귀를 지니는 인고(忍苦)의 기다림을 마음속에 지녀야 한다. 녹야원(鹿野苑)의 돌기둥을 어루만지는 신념의 보좌(寶座)에 스스로를 앉혀야 될 터이다.

일체 지자(一切智者)의 장도(壯途)에 오르고자 그가 20세에도 미치

지 않은 소년의 몸으로 출분(出奔)을 결행할 때의 심회를 먼저 우리
스스로의 체험으로 삼을 필요가 절실해진다.

　나는왜 승(僧)이 되었나? 내가 태어난 이 나라와 사회가 나를 승이
되지 아니치 못하게 하였던가? 또는 인간 세계의 생사 병고(生死病
苦) 같은 모든 괴로움이 나를 시켜 승방(僧房)에 몰아 넣고서 영생
(永生)과 탈속(脫俗)을 속삭이게 하였던가? 대체 나는 왜 승이
되었나? 승이 되어 가지고 무엇을 하였나? 또 무엇을 얻었나? 그래
서 인생과 사회와 시대에 대하여 어떠한 도움을 하여 왔나?
　　　　　　　　　　　　——'나는 왜 승(僧)이 되었나'에서

세계 앞에서의 이토록 처절한 질문은 만해의 일생을 지배하였다.
"……나는 결국 영생 하나를 얻은 것을 느낀다. 어느 날 육체는 사
라져 우주의 적멸(寂滅)과 함께 그 자취를 감추기라도 하리라."

　위 글의 마무리 부분에서 이렇게 자답(自答)하고 있을 때, 우리는
그 과정을 한용운의 글들에서 찾지 않으면 안 된다.
　만해는 '영생의 마음' 하나를 체질화(體質化)하기에 이른다. 그 마음
이란 혼자서의 깨달음에 그치는 것이 아니며, 민족의 자유와 세계의
평화를 향하여 돌진하는 중생의 그것이 아닐 수 없다.

선미(禪味)의 단 이슬비

만해는 혼자만이 봄을 맞이하려는 개인의 충족 수준에 머물지 않는

다. 농촌의 봄, 민족의 봄을 열망한다. 애타적(愛他的)인 해방의 봄을 바라본다.

작년 가을에 각 신문지를 통하여 본다면, 농민들이 농사를 지어 가지고 가을에 추수는 고사하고 벼를 논에 세워 놓은 채로 소위 입도 차압(立稻差押)을 당한 사람이 많다는데, 그들에게는 봄이 얼마나 기쁠 것인가? 혹은 그렇지 않은가?

———'봄은'에서

민중의 아픔이 언제나 그를 압도한다. 그들 중생에게 '한 가닥의 활로(活路)'가 있느냐 없느냐? 다만 그것이 문제다.

'대활명(大活命)의 춘우(春雨)'가 되어 줄 위난의 '춘몽(春夢)'에 살찐 만해였다.

그러므로 소극적인 인생살이에 만족하기를 만해는 완강히 거부한다.

소극적인 공익(公益)도 잘 지켜지지 않는 세상에서 그는 적극적인 공도(公道)를 헤쳐 가며 높은 인격의 옥좌(玉座)를 바라본다.

공익심 유무는 개인의 인격이 거기에서 비례되고, 사회의 승침(昇沈)이 거기에서 규정되고, 국가의 융체(隆替)가 거기에서 분기(分岐)되는 것이다. (…) 천하 만세의 공익을 위하는 사람은 천하 만세의 규범이 되는 것이다.

———'공익'(公益)에서

사회·국가를 이루는 개인이 그 배의 선원(船員)인 이상 사회 인격의 지체요 국가 인격의 수족인 개인과 민중은 각기 자기의 행복과 자유를 위하여 사회와 국가를 건져내야 하게 마련이다. 한용운의 그 매서운 결의는 도처에서 중생의 혼몽(昏夢)을 일깨운다.

마음이 있지 않은 곳에 진실은 자리잡지 못한다. 만해의 마음은 웅덩이의 고인 물이 아니라, 세차게 흐르는 옥류(玉流)였다. 늙지 않는 인생, 불멸의 청춘으로 스스로를 극복해 나가려는 그의 글이 많은 청년들에게 표준침(標準針)이 되어 주기에 넉넉한 근원은 인생을 젊게 사는 자세에 있었던 것으로 믿어진다.

절망이니 불운·후퇴·역경(逆境)이니 하는 따위의 어휘는 만해의 사전에 수록되어 있지 않았다. 일왕 불퇴(一往不退)의 기백(氣魄)·불이 불퇴(不弛不退)의 정신을 대문자로 수록해 놓고, 오로지 일체 유심(一切惟心)의 화현(化現)을 추구할 뿐이었다.

역경 속에서 신음하는 청년을 두고 '득의'(得意)의 시대에 사는 '시대적 행운아'로 규정한 만해가 아니었던가.

역경을 깨고 아름다운 낙원을 제스스로의 손으로 만들어 보라고 '조선 청년에게'에서 복음을 선포하지 않았던가.

만해는 젊은이들에게 득의의 시대를 새로이 발견해 준 점에서 정신문화(精神文化)의 신대륙을 찾은 콜럼부스에 해당된다. '아름다운 낙원'을 꾸밀 좋은 일을 가장 많이 하는 용사(勇士)의 길에 오르도록 한 일체 승자(一切勝者)의 길잡이가 된다. 예나 이제나 용자(勇者)와 지자(智者) 앞에는 역경이 있을 수 없다.

"목적을 향하여 전진할 뿐이다. 전경(前境)의 순역(順逆)은 목적의 방향과는 무관이다."

조달(調達)과 같은 역화 보살(逆化菩薩)이라도 되고 볼 노릇이었다. 인격을 닦는 길이란 다른 데 있지 않다. 만해의 이 끔찍스런 반역현상(反逆現象)이야말로 만해를 만해의 자리에 있게 한 요체(要諦)가 아닐 수 없다. 높은 벼랑에서 굴러 떨어지는 바위의 위력을 지니고 이상(理想)을 바라보며 육박함이 있을 따름이다.

쌓인 눈 찬 바람에 아름다운 향기를 토하는 것이 매화(梅花)라면, 거친 세상 괴로운 지경에서 진정한 행복을 얻는 것이 용자(勇者)니라. 꽃으로서 매화가 된다면, 서리와 눈을 원망할 것이 없느니라. 사람으로서 용자가 된다면 행운의 기회를 기다릴 것이 없느니라. 무서운 겨울의 뒤에서 바야흐로 오는 새 봄은 향기로운 매화에게 첫 키스를 주느니라. 곤란의 속에 숨어 있는 행복은 스스로 힘쓰는 용자의 품에 안기느니라. 우리는 새 봄의 새 복을 맞기 위하여 모든 것을 제 힘으로 창조하는 용자가 되어요.

——'용자(勇者)가 되라'에서

여기에 만해봉(萬海峰)의 내설악(內雪嶽)이 드높이 버티고 있음을 음미한다. 항상 스스로의 힘으로 역사의 난관을 타개해 나간 준마(駿馬)의 기상이 넘친다.

꽃으로서 매화, 새로서는 봉황(鳳凰)이 된 모든 위인(偉人)들의 좌우명(座右銘)이 이 글 몇 줄에 거의 다 들어 있다.

누구든지 이 정도의 믿음을 생활화할 때 능히 해결되지 않는 문제란 있지 않다.

끝없는 극기(克己)의 길로부터 어려움은 정복되고 만다. 언제 읽어

도 믿음의 큰 힘이 솟구치는 선지(禪旨)의 자우(慈雨)가 그치지 않는
다. 만해의 산문은 바로 그러한 세계를 담고 있다.

　글이 곧 사람이라는 어정쩡한 미신의 수칙(垂則)이 아직도 이 세상
을 사뭇 당황하게 하는 판국에 만해의 단문형 수필 문학은 고매한
인격의 척도(尺度)로써 그윽한 매향(梅香)을 풍기는 진테제를 이룬다
할 수 있다. 그것도 근대 시성이기에 열려진 주옥편으로서다.

5

심우장 항쟁

총독부 등진 북향집

쉬지 않고 나를 찾으면서 고통의 바다에 빠져 신음하는 중생을 건지고자 만해는 갖은 시달림과 어려움을 견딜 만큼 견디며 당당하게도 자유의 생동하는 실체로 존재하였다. 큰 나를 찾는 길목에서 정신 세계의 불꽃을 피워 올렸다.

잃은 소 없건마는
찾을 손 우습도다.
만일 잃을시 분명하다면
찾은들 지닐소냐.
차라리 찾지 말면
또 잃지나 않으리라.

——시조 '심우장'

암흑 시대를 중병으로 앓고 있던 만해는 1933년 서울에서 부인을 맞이하여 가정을 이루었다. 그는 출가한 후 줄곧 독신 생활을 해 왔었다.

만해를 받드는 사람들은 그가 해인사(海印寺)에서 여생을 보내도록 시봉(侍奉)할 준비를 마쳐 놓고 있었다. 그러자 어느새 형사들이 그 기미를 알아채고 해인사로 달려왔다.

직접 만해에게는 감히 접근조차 못 하는 일본 경찰들은 절에 와서 추근거리며 측근자들을 들볶아댔다.

만해는 상경할 것을 결심했다. 자기가 내려와 있음으로써 주변에서 승려들이 겪게 되는 시달림을 보고서 마음을 굳히게 되었다.

상경한 그는 주변의 인사가 소개해 주는 유숙원(兪淑元) 여사와 54세 때 재혼을 하게 되었다.

40이 넘도록 어느 병원에서 간호부로 봉직 중이던 노처녀를 맞이했으나 생활의 궁핍은 여전히 면할 길이 없었다.

유씨 부인은 1966년에 74세로 타계하기까지 만해의 내조자로 덕을 쌓았다. 만해는 유씨와 재혼한 지 1년 만에 외동딸 영숙(英淑)을 낳았다. 일제 말기에 상당한 학령에 도달한 딸을 만해는 학교에 보내지 않았다. 그래서 집에서 한글과 한자만을 배웠는데 참으로 우수한 재원이었다.

한영숙 역시 아버지를 닮아 머리가 뛰어나 다섯 살 때에 이미 《소학》(小學)을 읽었다.

하루는 영숙이가 신문에 간간이 섞인 일본 글자를 보고

"아버지, 이건 무엇이야요?"

하고 물었다.

"음, 그건 몰라도 되는 거야. 그건 글자가 아니란다."

항일의 몸짓으로 비록 어린 딸인 영숙에게 한 말이었지만, 이 한 마디 말에서도 일생을 독립 운동에 바친 만해의 단면을 엿볼 수 있다. 그는 죽는 날까지

"일본 놈의 백성이 되기는 죽기도 싫다. 왜놈의 학교 그 문턱에도 절대 보내지 않겠다."

하고는 집에서 손수 딸을 교육했다.

학교 문턱에도 못 간 영숙은 해방 후에야 측근 인사 김관호(金觀鎬)의 배려로 가호적에 편입되고 서원출(徐元出) 등의 배려로 학창 생활을 할 수 있었다.

일본이 통치하는 동안 그들은 처음엔 민적(民籍), 그 후엔 호적법(戶籍法)을 실시했다.

만해는 처음부터

"나는 조선 사람이다. 왜놈이 통치하는 호적에 내 이름을 올릴 수 없다."

고 하면서 시집 《님의 침묵》에도 나와 있듯이 망국민(亡國民)으로 평생을 호적 없이 지냈다.

그래서 만해가 받은 곤란은 한두 가지가 아니었다. 신변 보호를 받을 수 없었던 것은 물론, 일제의 모든 배급에서도 제외되었다.

해방 10여 년 전의 경성부(京城府) 성북정(城北町)은 오늘날의 성북동과는 문안에서 거리가 먼 곳으로, 하늘이 보이지 않을 만큼 숲이 깊고 인적도 드물었다. 문안에만 나가면 바로 지척에 번화한 거리가 있었으나 이 곳은 너무나도 외지고 깊은 골짜기였다.

이 성북동 산기슭에 조그만 한옥(韓屋)이 한 채 있었다. 나무가

우거진 비탈에 자리잡은 아늑한 집이었으나 누가 보아도 초라하기 이를 데 없는 한옥이었다. 만해 한용운은 바로 이 집에 살고 있었다. 그것도 자기 집이 아닌 남의 집, 이를테면 셋집을 얻어 들고 있던 만해의 처지였다.

만해가 원래 돈을 만들 주변이 모자라서 이렇게 가난한 살림을 하는 것은 아니었다. 생각만 있다면 얼마든지 윤택한 생활을 누릴 수도 있었다. 왜적과 손잡기로 전향한다고 한 마디만 하면 일자리도 좋은 집도 주고 생활을 윤택하게 보장하겠다는 유혹은 얼마든지 있었다.

그러나 만해의 경지는 이미 확고부동했다. 외세의 폭압 속에 시달리는 겨레와 중생들을 위해 그가 해야 할 것은 스스로 너무나 명백했다. 혹은 각 사찰을 돌기도 하고, 혹은 붓을 들어 식민 정책을 비판하는 등 무거운 짐을 지고 있던 그에게 저녁거리가 있고 없고는 문제가 아니었다.

그래서 밥을 먹고 사는 일에 관한 일은 대체로 그 부인이 변통을 할 수밖에 없었다. '저울추'인 만해의 집안은 그래서 특이하였다.

부인은 삯바느질·빨래하기·물 길어다 주기…… 이런 등등의 잡역을 해 가면서 입에 풀칠을 하며 연명해 갔다.

그러나 벌써 만해의 민족 사상에 감복되었음인지 부인은 별로 불평도 없었다. 오직 '부처님의 은덕으로 그 분의 뜻이 이루어지기를!' 하고 비는 소박한 염원이 있을 뿐이었다.

그런데 이렇게 남의 집 셋방살이를 하는 만해 부부에게 한 번은 희한한 소식이 들렸다. 만해를 존경하고 따르던 동지 몇 사람이 만해를 위해 집 한 채를 장만할 계획을 벌이고 있다는 소식이었다.

때는 1933년이었다. 이 무렵은 일제가 만해의 활동에 대해 점차

제동을 심하게 걸고 있던 시기이기도 하였다.

　그래서 만해의 글은 특별히 까다롭게 검열을 거쳐야 했고, 검열을 거친 뒤에는 으레 붉은 잉크 자국이 수없이 북북 그어져 있는 것이 통례였다.

　점 하나, 글자 하나를 아무렇게나 쓰지 않는 만해의 성깔은 이것을 용납치 않았다. 차라리 북북 찢어 버릴지언정 그 따위 글들을 활자로 바꿔 놓고 싶은 생각은 추호도 없었다. 이렇게 해서 조금씩 생기는 원고료마저 아주 끊어져 버렸다.

　어려움을 알고 그 때 '조선일보'를 경영하고 있던 계초(啓超) 방응모(方應謨) 사장은 소설 연재 등으로 만해에게 얼마씩 생활비를 보태 주었고, 나아가서는 방 사장을 비롯한 김벽산(金碧山)의 대지(垈地), 홍순필(洪淳泌)의 건축비 주선과, 수제자로 《선가귀감》 번역에 반생을 보내다시피 한 김용담(金龍潭) 스님의 보조, 그리고 일부 득채(得債)로 집 한 칸을 마련해 보자는 이야기도 나오기에 이른 모양이었다. 그러나 만해의 마음은 아주 다른 곳으로 움직이고 있었다.

　"성북정에서 남향으로 집을 세운다? 그러면 내 집 정문이 곧장 총독부를 바라보고 서 있게 되는 것이 아닌가?"

　만해는 예의 체머리를 흔들며 수없이 고개를 갸우뚱거렸다. 드디어 다음 순간 '저울추'의 얼굴에는 확고부동한 결심의 빛이 보였다.

　"안 되지! 그 꿈에도 보기 싫은 돌집을 향한 집에 살다니……. 볕이 안 들고 샘물이 없더라도 내 집은 여기다 세울 수 없어. 반대편 저 산비탈에다 지어 본다?"

　본래 옳다고 생각한 일이면 목을 내놓고라도 결행하는 만해의 성깔을 아는 터에 동지 중에 반대하는 사람은 없었다.

결국 선택된 곳은 거기서 맞은편으로 바라다보이는 산기슭 정북향
(正北向)의 응달 쪽이었다. 그 곳은 길도 없는 수풀 속을 한참 올라가
야 하는 외진 곳이었다. 그러나 높다랗게 올라 앉아 보면 우선 만해의
가슴은 후련했고, 오늘의 국립 중앙 박물관인 돌집을 등지고 북쪽을
바라보노라면 미상불 총독부를 등진다는 야릇한 통쾌감마저 들었다.

특별히 좋아서 어쩔 줄 몰라했던 사람은 부인이었다. 잔주름이 늘어
가는 마나님답지 않게 가슴을 설레며 밥을 짓고 함지에 담아 그 산길
을 오르내리며 어려운 줄도 모르는 듯했다.

이렇게 해서 성북동 집은 낙성이 되었다. 택호(宅號)는 심우장(尋牛
莊)으로 하였다. 소를 찾는 집이라면 선가(禪家)에서 말하는 무상
대도(無常大道)를 깨치기 위해 공부를 하는 집이란 뜻이었다. 새 집을
마련한 만해는 손수 상록수도 심어서 가꾸었다.

심우장 고옥은 오늘날에도 여전히 그대로 남아 있다. 1972년 봄까지
도 외동딸이 살다가 계속 관리 수호하며 만해 기념관이 된 이 집의
방향은, 이제 문민 시대에 접어들어 헐릴 전망도 없지 않은 광화문
국립 중앙 박물관, 곧 악명 높던 총독부 청사와는 정반대 북향이다.

그가 서슬 퍼렇던 조선 총독부와 등지고 철두철미한 정신으로 왜정
말기 그 모진 탄압 속에서 최후의 항쟁 그 몸짓을 어떻게 끝까지 추스
르며 견뎌낼 수 있었을까 탄복을 금할 길 없다.

선학원 드나들며 최후 항전

만해는 하루, 아니 한순간인들 일본 식민 통치와 타협하는 일이
없었다.

심우장에 옮겨 살며, 1936년 2월 21일 만주 여순 감옥에서 꿋꿋하게 버티다가 옥사 순국한 단재(丹齋) 신채호(申采浩)가 며칠 뒤에 한 줌의 재로 무언의 환국을 하여 그의 생가 자리인 충북 청원군 남성면 귀래리에 묻혔을 때 묘비문을 쓰는가 하면, 만주에서 무력 민족 항쟁을 하다가 피수의 몸으로 압송되어 서대문 감옥을 거쳐 마포 감옥에서 옥사한 일송(一松) 김동삼(金東三)의 장례식을 어려움을 무릅쓰고 주선하였다.

1937년 3월 3일 60세를 일기로 옥중 순국한 일송은 만주 독립 운동계의 큰 별이었다. 유족이 돌아오도록 심우장을 빈소로 하여 5일장을 치르며 만해는 고인의 유덕을 추모하기에 지성을 다하였다.

일찍이 안중근(安重根) 의사 추모시를 썼으며, 한반도가 경술 국치로 일제에 강점이 되자 스스로 목숨을 끊은 바 있는, 호남이 낳은 시인 황매천(黃梅泉)을 영탄(詠嘆)하여 노래하기도 했다.

그의 기본 자세가 어찌 손쉽게 일제의 무위(武威) 앞에 굴복하여 일제의 재보(財寶)에 연연할 수 있으랴. 그는 영원히 굴하지 않는 이 나라 저항적 양심의 마지막 한 사람이오, 등불이었다.

그가 기거하는 방은 언제나 냉돌이었다. 안국동 선학원에서도 그랬고, 성북동 심우장에서도 그러했다.

일제 시대의 서울의 장작 값은 비싸기도 했지만 실상 그것만이 이유는 아니었다. 특별한 일이 없는 한 전차니 인력거니 하는 따위를 타기 싫어했던 만해, 그리고 초라한 옷 한 벌밖에는 걸칠 것을 바라지 않았던 만해, 한국 전체가 하나의 커다란 감옥이라고 생각하고 있던 만해이니만큼 그가 따뜻한 온돌에 앉아 비단 옷차림으로 안일한 생을 누린다는 것은 차라리 분수 밖의 일이었다.

뿐만 아니라, 이 냉돌 위에서 그는 선정(禪定)에 들어 있거나 아니면 경(經)을 읽거나 하는 것이 평소의 일과였다.

이 때 그의 자세는 하루 종일 흐트러짐이 없었다.

그의 가슴 속에는 과연 무엇이 용솟음치고 있었던가. 너무도 꼿꼿한 그리고 무서울이만큼 딱딱한 자세로 말미암아 그는 결국 '저울추' 또는 '시계추'란 별명까지 얻었다지만, 이 별명이야말로 그의 곧은 지조, 매서운 절개를 단적으로 설명해 주는 것이기도 하다.

그는 비록 냉돌 위에 앉아 있을망정 누구에 대해서 이야기할 때는 그 냉돌에서 사뭇 불길이 올랐다. 그의 열변을 듣고 있노라면 누구나 타오르는 불꽃을 느낄 수가 있었다.

"최후의 1각까지, 최후의 1인까지……."

독립 선언문 뒤에 그가 이 1절을 군이 삽입했던 것도 그의 이러한 뜨겁고 철저한 정신을 반영함이었다. 그는 한결같이 꼿꼿한 기백을 살렸다. 홀로 선 마지막 한 그루 낙락장송(落落長松)의 늘 푸른 기상 그대로였다.

만해는 아침이면 자신이 기거하는 방을 손수 깨끗이 소제해 놓고 검소한 생활을 하면서 스스로 만족했다. 그리고 늘 참선에 정진해 나갔다. 시내 외출을 할 때면 번번이 고개를 넘었다. 성북동 심우장에서 안국동 40번지 선학원(禪學院)까지의 길을 단숨에 오고가는 만해였다.

김남전(金南泉)·송만공(宋滿空) 스님들이 세운 선학원은 만해가 3·1 운동으로 서대문 감옥에서 3년을 복역하다가 석방된 후 10년 남짓 보낸 심신을 닦는 도량(道場)이었다.

당시 적음(寂音) 스님이 거기에서 만해를 시봉했다. 만해가 머무는 동안 그 곳은 민족주의자의 소굴로 지목받았다.

대한 불교 조계종 총무원 원장을 지낸 강석주(姜昔珠) 노스님은 선학원 시절의 만해 선사를 잊지 못하고 있다.

"무척 차가운 분이었죠. 추종자는 많아도 친한 사람은 많지 않았는데, 한 한번은 시집 《님의 침묵》을 여기저기 전달하라 해요."

일일이 이름을 쓴 책들을 건네 주며

"석주 사미. 이 책을 드리고 나서 그 소감이 있으면 나중에 알려 달라 해."

여러 인사들에게 《님의 침묵》이 증정되었는데 아직은 철저한 적막 강산이었다. 불교계의 수준 탓도 있지만, 두려워서 감히 발설조차 삼갈 수밖에 없는 살얼음판 정세였다.

강석주 스님이 시집 《님의 침묵》을 불교계 인사들에게 배본하던 시절만 하여도 만해의 이 시집 진본은 감춰진 보화였을 뿐이었다.

누구로부터 그 어떤 반응도 일지 않아 이심전심(以心傳心)의 보배로운 침묵만이 가득 차 넘치고 있었다.

"이렇다 하게 용운 스님을 찾아주는 친한 사람이 많지 않았고 해서 말이 통 없으신 만해 스님은 금붕어를 무척 좋아했었죠. 늘 어항에 손수 물을 주곤 했습니다. 또 기운이 참 좋으신 분이라 가부좌(跏趺坐)하여 소두(小斗) 말을 뛰어넘을 정도였습니다."

석주 노스님의 회고담이다.

그 무렵은 형사들이 선학원을 둘러싸고 매일 감시를 하던 때였다. 일본인 형사, 한국인 형사 할 것 없이 그들은 만해를 감시하러 와 있으면서도 본인 앞에서는 꼼짝을 못했다.

"선생님, 선생님!"

하고 접근해 오면서 무슨 회유책이라도 쓰려고 하면 일언지하에 호통을 쳐서 그 자리에서 쫓아 버렸다. 혹자는 학병 나가는 일을 협조해 달라고 했다가

　"잡아 가려면 나를 잡아 가라. 왜 젊은이들을 명분 없는 싸움터에 나가게 해!"

하는 호령에 혼비백산하였다.

마지막 양심의 촛불

　때마침 총독부가 불교의 일본화(日本化)를 추진할 무렵이다. 어용단체 31본산 주지회(本山住持會)가 결성되었는데 한용운(韓龍雲)은 억지로 끌려나가서 설법을 하게 되었다. 그 날 그의 설법은 어떠했나.

　"세상에서 제일 더러운 것은 무언고? 똥이겠지. 그럼 똥보다 더 더러운 것은? 송장이겠지. 나는 똥 옆에서는 음식을 먹었지만 송장 곁에서는 냄새가 역해서 차마 못 먹겠더군! 그런데 송장보다도 더 더러운 것은?"

　한용운의 표정이 여기에서 돌변했다. 그리고는 벼락같이 소리쳤다.

　"그건 31본산 주지, 바로 네놈들이다!"

　변절한 친일파를 욕하는 그의 소리는 이렇듯 매섭고 신랄하였다.

　어느 날이었다.

　"이 댁에서는 왜 국경일에 일장기를 달지 않소?"

하고 반장이 큰 소리로 나무랬다. 반상회(班常會)에서 돌아오자 부인은 그 말을 한용운에게 옮겼다.

　"무엇이 어째? 일장기를 내 집에 달라고?"

하며 벌컥 화를 내었다. 이른바 친일 주구의 애국반(愛國班)과 남편 사이에 끼어서 고역을 치르는 부인은 투덜거리듯 말했다.

"모르겠어요, 난. 이번 반상회에는 영감님이 나가슈."

한용운은 또 화를 냈다.

"경을 칠! 반상회는 무슨 놈의 반상회야! 조선 놈 잡아 먹는 것이 헌병 보조원이라더니, 요샌 반장 놈인가?"

사사건건 이 모양이던 한용운이기에 언제나 충돌을 면치 못했다. 과연 그는 총독부를 등지고 사는 항거의 사람이었다.

어느 여름날이었다. 젊은 대학생들이 한용운을 찾아가서 말했다.

"지금 삼남(三南)에 홍수가 범람했습니다. 선생님의 애국심을 저희 들은 압니다. 얼마간 염출(捻出)해 주십시오."

넉넉지도 못한 살림인데 한용운은 상당한 돈을 지출하면서 물었다.

"그 돈의 용처(用處)는 이재민을 구호하는 것뿐이겠지?"

"그렇게야 어디 되겠습니까?"

하고 젊은 대학생은 말했다.

"얼마간의 국방 헌금은 해야죠. 그리고 나머지를 이재민 구호에 보냄……"

"무엇이 어째? 이놈들!"

하고 그는 벼락같이 소리를 내질렀다.

"그 돈 이리 도로 내라!"

"……."

"국방 헌금? 이 놈들, 정신 똑바로 차려!"

돈을 빼앗긴 학생들은 쫓겨나고 말았다.

일제 말엽, 친일파로 변절한 박희도(朴熙道)가 하루는 한용운의 집을 방문했다.

외출 중이라기에 막 되돌아서려는데 문득 들리는 소리가 있었다.

"에헴! 에헴!"

방금 없다고 하던 한용운의 기침 소리가 분명했다.

(아뿔싸! 내가 공연한 걸음을 했군!)

그렇지만 후회를 했다고 엎질러진 물을 그릇에 되담을 수는 없는 노릇이었다.

만년에 접어들면서 만해가 적극적인 항일 투쟁을 하기는 어려웠다 할지라도 그의 몸짓은 오직 일본 통치에 대한 거부의 그것이었다. 만해는 거부할 것만을 아낌없이 거부하는 데 일관했다. 역사의 밤은 깊고, 민족의 고뇌 또한 심각해졌을 때, 만해 한용운은 신사 참배(神社參拜)와 학병 동원, 그리고 창씨 개명이며 일체의 회유책을 거부함으로써 한 가닥 양심의 촛불을 밝혔다.

조선어학회(朝鮮語學會)를 주도하는 박학인 물불 이극로(李克魯)가 학병 연설에 나섰을 때였다.

"물불, 그래 더럽게 되었군. 자네도 다 죽었어."

"만해, 이해를 해 줘야지 어떻게 하오? 조선어학회를 살리자니 도리가 없어 마지 못해 그런 것 아니겠소."

물불의 구차한 변명에 만해는 코웃음을 쳤다.

"아니, 이 사람아, 어쩌면 그렇게도 어리석은가. 그렇게 한다고 해서 살아날 길이 있을 줄 아나? 죽으려면 고이 죽어야지. 고루, 정신 차리게나."

아니나다를까. 그 뒤 조선어학회 사건으로 검거 선풍이 일자 고루 이극로는 주동자의 한 사람으로 가혹한 처벌을 면치 못했다.

일제 말기에 일본 총독부는 급기야 민족지(民族紙)에 대한 사형 선고를 내리기에 이르렀다. 당시 '동아일보'만이 성능 좋은 윤전기를 장만해 놓고 있었는데 폐간 후 그것을 매각 처분한다는 소문이 만해의 귓전에까지 전해졌다. 그는 황급히 인촌(仁村) 김성수(金性洙) 댁으로 달려갔다.

"인촌, 듣자 하니 윤전기를 판다구요. 왜 인쇄기까지 팔아. 불원간 우리 마음대로 실컷 사용할 시기가 찾아올 줄 아는데……. 아무리 절망적인 때라 하여도 아주 처분만은 하지 마오. 기념품으로 창고에 둘망정 그것을 팔아 써야 할이만큼 돈이 궁한가?"

그의 강경한 항의에 인촌은 어리둥절한 채로

"나는 몇 해 전부터 신문사 운영 일체를 고하(古下) 송진우(宋鎭禹)씨에게 일임해 관여하지 않고 있다오."

하고 얼버무릴 뿐이었다. 그런 지 몇 년 뒤 광복의 날이 왔을 때 이미 1년 전에 세상을 떠난 만해의 예언대로 이 신문사로서는 윤전기가 없어서 후회 막급이었다.

어느 때인가 고하 송진우가 자랑삼아서 만해 앞에

"《8만 대장경》을 읽어봤는데……."

하는 말을 했다.

"그래? 고하는 그 책 쌓아 놓은 걸 어쩌다가 본 거나 아닌가?"

만해의 반격에 고하는 그만 말문이 막혀 버리고 말았다.

고승 만공과 도반하며

충남 수덕사(修德寺) 고승 송만공(宋滿空) 선사는 만해에 필적할 만큼 법력(法力)이 샘솟는 거의 유일한 거역의 사람이었다. 서로는 언제나 의기가 상합했다. 선문답(禪問答)으로 시대적인 울분을 달랠 때도 있었지만, 투철한 민족 사상이나 남아다운 기개와 의기, 그리고 포부가 서로 비견되었다.

만공 스님은 곧잘 이렇게 공언하고는 했다.

"이 나라에 사람이 하나 반밖에 없는 것 같아."

하나는 만해를 의미했고, 반은 누구라는 지칭이 없었다.

만해도 만공을 언제나 좋아했다. 어디에서 만나든지 그들은 서로 의기가 상합해서 어울려 다니게 마련이었다. 선학원이나 심우장에서 곡차(穀茶)를 마시기 시작하면 밤이 새는 줄 모를 정도였다. 때로는 서울 장안이 좁거라 하고 며칠을 술에 취해 지낼 적도 없지 않았다. 만공은 기운도 장사였고 만해 못지 않게 호기가 넘쳤다. 고승 경허 대사(鏡虛大師)의 수제자인 만공과 함께 만해는 선맥(禪脈)을 이 땅에 중흥한 쌍벽이라 할 수 있다.

만공은 금강산 마하연(摩訶衍) 조실을 거쳐 공주 마곡사(麻谷寺) 주지 자리도 지키며 예산 수덕사에서 선맥을 쇄신해 나갔다.

보월(寶月) 스님을 비롯해 1백 명이 넘는 법제자를 지도하는 가운데 김일엽(金一葉) 스님을 아껴 지도하는 위치에 있기도 했지만, 누구보다 만해의 대표적인 도반(道伴)이었다.

어느 날이었다. 만공은 다른 스님들과 함께 미나미(南次郎) 총독의 초대를 받았다.

31본산(本山) 승려들이 모인 자리였다. 만공은 소탈하게 말문을 열어

"우리가 지난 날 갖은 탄압을 받으며 볼기 맞던 시절이 나는 그립

소. 그 시절엔 중들이 함부로 서울에 들어오지를 못했는데, 어떻게
이런 델 와 보게 됐을까?"
하고 서두를 뗀 다음 계속해서 말했다.
　"그 때는 그래도 계율이 엄격했는데 우리네가 서울에 드나들면서부
터는 계율이 그 전만 못해졌거든. 왜 그리 됐느냐 하면 조선에 데라
우치(寺內正毅) 총독이 취임해 와서 사찰령(寺刹令)을 낸 뒤부터란
말요."
　본산 회의석상은 갑자기 물을 끼얹은 듯이 조용해졌다. 만공은 힘을
주어 말끝을 맺기를
　"그러면 우리 승려들이 계율을 파기했다는 죄로 지옥에 가게 된다
합시다. 그렇지만 총독께서는 무간 지옥(無間地獄)으로 가겠습니
까?"
했다. 퍽 엄숙한 자리였지만 용기를 낸 발언이었다.
　이 말에 귀를 기울이던 사람 중 수원 용주사(龍珠寺) 강대련(姜大
蓮) 스님이 일어났다.
　"스님, 왜 이런 망령이십니까? 여기가 어떤 지존한 자리라고 그런
말씀을 함부로 하십니까? 말씀 삼가십시오."
　만공은 갑작스레 언성을 높였다.
　"에이, 방정맞은 자로군! 언권(言權)이 지금은 내게 있는 시간이
지, 너에게 있는 시간이냐? 함부로 까불지 말고 썩 물러앉지 못
해……."
　분위기를 다시금 제압한 뒤에 만공이 입을 열었다.
　"우리는 불교도로서 중생이 죄를 짓는 걸 제도(濟度)할 의무와
책임이 있소. 이미 데라우치(寺內) 총독이 무간 지옥에 가게 된

이 마당에 저 미나미 총독인들 무간 지옥을 면할 수 있겠소? 역시 저 총독이 우리를 이렇게 부른 의도는 전 총독이 하던 일을 계속하고자 하는 것 같으니 염려스럽소이다."

그 뒤 조선 총독 관저에서 베푸는 만찬회에는 참석하지 않은 만공이 심우장에 와서 털어놓은 이야기가 이상과 같았다. 만공의 말을 전해 들은 만해는 크게 환호해 마지않았다. 그들은 계속하여

"미나미 총독 같은 자는 이 세상에서 없애 버려야 할 텐데……."
라고 투덜거렸다. 좌중은 신바람이 나서 그 이유로 항목별 죄목을 열거하기도 했다.

하루는 백강(白岡) 이병우(李炳宇)와 만공의 제자인 박고봉(朴古峰) 스님 두 사람이 만공에게 제의했다.

"스님, 스님께선 여한이 없는 생애를 사셨으니 언제 다시 총독을 만날 기회가 있다면 그 자를 한 번 해치우는 게 어떨까요?"

"알아서들 하지."

만공은 거침없이 대답했다. 누가 알면 세상이 뒤집힐 모의였다. 만공이 곧 만해에게 달려와 그 자초지종을 말했다.

"이번에 저들이 한 번 그 거사를 하고자 하는데 만해는 어떻게 생각하나?"

갇힌 제자 면회 때 꽃 선물

한용운이 대꾸했다.

"만공, 그럴 필요가 있겠소? 내 말 좀 들어보오. 그 뭐 시체가 다 되어 가는 사람에게 손을 대려 하다니……."

"시체라고?"

"얼마 안 있으면 그 자의 운명도 끝장날 거요. 쫓겨 가거나 자살하거나 할 텐데 무슨 생각을 그렇게 하오? 그 시체 다 된 놈에게 더러운 피를 흘리게 하여 어떻게 업(業)을 지으려오. 고봉 스님이나 백강 거사에게 그런 생각만은 말라 이르시오."

만해의 예언은 적중하여 몇 년 뒤에 일본은 패전 국가가 되었다.

언제인가 31본산 주지 회의 때였다. 만해는 몇 차례나 강연 초청을 받고 거절하다가 마지 못해 나가게 되었다.

"여러분, 여러분께서는 해마다 새해가 되면 총독 앞에 나가 세배를 하십니다. 조선을 통치하고 있는 총독의 얼굴을 직접 우러러본다는 것은 참으로 영광된 일이겠지요. 그리고 기회만 있으면 총독을 찾아가서 얘기를 하십시다."

이렇게 서두를 떼고 나서 만해는 좌중을 훑어본 다음

"그런데 총독은 매우 바쁜 사람입니다. 조선 통치에 관한 온갖 결재를 하다 보면 변소 갈 시간도 없는 게 당연한 일일 겁니다. 여러분은 자비를 바탕으로 살아가는 스님이 아닙니까. 남의 생각도 좀 해 줘야지요. 조선 총독을 좀 편안케 해 주시려거든 아예 만나지 마십시오. 부탁입니다."

하고 끝맺었다.

일제 말엽의 어느 날 제자 한 사람이 만해를 찾아왔다. 징병으로 끌려가 곤욕을 치러야 하는가 하는 문제로 스승의 의견을 구하고자 해서였다.

침통한 제자를 위로하면서 만해가 말하였다.

"징용 징병으로 끌어간다 해서 크게 겁낼 거야 있겠나. 이제 와서 저들이 폭력과 무력으로 언론을 봉쇄하고 민중의 숨통을 틀어막으며 우리의 일거 일동을 탄압하는 것은 한편으로 그 통치 자체가 그만큼 약해진다는 반증이니, 자네는 어디 가서 피신해 있게나. 잠시 동안 그러노라면 무슨 일이 있을 걸세."

조국 광복에 대한 암시요, 예견이었다.

만해는 만공의 전천후 예언에 힘입어 해방과 함께 올 민족 분열에 대한 예언의 맥도 짚어 보았다.

"지금 친일파들 이상으로 그 때는 친미파(親美派)니 친소파(親蘇派)니 하는 게 나올 것 같은데 퍽 복잡할걸."

한숨을 쉬면서 계속하여 미래의 일을 통탄하기도 했다.

"제 나라를 위해 앞으로 일할 인물이 누구이겠나? 큰 혼란으로 난관에 봉착할 텐데 문제야. 지금 애국자로 자처하는 사람도 그리 오래 가진 못할 터이고 보면……."

단재(丹齋) 신채호(申采浩) 선생의 유고집을 간행하기로 하여 만해는 신백우(申伯雨) · 박광(朴洸) · 최범술(崔凡述) 등과 자료 수집을 해 나갔다. 1942년의 일이었다. 그러나 1936년에 단재의 묘비를 세울 때와는 정세가 더욱 악화되어 있었다.

묘비를 단재의 향리에 가서 세울 때 오세창(吳世昌)의 글씨를 받고, 그 모든 비용은 '조선일보'에서 받은 원고료로 충당한 만해였다. 민족사가(民族史家)이자 혁명 투사인 단재를 기념하는 문집을 간행하려는 일이 탄로됨으로써 그 화는 제자에게 미쳤다. 그 건으로 효당(曉堂) 최범술(崔凡述)이 경찰부 유치장 신세를 지게 되었다. 1년 남짓이 지나도록 풀려날 줄을 몰랐다. 출중한 사학자로 언론인인데다 무장 항쟁파인 단재는 누구 못지 않게 적극적인 항일론자요 혁명 투쟁가였다. 민족주의의 드높은 산악인 신채호는 마침내 여순(旅順) 감옥에서 순국하기에 이른 한용운의 혈맹(血盟)이었다.

하루는 만해가 생화 한 다발을 들고 제자 효당을 면회하러 왔다. 문제의 요시찰 인사가 경찰부에 나타났으므로 일제 당국이 면회를 허용할 리가 없었다.

면회를 거절당한 만해는 생화를 그들 앞에 던져 놓고 그 자리를 떠났다. 출감한 후 최범술이 심우장으로 스승에게 인사드리러 갔다.

"선생님, 그 때 생화를 유치장에까지 가지고 오신 것은 어찌된 일이었습니까?"

"다른 뜻이 아니라 그건 자네가 입감(入監)해 있는 걸 축하하기 위해서였지……."

웃음을 자아내는 격조 높은 사랑의 표시였다.

변절자들 따돌리고

만해는 감옥 안에서 이미 일제의 패망을 예견하였으며, 출옥 후에도 수없이 변절해 가는 옛동지들을 생각할 때마다 한 가닥 동정을 금하지 못하면서도 그들을 항상 천시하였고, 심지어 사갈시(蛇蝎視)하였다. 상대가 거물급이면 거물급일수록 만해의 울분은 더욱 크지 않을 수 없어서

"무엇 해 먹을 것이 없어서 나라와 백성을 팔아 일신의 영화를 구한단 말인가. 죽일 놈들!"

이라고 욕을 퍼부어대고는 했다. 더구나 독립 선언서의 작자요 불교에도 조예가 깊어 심기(心氣) 상통하였던 육당(六堂)이 조선 총독부에

굴복하여 조선과 일본의 조상이 같은 뿌리라는 등 주접을 떨면서 다소의 물질로 호강을 한다는 소리를 듣고는 타기(唾棄)해 마지않았다.

후일에 애국 지사 모씨가 육당 집에 가서 조사(弔辭)를 읽었다고 하는 것은 유명한 이야기거리다.

만해는 어느 날 길에서 육당과 부닥뜨리게 되었다.

"여, 만해, 오랫만일세."

"……."

만해는 육당을 힐끗 한 번 쳐다보고는 아무 말 없이 그냥 지나쳐 버렸다.

육당은

"이봐, 만해. 나야, 날세."

하고 만해의 뒤를 추격이라도 할 듯이 급히 쫓아갔다. 그 때 만해는 휙 되돌아보았다.

"이미 수년 전에 장송(葬送)한 사람이군!"

육당은 눈앞이 캄캄하였으나 어쩔 수 없는 노릇이었다. 그는 잰걸음으로 만해가 사라져 가는 뒷모습을 멍하니 바라보고 장승처럼 서 있었다.

변절자 최린이 어느 날 성북동 심우장으로 한용운을 찾아왔다.

그 날 따라 비가 내리는 날이었다. 최린은 대문을 두들기며 주인을 불렀다.

"만해! 만해!"

방 안에서 제자 한 사람과 담소를 나누고 있던 만해는 찾아온 주인공이 누구라는 것을 대뜸 알아차렸다. 그는 방문을 살그머니 열고 안방을 향해 부인을 불렀다.

"여보! 여보!"

바느질을 하고 있던 부인은 무슨 일인가 싶기도 하고, 또 손님이 찾아왔는데 내다보지는 않고 왜 나를 부르는가 하는 생각을 하며 만해가 있는 방으로 건너갔다.

그는 부인을 향해 핀잔 투로 말했다.

"꼬락서니조차 보기 싫은 사람이 날 찾는 모양인데 나가서 없다고 하구료."

"내 집 찾아온 손님을 어떻게 그리 할 수 있어요? 무슨 일인지 모르지만 나가 보세요."

할 수밖에 없었다.

"아무 것도 모르거든 가만 있어! 시키는 대로 해요."

그러자 또 밖에서는 주인을 찾는 소리가 들려왔다. 남편의 성질을 누구보다도 잘 아는 부인은 더 이야기하지 않고 밖으로 나갔다.

"볼 일로 시내에 나가셨는데요."

"그렇습니까? 오랫만에 왔더니 마침 외출 중이시구만요."

그 때 방에 있던 딸애가 문간으로 쫓아나왔다.

소녀를 본 최린은

"너 참 귀엽게 생겼구나. 몇 살이지?"

하고 물었다.

"……."

"몇 살이야? 이름은 뭐구?"

"영숙(英淑)예요."

"아버지 닮아서 똑똑하구나."

최린은 안 호주머니를 뒤적뒤적하더니 백원짜리 지폐 한 장을 꺼내

주면서

"옛다, 어른이 주는 거니 받아라."

하고는 재빨리 되돌아서 갔다. 안에 들어온 부인으로부터 3·1운동 때 동지 최린이 방문한 전말을 들은 한용운은 버럭 화를 내었다.

"계집애가 방에 처박혀 있지 않고 왜 쫄랑대며 나갔어? 또 당신은 주책도 없소. 그걸 왜 받도록 했소? 어서 빨리 우산이나 내놔요."

비가 억수같이 퍼붓는 것을 무릅쓰고 그 길로 만해는 최린의 집을 찾아가 백원짜리 지폐를 되돌려 주고 왔다.

그 때 돈 백원이면 쌀을 열댓 가마나 살 수 있는 거액이었고, 그 당시 그는 끼니가 없어 고구마로 연명하고 있을 때였다.

도대체 만해는 평소에 아무리 절친한 사람이라 하더라도 일본말만 쓰는 것을 보면 두 번 다시 대면하지 않았다.

어느 날 재동(齋洞)에 있는 이백강(李白岡)의 집에서 조촐한 술좌 석이 벌어졌다.

이 자리에는 김적음(金寂音) 스님을 비롯하여 몇몇 가까운 사람들이 자리하고 있었다.

술이 몇 차례 돌자 만해도 모처럼 유쾌해졌다.

그런데 잔이 거듭 오고가던 중 김적음 스님이

"여러분, 간빠이(乾杯)합시다."

하고 말했다.

"적음, 그 말이 무슨 말인가? 무엇을 하자고? 어디 한 번 더해 봐!"

하고 노발대발했다.

만해 자신까지 짠 맛을 잃을 수는 없는 일이어서 지옥고 이상의

무거운 짐을 지는 한이 있더라도 그로서는 끝까지 소금으로 버텨 나갈
수밖에 없었다.

흔들림 없는 기개로 회갑 맞아

어느 날이었다. 종로 경찰서장 이사카(伊坂)란 가짜 일본인 윤종화
(尹鍾華)가 방문해 왔다.

그는 경기도 경찰부장과 '매일신보'·'경성일보'의 두 기자를 대동하
고 있었다.

뿐만 아니라 한술 더 떠서 경무국 도서관 직원도 끼여 있었다. 그들
은

"선생님께서 학병들에게 한 말씀 신문에 써 주시면 감사하겠습니
다. 나라를 위하는 심정으로 써 주십시오."

하고 회유하였다. 만해는 물론 이를 완강히 거부하였다. 그러자 그들은
협박조로 나오다가 일단 물러서기로 하였다.

며칠 후 그들이 다시 왔을 때도 만해는 여전히 전날과 같이 그들의
강요를 완강히 거부하였다. 만해는 거의 태산 반석처럼 요지부동이었
다. 그들은 다시 후퇴하였다가 세 번째로 왔다. 그 때에는 그들도 만해
의 꿋꿋한 자세를 굽히게 할 수 없음을 알았기 때문에 방법을 달리하
였다.

"이 종이에 존함 석 자만이라도 써 주시오."

"여보, 내가 허수아비요?"

하고 한층 더 완강히 거부하였다. 그리고 다시 고함을 질렀다.

"내 모가지를 베어 가시오. 나는 거기에 이름도 쓸 수 없소."

하였다. 가위 추상열일(秋霜烈日)의 기개와 같았다. 일제의 총검이
동양 천지를 뒤덮고 있을 그 당시에 만해의 이와 같은 자세는 실로
불요불굴(不撓不屈)의 기개, 흔들림 없는 '저울추' 바로 그것이었다.

 1939년 음력 7월 12일이었다. 그는 회갑을 맞이했다. 동대문 밖
청량사(淸凉寺)에서 오세창(吳世昌) · 권동진(權東鎭) · 박광(朴洸) ·
이원혁(李源赫) · 김관호(金觀鎬) 등 동지 및 후학(後學)들은 회갑연
을 베풀어 만해의 만수무강을 축원했다. 이 자리에서

 바쁘게도 지나간
 예순한 해

 이 세상에선 소겁(小怯)같이
 긴 생애런가.

 세월이 흰 머리를
 짧게 했건만

 풍상인들 일편단심
 어찌하리오.

 가난을 달게 여겨
 범골(凡骨)도 바뀐 듯하고

 병을 버려둔 채 사니

좋은 약방문 누가 알랴.

물 같은 내 여생은
그대여, 묻지 마오.

숲에 가득한 매미 소리
노을 향해 가는 몸을.

忽忽六十一年光
云是人間小怯桑
歲月縱令白髮短
風霜無奈丹心長
聽貧已覺換凡骨
任病誰知得妙方
流水餘生君莫問
蟬聲萬樹趁斜陽

———'回甲日 卽興'

만해는 즉흥시를 지으며 살아온 생애의 느낀 바를 피력했다. 어떠한
풍상인들 그의 일편단심을 꺾을 수는 없었다.
그래서 그에게는 불타는 노을마저 신성한 황금빛일 수밖에 없었다.
그 며칠 뒤에는 경남 사천군 곤명면 소재 다솔사(多率寺)로 내려가
최범술 등이 베푸는 수연에 초대되었다.
평생 사진 찍기를 꺼려해 온 만해도 이 때만은 카메라 앞에 모습을

드러냈다. 회갑 기념으로 찍은 사진 한 장에서 우리는 그의 만년의
표정을 겨우 엿보게 된다.

그는 한평생을 통해서 절대로 이 민족과 이 나라가 멸망한다고 생각
해 본 일이 없었다. 일제 말엽 고우(古友) · 육당(六堂) · 춘원(春園)
등이 일제에 아부하고 날뛸 때였다. 어느 술자리에서 만해는

"춘원 그 사람은 아주 단견(短見)이더군 그래. 4천 년이나 끌어온
민족이 그래 아주 망할 것 같은가. 그 사람 꽤 재주가 있는 성싶더니
그만 사람 버렸어!"

하며 안타까워했다.

전국적으로 학병을 끌어내기 위한 발악이 한창일 때, 만해는 부민관
(府民館)에서 연설을 하던 저명 인사들을 지적하여

"일본 망할 날이 며칠 안 남았는데 저것들이 도깨비 노름을 하는
군!"

하며 혀를 찼다.

그는 이 나라가 광복된다는 굳은 믿음을 끝까지 버리지 않고 산
신념의 사람이었다.

만해가 신간회(新幹會) 경성 지회장(京城支會長)으로 있을 때 공문
을 전국에 돌려야 할 일이 있었다.

그런데 인쇄해 온 봉투 뒷면에는 일본 연호인 소화(昭和) 몇 년
며칠이란 글자가 찍혀 있었다. 이것을 본 만해는 아무 말 없이 천여
장이나 되는 봉투를 아궁이 속에 처넣어 태워 버렸다.

이 광경을 보고 있는 사람들에게 만해는

"소화(昭和)를 소화(燒火)해 버리니 속시원하군!"

하는 한 마디를 던지고 홀홀 사무실을 떠나 버렸다.

250

도산의 계승자인 춘원(春園) 이광수(李光洙)는 불교 소설을 쓰거나 소설에 불교에 관한 것을 인용할 때면 곧잘 만해를 찾고는 했다. 춘원은 이따금 불교 교리(敎理)의 옳고 그름을 물었다.

이같이 만해는 춘원과 서로 문학을 논하며 한동안 정신적인 교류를 해 왔다.

창씨 개명(創氏改名)을 한 뒤에 춘원이 어느 날 심우장으로 만해를 방문했다.

집뜰에 들어서는 춘원을 본 만해는 춘원이 이미 창씨 개명한 것을 알고 있던 터라, 찾아온 인사도 하기 전에 그를 내다보고 노발대발하며

"네 이놈, 보기 싫다. 썩 물러가! 다신 내 눈앞에 나타나지 마라."
하고 큰 소리로 꾸짖었다.

춘원은 청천벽력 같은 이 말에 집에 들어가기는커녕 변명할 여지도 없이 무색한 낯으로 돌아가고 말았다.

만해는 일본 법관(法官) 밑에서 변호사 노릇을 하는 것까지도 불쾌하게 여겼다.

낭산(朗山) 김준연(金俊淵)이 변호사 자격이 있음에도 그것을 단념하고 언론계에 봉직하다가 옥고까지 치르는 것을 보고 높이 평가했다.

"남들은 왜놈 고깔(法帽)을 쓰고 그 밑에서 돈을 벌지만, 낭산은 돈이 없으면서도 그 따위 고깔을 쓰지 않으니 신통하군!"

"나라가 독립된다면 단두대에라도"

'저울추'라는 별명을 들은 만해는 할 말을 다하면서 결코 꺾여 본

적이 없었다.

어느 강연회에서든 무사안일하게 세월을 보내는 동포들의 경각심을 촉구하는 만해였다. 그가 구사하는 능변은 이야기가 아니라 차라리 통곡이오, 비수라 해도 과언이 아니었다.

그러면 대체 만해는 어디서 이런 웅변술을 배웠던가. 너무도 감탄한 나머지 어떤 친구가 한 번 물었다.

"선생님께서는 대체 어디서 그런 화술을 배우셨던가요?"

"하아, 남들은 날보고 말을 잘한다고들 합디다만 어디서 말공부를 특별히 한 적은 없습니다. 전에 《인명론》(因命論)이 하도 좋아서 그것을 많이 읽었어요. 한 천 번쯤 읽었을까. 그리고 기도를 조금 했고……."

《인명론》이란 불교 교리를 가지고 논술한 일종의 불교 윤리학이다. 말공부를 특별히 한 바 없었다 하나, 만해가 남몰래 이 책을 천 번이나 읽었다고 실토한 이상 그의 굳은 결심과 끈기가 어떠했음은 상상키 어렵지 않다.

만해의 연설은 때때로 조용한 가운데 끝났다. 박수갈채가 터지는 흥분이 없을 때도 있으나 총독을 받들어 주는 체, 불교인의 자비심을 강조하는 체하면서 실은 그의 말 가운데는 놀라운 가시가 들어 있음을 누구나 짐작하게끔 했다.

만해는 비록 의열단원(義烈團員)처럼 폭탄을 던지며 싸운 일은 없으나, 그는 암흑기의 조국에서 몸 전체로 거역하기를 일관하며 소금과 빛의 역할을 끝까지 다했다.

때마침 총독부가 불교의 일본화(日本化)를 추진할 무렵, 만해의 저항은 날로 더욱 격화되어 갔다.

252

일제 말엽, 친일파로 변절한 박희도(朴熙道)가 하루는 한용운의 집을 방문했는데 외출 중이라 했다. 33인 민족 대표였던 그가 어쩔 수 없이 막 되돌아서려는데 문득 들리는 소리는 한용운의 기침 소리였다. 찍 소리 못하고 물러가야 했다.

어느 여름날이었다. 어느 학교 옆을 지나가는데 만해는 부채로 얼굴을 가리고 그 곳을 지나쳤다.

"선생님, 무슨 일이라도 있으십니까?"

"아니야. 변절자 썩는 냄새가 나서 그래."

그 학교는 당시 박희도가 맡고 있었다. 정신과 인격이 썩는 냄새에는 참을 도리가 없었다.

양양(襄陽) 군수를 좌천시키기도 한 만해였건만, 그러나 눈물이 없는 사람은 아니었다.

일송(一松) 김동삼(金東三)이 옥사했을 때 선뜻 그의 시체를 인수해 갈 의인(義人)은 없었다. 일송은 국내에 연고자도 없었다. 그냥 두면 대학 병원의 의과생들 해부용으로 제공되거나 그렇지 않으면 어쩔 수 없이 감옥 안 죄수들의 공동묘지 신세가 될 판이었다. 이에 만해는 용감히 나설 수 있었다. 이리하여 일송의 시체를 성북동 심우장으로 옮겨 예양(禮讓)을 갖추어 후히 장사지냈다. 친구와 동지들이 모였다. 모여서 비통하게 옥사한 일송의 영혼을 위무했다. 이런 행동은 누구나 다 행할 수 있는 것 같지만 그리 용이한 문제가 아니었다.

일송과의 관계로 말하면 만주 방랑시에 안면이 있을 뿐이었으나, 만해는 의열사를 대우하는 데 인색지 아니하였다.

김동삼은 1878년 6월 23일 경북 안동군 임하면 천전리에서 출생했다.

그는 의성(義城) 김씨이며, 본명은 긍식(肯植)이고, 자는 한경(漢卿)이었는데, 뒤에 만주에 가서 이름을 동삼, 자를 성지(省之), 호를 일송(一松)이라 하였다.

만주에 건너가 동지들과 경학사(耕學社)를 조직하고, 1919년 3·1 만세 운동 이후 상해에 임시 정부가 수립될 때 여기 참가한 김동삼은 끝나자마자 곧 만주로 돌아왔다.

1923년 1월 3일 상해에서 대망의 '국민 대표 회의'가 개막되었다. 김동삼은 군정서 남만주 한인 대표로 참석했다. 개회 벽두 의장 선거에서 김동삼은 의장에 당선되었다.

그 후 이 '국민 대표 회의'는 반년간을 두고 회의를 거듭했다. 일송은 의논의 통합이 실현될 가망이 없어 보이자 그 해 여름 돌연히 귀로에 올랐다.

이 때 만주에서는 군정서를 비롯하여 대한 독립단·벽창 의용대(碧昌義勇隊)·광복군 일영·평북 독판부(平北督辨府)·보합단(輔合團)·광한단(光韓團) 등 각 군단의 대표들이 환인현(桓仁縣)에 모여 남만 통일회(南滿統一會)를 열고, 보다 효과적인 항일 운동을 전개하기 위하여 대동단결의 결실을 보아 '대한 통군부'(大韓統軍府)를 조직하였다. 김동삼은 만장일치로 총장에 추대되었다.

그 후 약 1년이 지난 후 '임정 주만 참의부'(臨政駐滿參義府)라는 기관이 생겨 분열이 되었다. 그는 다시 재만 통합을 기도하여 1924년 7월 길림(吉林)에서 대표 25명이 회동하여 '정의부'(正義府)를 새로 결성하였다. 헌장 채택 때 그 이념은

"인류 평등의 정의와 민족 생명의 정신으로써 광복 대업을 달성함을 목적으로 한다."

고 하였다.

1927년이 되어 안창호(安昌浩)가 길림에 와서 독립 운동자 단결 촉구의 강연회를 한다는 초청을 받고 만주의 동지가 한 자리에 모이는 좋은 기회라 하여 길림으로 갔다.

여기에서 그는 불행히도 적의 첩보원의 탐지로 소위 길림 대검거 사건에 봉착하여 수십 일의 고난을 치르고 염석산(閻錫山)의 호의로 겨우 석방되었다.

1929년 11월 길림 감군 희흡(熙洽)이 한교(韓僑) 대표를 소집하여 한·중 연합군(韓中聯合軍) 설치를 의논하겠다고 하므로 김동삼은 길림으로 갔다. 회의의 결과가 여의치 않자 돌아오던 중 옛날 동지인 정진영(鄭鎭永)에게 가려고 하얼빈에 들렀다.

그는 하얼빈에서 일본 영사관 경찰에 체포되었다.

그 후 신의주 감옥으로 이송, 다시 평양 법원에서 15년형의 선고를 받고 서울 마포 감옥에 이송되었다. 그는 옥중 생활 8년의 세월을 보내 다가 1937년 3월 3일에 60세를 일기로 순사(殉死)하였다.

일송의 죽음은 만해를 심한 허탈에 빠지게 했다. 그의 장례는 5일장 으로 지내게 되었다. 일송의 아들이 만주에서 돌아올 때까지 기다려서 그 유해를 3월 8일에 안장했다.

만해는 그 후 기회 있을 때마다

"이제 이 나라에 인물이 없게 되었어. 일송(一松)만한 이가 별로 없었는데……"

하며 한숨짓고는 했다.

말하자면 일송은 만해가 기대한 최후의 1인이었다. 정인보(鄭寅普)· 홍명희(洪命熹)·김병로(金炳魯)·이인(李仁) 등 다수 인사가 심우장에 몰려들어 고인을 애도할 때 민족지(民族紙)를 자처하는 어느 신문사 계통의 인사들만은 전혀 나타나지 않았다.

이에 만해는 혀를 찼다.

"사람을 알아볼 줄 알아야지. 일송 같은 솟아난 인격의 소유자를 모르다니……."

만해는 젊은이들을 사랑할 뿐 아니라 모든 기대를 그들에게 걸었다. 따라서 젊은 후진들이 만해 자신보다 한 걸음 앞장서서 전진하기를 마음 깊이 바라고 있었다. 공부도 더 많이 하고, 일도 더 많이 하며, 자기 자신과 같은 존재는 오히려 빛이 나지 않을 정도로 되기를 바랐었다. 그러므로 소심하고 무기력한 젊은이를 보면 심히 못마땅하게 여겼다. 더구나 술을 한잔 하여 얼근히 취하면 괄괄한 성격에 불이 붙어, 젊은 사람들에게 사정없이 호통을 쳤다.

"이놈들아, 한 번 나를 매장시켜 봐. 나 같은 존재는 독립 운동에 필요도 없을 정도로 네놈들이 앞서 나가 일을 좀 해봐!"

젊은이들 가운데 독립 운동을 하다가 감옥에라도 가면 그를 격려했고 축하의 뜻까지 표했다.

만해는 어쩌다 술을 들어 거나하게 취하면 흥분한 어조로 다음과 같은 말을 곧잘 했다.

"만일 내가 단두대(斷頭臺)에 나감으로써 나라가 독립이 된다면 추호도 주저하지 않겠다."

유혹의 손길 다 뿌리쳐

만해는 그의 강직한 성격 때문에 생활이 몹시 가난했다. 일제(日

帝)는 이런 사실을 좋은 기회로 그에게 유혹의 손길을 뻗쳤다.

어느 날 한 청년이 목침덩이만한 보따리를 들고 만해를 찾아왔다. 그리고는 은근한 낯빛을 지으며 그 보따리를 만해 앞에 밀어놓았다.

"선생님, 이거 얼마 안 되는 것입니다만 생활에 보태 쓰시라고 가져 왔습니다."

그 돈의 액수가 얼마인지는 알 수 없으나 상당한 액수임에는 틀림없 었다.

"그런데 젊은이, 나를 이렇게 생각해 주는 것은 고마우나, 그 돈은 대관절 누가 보낸 것이지?"

"저어, 실은 총독부에서 들어오라 해서 갔더니……."

"뭐라구!"

채 말끝이 떨어지기도 전에 만해의 낯빛은 갑자기 굳어졌다. 그 돈 보따리의 뜻이 무엇인지를 알았기 때문이다.

어느새 만해는 그 돈 보따리로 젊은이의 뺨을 후려치며

"이놈! 젊은 놈이 그 따위 시시한 심부름이나 하고 다녀! 당장 나 가!"

하고 소리쳤다.

젊은이는 아무 말도 못하고 돌아갔다.

일제 말기에 저들은 더욱 가혹하게 한국인을 들볶고 온갖 탄압과 착취를 감행하였다. 최후까지 희망을 가져 보려고 하던 인사들 사이에 는 이제는 절망의 한숨 소리가 날로 더 높아 갔으며, 더러는 만해를 찾아가 탄식하기도 했다.

"무리 강포(無理強暴)는 자체 미약(自體微弱)의 상징이니 필망 (必亡)이 도래(到來)한다."

만해가 갈파했다. 그리고 그는 덧붙여

"부족우야(不足憂也)라, 족히 우려할 바가 못 된다지."

하며 찾아간 사람을 위로했다.

만해는 늘 중요한 것이 실천이라고 강조했다. 어느 강연회에서

"만일 좋은 이념을 가지고 있으면서도 실천을 하지 못한다면 그것은 좋은 씨앗이 있으면서도 심지 않고 봉지에 넣어 매달아 두는 것과 같다."

고 했다.

그러나 평소에 만해는 말이 적었다. 그래서 엄격한 인상을 주었다. 더구나 절개가 곧고 굳어서 조그만 잘못이나 불의도 용납하지 않았기 때문에 그를 두려워했다.

그러나 엄격한 반면에 따뜻한 면이 너무나도 많았다. 그의 제자들이 늦게까지 만해의 이야기를 듣다가 방 한구석에 쓰러져 잠이 들어 새벽에 깨어나면 자신이 따뜻한 아랫목에 누여져 있을 뿐만 아니라 이불까지 덮여 있는 것을 발견하고는 놀라서, 만해를 찾으면 그들은 웃목에서 꼼짝 않고 앉아 참선을 하는 것이 보통이었다.

일제 말기인 1941년 총독부는 우리 나라 사람의 호적까지를 고치기 위해 창씨 개명(創氏改名)을 강요했다. 당시 9할이 창씨 개명을 끝냈다는 보도가 '매일신보'(每日申報)에 발표된 것을 보고 격분 끝에 자결한 사람이 있었다. 애국 지사요 국문학자인 신명균(申明均)이었다. 그는 병원에 입원하고 있었는데 이 한심한 창씨 개명의 보도를 보고 격분하여 약을 먹고 스스로 목숨을 끊기에 이르렀다.

만해는 이 자결에 대해

"그 분의 직절(直節)은 찬양하지만, 자살이란 종교상의 죄가 될

뿐 아니라 자기의 격분이나 비관이나 혹은 공도를 참지 못하는 심적 (心的) 변화의 발로이니 높이 평가할 것은 못 된다. 나라를 잃고 자살한 것이 충(忠)이라 하나 이것은 비겁 자책(自責) 혹은 실망의 극치이기도 하다. 예컨대 파산했다고 부모가 자살한다면 그 유아 (遺兒)들이 비참해지는 것과 같이 후인에게 불행을 주는 일이다." 라고 말했다.

일제는 충남 부여에 대해서는 큰 선심을 썼다. 그러나 그것은 물론 부여 자체를 신성시해서 그랬던 것이 아니다. 그 이유는 백제 때 우리 가 일본에 건너가 그들 문화에 여러 모로 영향을 끼쳤던 사실을 역이 용하여 한민족 말살 정책의 한 방편으로 삼고자 함이었다.

즉 한민족과 일본족은 그 때부터 하나의 공동 운명 속에서 살아 왔고, 따라서 한 나라가 될 숙명을 이미 내포하고 있었다는 것을 강조 하기 위함이었다. 그리고 이러한 논리를 더욱 효과적으로 선전키 위해 그들은 부여를 하나의 성지(聖地)로 정해 놓고, 여기다가 소위 부여 신궁(扶餘神宮)이란 것을 짓고 있었다.

그래서 당시에 '근로 보국대'(勤勞報國隊)라는 일종의 전시 동원 단체에 흡수되어 있던 우리 나라 젊은이들을 번갈아 가며 이 부여 신궁 짓는 일에 징발하였다.

제2차 대전이 한참 치열하게 불붙고 있던 일제 말기의 일이다. 바로 이러한 때 홍릉 청량사에서 하나의 사건이 벌어졌다. 모씨의 생일 잔치 가 여기에서 베풀어졌다. 손님 가운데는 저명 인사들이 많이 있었다. 만해도 손님 가운데 한 사람이었다.

그런데 바로 이 자리에 함께 초대된 정모씨의 주착없는 말 한 마디 때문에 잔치의 분위기는 그만 깨어지고 말았다. 중추원 참의(中樞院參

議)로 있던 모씨의 말인즉 이러했다.

"이번에 부여 신궁 낙성식(落成式)엘 가 보지 않았겠나. 그랬더니 과연 서민자래(庶民子來)라 할 만하더군요."

서민자래란 유덕한 임금 밑에 서민들이 스스로 모여든다는 뜻으로 《시경》(詩經)에 있는 말이다. 물을 것도 없이 일제를 사뭇 찬양하는 뜻으로 쓴 말이었다.

이 사람도 아마 글줄이나 읽어본 선비였던 모양이다. 그러나 그의 말을 듣고 있던 만해의 얼굴엔 핏기가 서렸다.

"아들이 아비 일에 가는 서민자래(庶民子來)라니!"

만해는 옆의 친구에게 그가 누구냐고 물었다.

"아직 모르나? 중추원 참의 정선생이야. 인사나 하고 지내지."

"인사? 암 인사하지. 야! 이 정가야, 내가 한용운이다. 이리 와서 얘기 좀 하자."

갑자기 당하는 일에 정모는 자못 얼떨떨했다. 만해는 계속해 욕설을 퍼부었다. 한잔 마신 끝이라 말씨가 매우 거칠었다.

"야, 이놈아. 글줄이나 읽은 놈이, 더구나 양반집 새끼가 고작 지껄이는 게 그 따위야. 서민자래(庶民子來)가 그런 데 쓰라고 있는 문잔 줄 아나?"

팔을 불끈 걷어붙인 만해는 앞뒤 가릴 것 없이 그 친구의 면상을 후려갈겨 정모의 얼굴에는 피가 흘렀다. 그리고는 좌중을 향해 외쳤다.

"여러분, 오늘 이 자식을 없애 버립시다. 가만 놔두면 딴 데 가서 또 나불댈 거란 말이오."

그러나 손님들이 뜯어 말리는 바람에 싸움은 일단 끝이 났고, 만해는 그 길로 청량사를 뛰쳐나오고 말았다. 이 소문을 들은 심우장에서의 바둑 친구 벽초는 너무도 통쾌하여 박수를 치기까지 하였다.

내동댕이쳐 버린 배급 통장

만해는 이렇게 지나치리만큼 과격한 성격 때문에 때로는 비난을 받는 일도 있었다.

한 번은 안국동 선학원(禪學院)에 있을 때 남전(南泉) 스님과 말다툼을 했다. 발단은 뭐 그리 대단치도 않은 일이었다.

그런데 만해도 물론 고집이 세었지만, 명필가 스님인 남전 역시 보통 고집이 아니어서 두 사람은 서로 3년 동안이나 말을 하지 않았다.

선학원(禪學院)은 그리 크지도 않은 집이고 더구나 조석으로 만나고 침식을 같이하면서 3년씩이나 말을 하지 않았다면 그 고집이 얼마나 세었던가를 짐작할 수 있다.

그러나 그가 끝가지 지조를 굽히지 않았던 것도 실상은 이런 고집 불통이 되어서 가능한 일이었다.

일제 치하에 있던 우리 민족으로 하여금 늘 '꺼지지 않는 불꽃'을 바라볼 수 있게 하였던 것 또한 이렇게 곧은 지조와 매운 절개가 있었기 때문이었다.

해방 전, 4월 29일이면 천장절(天長節)이라는 명절이 있었다. 일제의 소위 천황이 탄강(誕降)한 날을 경축하는 뜻으로 제정된 날이다. 그런데 이 천장절은 저들만의 명절이 아니라 한국 사람까지 똑같이 즐기고 경축할 것을 강요하는 저들의 식민지 정책의 일환이었다. 나라

망한 것도 억울한데 천장절까지 지키라는 억압은 당대의 뜻 있는 인사들로서는 도저히 참을 수 없는 노릇이었다.

그래서 이 천장절 날이면 으레 이상야릇한 사건이 벌어지게 마련이었던 것은 결코 놀라운 일이 아니었다.

어느 핸가 혜화동에 있던 불교 전문 학교에서 예의 4월 29일에 아주 희한한 사건이 하나 생겼다. 이 날 아침, 전문 학교 교장쯤 되고 보면 으레 학생들 앞에서 정중한 축사 몇 마디쯤은 해야 하는 것이 일반적인 상식이었지만, 어찌된 셈인지 이 날 연단에 올라선 교장의 연설은 너무도 짧고 간단명료했다.

"아아, 그란디 여러분, 오늘이 바로 일본 천황 생일이라 하니 잘들 쉬어요."

남도 사투리의 이 특유한 어조의 경축사는 순식간에 끝이 나고 말았다.

학생들은 폭소를 터뜨렸고 교직원들의 얼굴에는 불안한 빛이 감돌았다. 그러나 남이야 어찌 생각하든 이 교장은 할 소리는 다하였다는 담담한 표정으로 유유히 연단을 내려왔다. 장본인 석전(石顚) 박한영(朴漢永) 화상(和尙)이었다. 그는 당대 불교계의 거벽(巨擘)으로 육당 최남선 · 위당(爲堂) 정인보(鄭寅普) 등의 석학(碩學)들이 평생토록 따르고 사모했던 문제의 인물이었다.

윤봉길(尹奉吉) 의사가 상해에서 시라카와(白川義則) 대장(大將)을 폭사(爆死)시켜 버린 이른바 홍구 공원(虹口公園) 의거도 바로 이 4월 29일에 일어났고 보면, 천장절이란 우리 겨레에서는 미상불 충격을 안겨 주는 날이었다.

1943년 4월 29일의 일이다. 만해가 입적하기 바로 전해의 천장절

262

날이었다. 이 날 동회의 서기가 찾아왔다.

"선생님, 저어 오늘 조선 신궁에 좀 다녀오셔야겠습니다."

"난 못 가겠소."

"어째서 못 가십니까?"

"좌우간 못 가겠소."

"좌우간 못 가다니요? 그런 법이 어디 있나요?"

"그런 법이 어디 있다니? 그럼 왜놈은 법이 있어 남의 나랄 먹었나?"

동회 서기는 어안이벙벙했다. 그러나 만해가 워낙 그런 인물인 줄 아는 터라 그는 다소 양보를 했다.

"그럼 기(旗)라도 다시지요."

"그것도 못 하겠소. 일장기(日章旗)는 우리 집에 있지도 않구……."

"자꾸 그렇게만 말씀하시면 곤란합니다. 배급 통장을 빼앗긴다니까요."

"옳지, 거 참 잘 됐군. 배급 통장은 여기 있네."

만해는 선뜻 배급 통장을 던지다시피 내어주면서

"이제부터 그 따위 심부름으롤랑 두 번 다시 오지 마소."

하고 잘라서 말했다.

'불교' 잡지에 관여하던 어느 날이었다.

홀연 식산 은행(殖産銀行)에서 연락이 오기를

"도장을 가지고 내방해 주시오."

라는 급보였다.

그러나 그는 모르는 체할 뿐이었다.

그러자 얼마 후 은행측에서 사람이 달려왔다. 그는 만해 앞에 서류

뭉치를 밀었다.

"무슨 일인가?"

"선생님, 이 근처 성북정 일대의 땅 20만 평을 무상으로 분배해 드리려는 겁니다. 여기 도장만 찍으시면 곧 선생님 재산이 됩니다."

만해는 그를 더 이상 거들떠보려고도 아니하고

"에이, 이 사람아! 나 그런 것 모른다네."

하며 곧 돌려 보냈다.

그 누구도 만해를 회유할 수는 없었다. 매서운 뜻을 굽히게 하진 못했다.

평안 속 무애 자재

1936년 7월 16일, 만해는 당대의 석학 정인보·안재홍 등과 시내 공평동 소재 태서관(泰西館)에서 다산(茶山) 정약용(丁若鏞) 선생 서거 백년 기념회를 윤치호(尹致昊)·김성수(金性洙)·백남운(白南雲) 등과 함께 개최하는 한편 문필 활동을 쉬지 않았다. 다산을 비롯하여 단재와 일송을 추모하는 데 앞장선 만해의 뜻은 오로지 민족주의의 선양에 있었다고 본다.

앞서 1931년 가을에는 윤치호·신흥우(申興雨) 등과 나병 구제 연구소(癩病救濟硏究所)를 조직하고 여수·대구·부산 등지에 간이 수용소 설치를 결의한 바 있고, 청년 승려 비밀 결사 만당(卍黨)의 영수로 추대되었다. 이듬해에는 불교계를 대표하는 인물 투표에서 422표라는 압도적인 최고 득표로 제1인자가 된 일도 있다.

명망 있는 월정사(月精寺)의 고승(高僧) 방한암(方漢巖) 선사는 나중에 창씨 개명까지 하게 되는 탓으로인지 그 때 18표밖에 얻지 못하였다.

일찍이 1917년 봄에《정선 강의 채근담》(精選講義菜根譚)을 편찬한 그는 누구에게나 본받을 그런 처신을 했던 모양이다.

일본 제국주의는 그들의 말마따나 천양무궁(天壤無窮)으로 발전하는 듯하였다.

동양 천지는 모두가 일제의 영토가 되어 가는 듯하였고, 사실 그들의 성세(聲勢)는 날로 높아 갔다. 군국주의의 극성기(極盛期)가 된 셈이다.

한인들 중에는 이에 일본의 멸망을 바라느니보다 차라리 일본에 적극적으로 협력하여 구명도생(求命圖生)함만 같지 못하다고 생각하는 사람들이 차츰 늘어나게 되었다.

인심의 추세 또한 그러하였다. 천하는 넓다 하되 다 일제의 땅 아님이 없고, 우주는 그 아무리 호한(浩汗)하다 해도 5, 6척 단구(短軀)를 용납할 길이 없었다.

뜻 있는 사람은 영원히 초야에 묻혀 세월을 한탄할 수밖에 없었다.

만해는 깊디깊은 산협(山峽) 심우장에 묻혀 세상에 나오지 아니하였다. 일본 제국주의자들은 한국의 거물들을 거의 다 습복(慴伏)시켜 자신들의 이용물로 하였을 뿐 아니라 협력 체제로서, 동화체(同化體)로서 이용하였는데, 몇몇 거물만이 움직이지 아니하였다.

그래서 일제는 '돈으로 움직이지 않으면 협박으로써 하고, 협박에 움직이지 않으면 계집이나 황금으로 회유하여야 한다'는 원칙을 세우기에 이른 모양이었다.

우가키(宇垣) 총독 때였다. 이 자는 상당히 폭이 넓은 위인으로 한국의 웬만한 민족 운동자들을 다소 돌보아 주는 체했다. 몽양(夢陽) 여운형(呂運亨)이 그의 비호 아래 다소의 활동을 하였던 것은 세인(世人)이 다 아는 부끄러운 사실이다.

당시 우가키는 우선 심전 개발(心田開發) 운동에 동원하라는 지령을 내렸다.

우가키의 특명을 받고 하루는 경무국에서 심우장으로 만해를 찾아와 심전 개발 운동에 가담할 것을 종용하였다. 이 때 만해는 일언지하에 이를 거절하였다.

그 거절하는 방법이 너무도 임제선적(臨濟禪的)이었다.

마음은 이 무엇이며 밭은 어느 곳에 있는가.
필경은 무삼 곳에 있어 상당하랴. 이놈!

心是何物 田在何處
畢竟在甚 磨處相當 咄 !

우가키는 이 소리를 전해 듣고
"한국에도 이와 같은 고승(高僧)이 있었구나!"
하고 오히려 감탄하면서 만해를 그들 편으로 끌어들이기 위해 더욱 부심(腐心)하였다.

그리하여 한 번은 국유림 불하로서 당시 돈으로 일거에 10만 원의 대금이 생기는 이권을 가지고 와서 조석거리가 없는 만해 앞에 제시하였다.

10만 원이면 요즘 돈으로 환산하면 수십억대는 된다. 만해는 고소를 금치 못하였다. 푸르른 먼 산을 바라보았다. 심우장 건너편 푸른 산 소나무가 그지없이 청청하였다.

"난 돈이 필요 없는 사람이라네. 그래, 청년은 할 일이 없어서 이 따위 심부름이나 다니나?"

한 마디로 따끔하게 거절해 버렸다.

당시의 모든 사람이 민족적 수치 속에서 빈사 상태에 놓여 있을 때 오직 살아 있는 사람은 만해 한 사람뿐인 듯했다. 모든 불이 꺼졌을 때에도 그는 홀로 타는 불꽃이었다. 마지막 성스러운 불꽃은 바로 만해 그 사람이었다.

만해는 늘 참선(參禪)을 하고 항일 운동을 하는 데 몸부림치는 나날 이었지만 몇 가지 취미를 지니고 있었다.

금붕어 기르기를 무척 좋아하여 선학원에 있을 때 늘 손수 어항의 물을 갈아준 만해는 화초 가꾸기도 매우 즐겼다. 심우장 뜰에는 만해가 가꾼 화초들로 가득하여 봄부터 가을까지 꽃이 피어 있지 않은 날이 없었으며, 화초는 매화(梅花)·난초 이외에 개나리·진달래·코스모스·백일홍·국화 등이었다.

그는 서화(書畵)에도 취미가 있었다. 그의 붓글씨는 탈속(脫俗)하는 일가를 이루고 있다. 오세창·김진우·고희동·안종원·김은호 등의 서화가들과 격의 없이 가까이 지냈으며, 또 그의 집에는 오세창의 현판 글씨와 김은호의 그림 몇 점 등이 걸려 있었다. 그가 한국 서화에 관한 글을 쓴 것도 이러한 취미와 관련된 것 같다.

어느 날 심우장에서 참선을 하고 있던 만해를 한 기자가 찾아갔을 때, 그는 이렇게 자신의 생활을 털어놓았다.

"내게는 고적(孤寂)이라든지 침울이라는 것이 통 없지요. 한 달

잡고 내내 조용히 앉아 있어도 심심치가 않아요. 무애 자재(無礙自在)하는 이 생활에서 무엇을 탓하며 무슨 불안을 느끼겠소……."

만해는 이런 달관의 경지에서 금붕어를 기르고 꽃을 사랑하며 서화를 즐겼다.

총부리는 왜적에게로

하루는 학병을 나가게 된 청년 일행이 찾아왔다.

"자네들 지원해 놓고 왜 나를 찾아왔지?"

"최후로 선생님의 큰 가르침을 받고자 하여 찾아왔습니다."

"……."

이윽고 만해는

"으흐흐흑……."

하고 소리내어 울었다. 그것은 바로 통곡이었다. 단장(斷腸)의 오열이었다. 학생들도 따라 울고 만해는 목이 쉬도록 울었다. 한참 후

"개죽음이나 하지들 말게나."

하는 그의 말에는 곡진(曲盡)한 기구(祈求)가 스며 있었다.

"총부리를 왜(倭)로 향해 쏘아대게."

그는 바로 이 말을 하고 싶었는지도 모른다.

그 후 그 학생들은 대부분 중경(重慶)으로 우리 임시 정부를 찾아가서 총부리를 일제에 향하여 겨누었다는 소식이 전해 왔다.

앞서 1932년에 그는 통도사(通度寺)로 내려가 얼마 동안 보광(普光) 중학에서 강(講)을 하게 되었다. 여기에서 《월남 망국사》(越南亡國史) 이야기를 인용했다. 한참 비분강개한 어조로 말하다가 그는

드디어 눈물까지 뚝뚝 떨어뜨렸다. 학인(學人)들도 울었다. 강당은 잠시 승화된 민족 감정 속에 비장한 기운이 감돌았다.

통도사에 머물 때의 일이다. 대중들이 그의 공적비를 사찰 경내에 세우려 했다.

이를 전해 들은 만해는

"그런 건 필요 없다네. 내 머리 속에 공적비 같은 건 이미 다 들어 있거든."

하며 완강히 거부하였다. 스스로를 내세우는 데는 질색이었다. 만해는 그의 한평생을 이처럼 오직 '님'만을 찾고 부르고 생각하며 다부지게 살아갈 사람이었다.

'님'이란 그에게 있어서 조국이며 겨레요, 중생이며 불법이었고, 역사 자체였다.

사랑 그것이었다. 대아적(大我的)인 깨달음이었다.

"님만 님이 아니라 기리는 님은 다 님이다."

라는 말 속에서 만해가 생각한 님은 중생의 한 부분인 겨레요, 나아가서는 그 겨레를 바탕으로 하는 조국이었다.

한편 일본은 패색(敗色)이 완연해지자 식민지인 이 나라의 총동원을 바라고 있었다. 일제는 한국인의 정신·육체를 아울러 다 바쳐 주면 승전한 후에 봐 주겠다는 식의 감언이설로 한국인을 기만했다.

그리하여 지원병 제도·징병 제도·학병 제도·철물 공출·금은 공출 등의 최후적 발악을 다 부렸고, 철물 공출에는 대대로 부리던 제기(祭器)와 제명(祭皿)까지 모조리 거뒀다.

놀라운 일이 아닐 수 없었다. 뿐만 아니라 일본은 이 나라의 고유한 것을 모조리 없애려고 하였다. 그러나 심우장의 만해는 끄덕도 하지 않았다.

당시 '조선일보' 사장 계초(啓超) 방응모(方應謨)는 만해의 이런 면을 누구보다 추앙해 마지않았다. 날로 쇠약해지는 만해의 건강을 염려해서 손수 약을 지어 온 적도 한두 번이 아니었다.

맨처음 벽초 홍명희의 소개로 만해를 찾아뵌 계초였다. 하지만 만해는 계초를 만나기를 처음엔 탐탁치 않게 여겼다.

"만해, '조선일보' 방응모 사장이 한 번 찾아와서 인사드리고 싶어하는데?"

"그런 사람 만나서 뭐 하겠나, 벽초."

그는 일소에 붙였으나 사상적으로 서로 통하는 홍벽초의 제의를 끝까지 물리칠 수만도 없었다.

그런 뒤 어느 날 벽초의 안내로 심우장에 온 계초와 만해는 가까이 접촉하게 되었다.

방응모는 음으로 양으로 만해의 생활을 극진히 보살폈다.

돈 백원이라도 보내어 생활비에 충당하게 하는가 하면 보약을 보내기도 했다. 그러한 심부름은 비서 이갑섭(李甲燮)이 도맡다시피 했다.

언젠가는 이 비서로 하여금 귀한 녹용을 심우장에 전달케 하여 만해와 그 측근자들로 하여금 고마움의 눈시울을 적시게 했다.

《경허집》 간행 불사

만공과 만해는 선학원 시절이나 심우장 시절 몸은 둘이나 마음이 늘 하나였다.

하루는 선학원에서 전국 고승 법회가 열린다 하여 야단법석이었다.

저녁 때 무렵 만해의 고성이 선학원을 진동하였다.

"그래, 조선 천지에 고승이 어떤 놈들이냐? 어디 고승 낯짝 좀 보자."

그 많은 승려들 가운데 누구 하나 나서는 사람이 없었다. 나라가 패망하여 수천만 동포가 일본 식민 체제로 숨도 제대로 쉬지 못하는데 나서서 싸울 사람은 찾아보기 어려웠다.

대처승인 관계로 고승 법회에 참석할 자격이 만해에게는 주어지지 아니했지만 한 번 따지고 볼 작정이었다.

선학원 이 구석 저 구석을 뒤져 나가며

"고승 나와 봐라!"

외쳐대는 판인데 누구 있어 그 앞에 끽 소리인들 낼 것인가.

한참만에 선방 구석에 말없이 앉아 있는 만공 선사를 찾을 수 있었다.

만해가 정색하였다.

"아니 만공, 상경해 가지고 어찌 나한텐 말 한 마디 없었소?"

원망조였지만 찔끔하지 않을 수 없었다. 송만공을 두고는 고승이라 아니할 수 없었기 때문이다.

웃음으로 대꾸하는 만공 앞에 만해는 조아렸다.

"우리가 오늘 이대로 있을 수는 없지……."

곡차로 밤을 새자는 권주가였다.

"만해, 오늘은 내가 치통이 심하여 그만두려네."

그제야 반격의 목소리가 울렸다.

"그래, 천하의 걸승 만공이 이빨 좀 아프다고 엄살떨게 됐나? 가

세, 가세나."

그 날 따라 국일관에서 곡차 잔치가 도반 사이에 걸팡지게 차려졌다. 고담준론의 법담이 어디에서 만나든 며칠이고 두 도인 사이에 무르녹아 갔다.

만공과 만해는 7, 8세 차이로 보통 도반하는 사이가 아니었다.

"용운이 그래, 자네가 소위 민족 운동을 한다면서 나라의 진로를 어느만큼 내다보는가?"

"무슨 말인데……."

말문이 막힌 만해는 사형으로부터 역습당할 차례였다.

"나라의 독립은 미구에 된다. 그 다음 한반도 정세에 대하여 깊이 생각해 보았나? ……아직도 그래, 깜깜 절벽인가 보군!"

10년, 아니 반세기쯤의 앞날을 속속들이 내다보는 만공의 법력이고 보면 선불리 대꾸할 만해가 아니었다.

"만해, 일본은 끝난다. 그리고 나면 그 뒤의 사태가 더욱 심각해진다네. 왜? 2차 대전에 승리한 미국이 물 건너 오고, 저 등 너머 소련이 그대로 있을 리 없지. 이 강토가 양단되는 것쯤 미리 막지 못한단 말인가?"

만해가 대꾸할 겨를 없이 만공은 그러나 파안대소(破顔大笑)하는 여유를 보였다.

"그렇다고 크게 걱정할 필요야 있겠나? 양대 세력이 왜놈보다 더 기승을 부린다 한들 결국 한반도야 끄덕없겠지. 이 땅을 다 파 가겠나 어쩌하겠나? 뭐 좀 한동안 놀다 갈 미·소 양 진영이 아니겠나?"

이런 취중의 언동은 만해에게 비상한 눈뜸의 계기가 되었다 할 수 있다.

만공은 너무도 비범한 도승(道僧)이오, 산승(山僧)이어서였다.

만공은 만해의 만년에 《경허집》(鏡虛集)의 간행을 의뢰했다. 이
책의 서문은

내가 7년 전 불교사(佛教社)에 있을 때 존경하는 벗 만공(滿空)
스님이 원고 한 뭉치를 나에게 보이면서 말하기를
"이것이 우리 스님 경허 화상(鏡虛和尚)의 유고인데 장차 인쇄에
부치고자 하오. 이 원고가 각처에 흩어져 있는 것을 수집하였지만,
그릇되고 글자가 빠진 것이 없지 않을 터이니 잘 교열하여 주기
바라며, 또한 서문을 부착하오."
하므로 내가 감히 사양치 못하고 재삼 읽어보니, 그 저술이 다만 시문
(詩文)에만 세련된 것이 아니라, 대체로 선문(禪文)과 법어(法語)의
깊은 뜻과 묘한 글귀로써 혹은 술집과 저자 거리에서 읊조렸으되 세속
에 빠지지 아니하고, 혹 빈 산에서 붓을 들되 비바람 · 눈보라 휘몰아
치는 세간을 벗어난 것만도 아니어서, 종으로 횡으로 끝없이 힘차고
생소하거나 숙달되었거나 상관없이 문장마다 선(禪)이오, 귀절마다
법(法)이어서 행위나 평가로는 감히 말할 수 없다. 법칙 따위가 무엇
일까 보냐.

실로 일대 기이한 문장이며, 기이한 시송(詩頌)이로다.이제야 그
제자들에 의하여 세상에 공개하게 되었다.

그러나 화상의 실다운 뜻은 여기에 있지 않다. 그 문자를 전하는
것은 또한 그 법어(法語)를 전하는 데 있다. 나도 또한 이 글이 재빨리
세상에 간행되어 나오기를 바라고 있다.

그 뒤에 그 문도(門徒)가 뜻 있는 이로 더불어 꾀하기를

"경허 화상의 저술(著述)이 이것에 그치지 않소이다. 오히려 그 만년에 은거하시던 곳에 남겨 둔 것이 적지 않아 기필코 그 전부를 다 거두어 완벽을 기하여 그것을 인쇄에 부치려 하오."

하는 의논도 있어 일시 미루어져 왔다.

그러던 중 올봄에 후학 김영운(金靈雲)과 윤등암(尹燈岩) 등이 힘을 분발하여, 갑산(甲山)·강계(江界) 및 만주 등지에 가서 적극 탐색 수집하여 거의 누락된 것이 없게 된 듯하기에 내가 다시 수정을 더 하였으나 그 연대의 차례를 상고할 수 없으므로, 수집한 자료대로만 편찬할 뿐이다.

본래 화상께서 문자를 전공하는 분이 아닌 줄은 내가 알지만, 그 시(詩)와 문(文)이 문장의 규범에 있어서 정교하여 전문가와 더불어 한 번씩 겨룸이 있었던 글이오, 화상의 경지에서는 작은 한 부분만 보였을 뿐 전체의 만족함을 보이지는 안 한 듯했다.

화상의 일생은 편운(片雲)에 가린 밝은 달이었다. 그러나 그 탁월한 선지와 미묘한 음률이 쟁쟁하여 심상히 문필가 사이에서도 명성이 높아 있었으며, 후세 선학자에게 또한 크게 공이 있음을 어찌 가히 의심하랴. 경허 화상이 세상에 계실 적에 항상 중생을 제도하는 한 방편으로 단번에 깨달아 마치고 통쾌하게 마심은 3세 제불을 크게 꾸짖고, 거꾸러뜨림으로 쾌하게 여겼으며, 무슨 일이고 거슬러 행함으로 마음에 기쁜 이치를 주었다.

내 졸견으로 화상의 법력(法力)에 능히 미치지 못함을 마음으로 반성한다.

입적한 수십년 뒤에 손수 남긴 유고를 접하게 되니, 뜬 세상에 감개

한 것이 진실로 이러하다.

세존 강탄 후 1486년 임오(1942) 9월 2일

한용운 아룀

으로 되어 있다.

　이 문제의 법어집은 40년 세월이 흐른 뒤에 경허 만공의 법손 수덕사 원담(圓潭) 스님과 한 만해 전공자에 의해 《경허법어》(鏡虛法語)로 국역된 증보판이 나왔다.

　만해 열반 이태 전의 일이었다.

　만공에게 누구 있어 묻기를

　"노스님께서는 용운 스님과 도반하는 관계이십니까?"

하면

　"아닐세, 용운은 내 애인이야."

하는 대꾸뿐이었다.

　만해가 열반하자, 만공은 두 번 다시 상경하는 일이 없었다.

　"만해가 없는 서울은 텅빈 곳이 돼 버렸어. 용운이 없는 서울은 가서 무얼 해."

　1944년 여름이었다.

　만해 열반 얼마 뒤 홍성에서 사는 그 영식 한보국(韓保國)이 서울 심우장을 거쳐 수덕사 정혜사에 나타났다. 그의 손에는 정종 한 병과 안주 꾸러미가 들려 있었다.

　"큰스님, 아버님께서 유언하신 그대로 마지막 선물을 드리는 인사차 찾아뵙게 되었습니다."

유일한 도반 만해의 영혼과 곡차를 대작하는 애틋하기 이를 데 없는 그런 자리가 되었다.

생전의 만해를 대신하여 아들 한보국이 무릎 꿇고 따라 올리는 술잔을 받으면서 만공 큰스님은

"우리를 두고 한용운이 먼저 가다니……."

하며 거듭 탄식을 금치 못하였다.

숨이 멎기 앞서 만해는 만공과의 결별주를 나누지 못함이 안타까워 열반 후 아들을 통하여 곡차 한 잔이라도 베푸는 것으로 인생 무상을 털어 버리고자 특별히 배려해 둔 모양이었다.

6

영생의 불꽃

"저 휘장을 내려라"

만해 한용운은 목숨이 다하도록 님을 찾다가 마침내는 님이 되었다. 그가 살고 간 길 도처에서 우리는 님과 만날 수 있다. 한민족의 찬연한 빛이며 영원한 님인 만해의 만년은 일제 말기였다.

당시 그는 끝까지 적극적인 항일에 나선 것은 아니었지만, 그래도 그 시절엔 거의 유일한 새벽의 신호등이었다. 유신 승려로서 불교 근대화에 앞장서 왔고, 독립 투사로서 민중의 정신적 영도에 일관했으며, 목마르게 님을 부른 시성(詩聖) 만해는 저항적 슬기를 한몸에 지닌 행동아(行動兒)였다. 문화와 역사를 가꾸며 온 생애를 두고 태운 그의 불꽃은 꺼질 줄 모르는 지성의 향기를 풍긴다. 거룩한 싸움의 나날이 그의 생애였다면 결국 그는 대표적인 위대한 한국인의 본보기가 된다.

1944년 초여름, 남달리 건강하던 만해에게도 최후의 순간이 임박해 왔다.

그는 언제나 민족 해방을 갈구하기에 몸을 돌보지 않을 때가 많았다. 전말(戰末)의 일제 통치에 시달릴 대로 시달린 그는 신경통이 악화된 데다가 영양실조가 겹쳐 극도로 쇠약해진 몸이었다.

잠마저 제대로 들지 못하고 기도로 밤이 새는 줄도 모를 때가 많았다. 겨울에도 언제나 냉방에서 거처하는 그는 참선 생활을 하며 해탈(解脫)의 경지에 넘나들고는 했다.

"부처님, 저희는 박복한 나라에 태어났습니다. 이 약소 민족에게 서광이 되어 주소서."

이렇게 그는 축원하면서 밤을 밝혔다.

그에게 이렇다 할 지병이 있는 것도 아니었다. 더욱이나 중풍이 든 사람은 아니었다.

그의 숨결을 멎게 한 데는 적어도 두 가지 원인이 있었다. 첫째는 식민 통치의 공해(公害)요, 둘째는 영양실조였다. 그는 나라 일을 염려했기에 잠마저 제대로 들지 못하고 밤이 지새도록 뜨거운 기도를 바치고는 했다.

"부처님, 저희는 박복한 나라에 태어났습니다. 이 약소 민족에게 서광이 되어 주소서."

그뿐 아니라 식음을 전폐하는 일도 한두 번이 아니었다. 그의 마음은 다만 부처가 되어 갔다.

어느 날 아침이었다. 그 날도 만해는 여늬 때와 마찬가지로 비를 들고 청소를 하던 중 갑자기 졸도하였다가 깨어났다.

"몸이 괴롭군!"

그러면서 누워 지냈지만 다소 차도가 있어 지팡이를 짚고 마당 출입 정도는 했다.

6월 초순 무렵이었다. 며칠을 그런 대로 견디며 보낼 수 있었다.

그러나 건강은 극도의 위기에 몰리기 시작했다. 숨막히는 정치 공해와 영양실조로 신경통이 악화되어 곤란을 겪을 때 적음(寂音) 스님이 와서 몇 차례 침을 놓곤 했지만, 여전히 혼수 상태를 면치 못했다.

밤이었다. 일본 군국주의의 어둠이 무르익어 가는 밤, 공습 경보가 울렸다. 만해는 집안 식구들에게

"창문에 휘장을 내려 쳐. 어서 검은 휘장을!"

하고는 자리에 누웠다. 그 뒤로 그는 단 한 마디의 말도 울릴 수가 없었다.

묵묵한 채로 다음날 한낮이 지나고 오후가 왔다. 초저녁이 되었다. 6월 29일이었다. 어두움의 검은 휘장이 내려졌을 때 영혼은 이미 그의 고달픈 육신을 떨구었다.

그는 임종 때 유언을 남기지 않았으나 위대한 생애로써 거룩한 목소리를 우리 역사 구석구석에 기록하였다. 그는 생전에 매일같이 민족 불후의 노래와 말과 사상을 유언으로 남겼다. 우리 가슴에 심어 준 그의 뜻은 불멸의 것임을 안다. 불교 근대화의 헌장(憲章)인 《조선 불교 유신론》, 민족 해방의 선언문인 《조선 독립 이유서》, 그리고 세기적인 시문학의 금자탑 《님의 침묵》은 그대로 만해의 정신을 담은 유언이 되어 준다.

한 마디 유언이나 기침 소리도 없이 우리의 님 만해는 여름날 초저녁에 자는 듯 숨을 거두었다. 그의 장례는 5일장이었다. 만해에 대한 일제의 압제는 그의 장례식까지 감시하려 들었다.

도무지 식을 줄 모르는 얼굴로 열반에 든 만해였다. 붉게 상기된

그의 얼굴은 송만공(宋滿空) 스님과 곡차를 마시고 잠이 든 그런 생전
의 모습 그대로였다. 뛰노는 맥박을 얼굴에 담은 채 잠든 그런 모습이
었다. 법랍(法臘) 40년, 향년 66세를 일기로 갓피어 잠든 연꽃 같은
모습의 만해를 추도하고자 평소에 그를 경모하고 동지로 삼아 온 민족
지사들이 심우장으로 달려와 조문을 하며 명복을 빌었다. 홍명희(洪命
熹)·정인보(鄭寅普)·여운형(呂運亨)·김병로(金炳魯)·이인(李
仁)·박광(朴洸) 등을 비롯하여 그를 받들던 애제자들 다수가 그의
곁을 떠날 줄 몰랐다.

"선생의 장례를 지내야 할 텐데 생시의 저 모습을 어떻게 염하나?
안 하고 그대로 영결식을 올릴 수도 없고……."

사람들은 열반에 든 만해를 마지못해 염습하기는 했다. 만공 스님
같은 분과 곡차를 마시며 환담을 하다가 잠깐 잠이 든 것 같은 그를
다비식(茶毘式)에 모시기는 눈물겨웠다. 중생의 불꽃인 그를 땅에
묻어야 하는 가누기 어려운 슬픔이었다.

많은 조객들이 그를 애도해 마지않았다. 민족의 빛인 만해를 위해서
뿐만 아니라 빛이 사라져 감으로 해서 다시 어둠을 맞이하게 된 스스
로를 위하여 애도의 눈물을 떨구었다. 스승에게 잘못을 저지른 제자는
더욱 흐느꼈다. 변절을 했다 하여 마지막 1인 만해 앞에서 질책을 당했
던 사람일수록 더욱 소리내어 울었다. 만해의 인격적 감화가 미친 감격
적인 장면이었다.

잘못 많을수록 큰 감화

일본 군국주의가 최후 발악을 하여 세계 대전이 한창 아시아 전역을

휩쓸 때였다.

민족 반역의 요화(妖花) 배정자(裵貞子)가 심우장이 자리잡은 성북동 아랫마을에 살고 있었던 모양이다. 일찍이 이토오 히로부미(伊藤博文)의 양녀가 되어 고급 밀정으로 암약한 여인이었다. 관상대장을 지낸 바 있는 국채표(鞠埰表)의 부친 국수열(鞠壽烈)이 자주 심우장을 드나들었다.

만해와는 서로 퍽 친숙한 사이여서 거의 하루도 거르는 일 없이 심우장에 다녀가고는 했다.

전남 담양(潭陽) 출신인 국씨네 가세는 당시로선 괜찮은 형편이기도 했고, 같은 마을에 살면서 만해를 잘 아는 처지니까 발길이 잦은 편이었다.

어느 날 소남(素南) 국수열이 심우장에 오자마자 한 마디 던졌다.

"올라오다가 보니까 일주(一洲)가 배정자 집에서 그림을 그리고 있더군. 대(竹)를 치나 봐."

일주는 금강산인(金剛山人)이라고도 불리는 당대의 저명한 화가 김진우(金振宇)를 말함이었다. 그는 죽화(竹畫)의 명인으로 손꼽힐 뿐만 아니라, 그 시절 일제 말엽에도 민족 사상가를 이해하는 축에 들었다.

평소에 일주 화백과 교분이 있는 만해로서는 참으로 뜻밖의 일이었다.

"아니, 소남이 사람을 잘못 보고 왔겠지. 아무래도 잘못 봤어. 그럴 리가 있나? 소남이 잘못 보고 온 거나 아닐까. 그런 말로 애매한 사람을 잡으면 어떻게 하겠나?"

"아니, 만해. 내가 조금 전에 그 집 앞을 지나치며, 서로 인사까지 주고받은걸."

적지않이 놀라는 눈치였다. 만해는 평소에 이렇다 할 결함이 없이 살아온 일주 화백을 아끼는 뜻에서 반신반의했다. 조금도 그를 괴롭힐 생각이 없었다.

하지만 국수열의 말이 사실이라면 용납될 수 없는 처사였다.

"그럼, 내가 잠깐 가봐야 되겠군. 잠깐 갔다오겠으니 기다리게나."

만해는 맨발에 신짝을 끌고 그냥 아랫마을로 달음질쳐 내려가는 것이었다.

마침 소남과 동석해 있던 후학 김관호(金觀鎬)는 불현듯 걱정스러워졌다.

"저러다간 또 일주가 벼락맞지나 않겠나? 무슨 일이 날 것만 같소이다."

그는 만해가 간 곳을 쫓아가려 했다.

"아니, 조금 두고 봅시다."

두 사람은 이런 이야기 저런 이야기를 나누면서 주인이 돌아오기를 기다렸다.

한 시간 가까이나 되어서 만해는 가쁜 숨을 몰아 쉬며 언덕배기 심우장에 들어섰다. 소남이 묻는다.

"그래, 배정자 집에서 무슨 잔치라도 치르고 오시는 길이오?"

"소남, 그러잖아도 큰 상을 받고 후한 대접을 받았지……."

만해의 입가에 의미 있는 웃음이 감돌았다.

"아, 어서 속 시원히 얘기 좀 해 봐요, 만해. 무슨 일이 있었기에?"

만해는 웃기만 했다.

"아니, 배정자 집을 알기나 했소?"

"뭐, 그 근처에 가서 아이들한테 물어보니까 가르쳐 주더군. 그래, 그 집 문을 두드리자……"

마침 배정자가 나왔다. 만해는 그녀를 몰랐지만 여주인은 손님이 누구라는 걸 알아본 눈치였다. 초면인데도 접대가 이만저만이 아니었다. 귀빈에 대한 예우를 깍듯이 하는 배정자였다. 만해는 아무 소리 없이 못 이기는 체하고 안내를 받아 울 안으로 발걸음을 옮겨 놓았다. 일주가 죽화(竹畫)를 치고 있는 현장이었다. 화폭(畫幅)을 걸어놓고 야단이었다.

만해는 일주한테는 말 한 마디 없이 돌부처가 된 듯 멍청하게 마루에 걸터앉아 있었다.

일제 말엽인 당시는 전쟁 때여서 서울 장안에 생활용품이 없어 쩔쩔 맬 때였다. 생활 형편들이 말이 아닌 때인데도 배정자 집은 호화판이었다. 없는 물건이 없었다. 순식간에 진수성찬을 차려 내왔다.

"아따, 그년 참 잘 살더군. 우리 백성의 피를 짜낸 진수성찬이지 뭐야. 음식상이 들어오는데 고기 반찬 등속은 말할 것 없고 신선로까지 상 그득히 들어왔어. 빨리도 차렸으려니와 언제부터 그런 물건들만 쌓아 두고 사는지 놀라운 일이더군."

만해는 이를 바라보기만 했다. 우리의 돌부처는 좀처럼 한 마디 말도 꺼내려 들지 않았다. 일주 화백이 멋적은 표정을 지으며, 정중하게 술 한 잔을 따라 만해 앞에 놓는다.

"이거 한 잔 듭시다."

순간 만해의 눈앞에선 번갯불이 번쩍 일었다. 물론 한 마디의 대꾸도 없이 진수성찬이 차려진 그 상을 일주가 앉은 쪽으로 순식간에 둘러메친 만해였다.

"나 그 창백해지는 일주를 두고 지금 이렇게 달려오는 길이야."

이것이 생전의 만해 그대로의 모습이었다.

이 같은 정신이 불교 근대화와 민중 운동의 기수로서 과감히 앞장을 서게 된 바탕이 된 것이었으며, 또한 민족의 지도자로서 추앙을 받게 된 일면이었다.

만해가 입적하자 많은 조객들 틈에서 문제의 일주 김진우 화백이 흐느끼는 모습을 지켜볼 수 있었다.

그가 심우장에 들어설 때 지난 날의 일이 생각나 소남은 빈정거리는 투로

"아참, 저 사람 일주가 아닌가. 만해 선사한테서 경치던 일주 화백이 군 그래."

하며 숨을 죽였다. 일주 화백은 만해 선사의 유해 앞에 엎드려 목놓아 울고 울었다. 참회의 통곡이었다.

"조객 중 일주가 제일 많이 우는군!"

그뿐만이 아니었다. 법제자 춘성(春城) 스님 또한 스승 만해 앞에 큰 죄인이었다.

3·1운동 때 민족 대표로 한용운이 옥고를 치르는 동안 때로는 사식 도 차입하며 제자된 도리를 다하는 이면에는 만해 소유의 토지를 몰래 매각 처분한 죄과를 짊어진 승려였다. 그 비행을 알고 나서도 만해는 제자의 일에 대하여 한 마디인들 거론하는 일이 없었다.

만해의 열반에 춘성 스님은 누구보다 더 목놓아 울었다.

사실이 그러했다. 며칠을 두고 장례 절차가 완전히 끝나도록 생전에 잘못을 저지른 사람들의 정성어린 조의(弔意.)는 주위 인사들로 하여금 눈시울을 뜨겁게 했다.

만해의 덕화와 감화가 미친 감격어린 위력이었다. 만해의 신비스런 법력이었다.

풍란의 매운 향기는 길이길이

평소 위당(爲堂)은 "청년들이여, 만해를 배우라."는 말로 그가 젊은 이의 영원한 사부(師父)임을 일깨웠는데, 만해의 영결식에 즈음하여 지기(知己)로서 추모의 시를 남겼다.

풍란화(風蘭花) 매운 향기
님에게야 견줄손가.
이 날에 님 계시면
별도 아니 더 빛날까.
불토(佛土)가 이 위 없으니
혼아, 돌아오소서.

풍란보다 매운 향내, 그것은 그의 인격·절조·예술, 그리고 생애 모두였다.

그윽한 그의 향내는 만세(萬世)에 길이 남을 것으로 믿어진다. 홀로 마지막까지 탄 불꽃의 향훈으로, 이 땅 위에 길이 풍길 인걸의 향기이기 때문이다.

홍벽초(洪碧初)는

"7천 승려를 합하여도 만해 한 사람만 못하고, 그 한 사람을 아는 것이 다른 사람 만 명을 아는 것보다 낫다."

고까지 예찬해 마지않았다.

한학의 대가 산강(山康) 변영만(卞榮晩)은 만해 한용운 한 몸이 도무지 담 덩어리라는 뜻으로

"용운 일신(龍雲一身)이 도시담야(都是膽也)라."

고 했으며, 일본의 의협계 거두 도야마 미스루(頭山滿)조차도 만해의 부음에 접하고 크게 탄식하였다.

"조선의 큰 위인이 갔다. 다시는 이런 인물이 없을 것이고, 지금 우리 일본에도 없다."

적절한 표현이었다. 그것도 입덕(立德) · 입공(立功) · 입언(立言) 삼불후(三不朽)의 위인이 만해였다.

만해의 유해는 일본인이 경영하는 홍제동 화장장이 아닌 미아리 화장장으로 옮겨졌다. 한 줌의 재가 되도록 조객과 회장자들은 엄숙하게 다비식을 올리며 추도했다.

만해는 은빛 반짝이는 치아를 남겼다.

주옥처럼 빛을 발하는 치아였다. 정신의 불꽃을 간직한 결정체였다. 그는 연꽃 같은 신비스런 표적을 남겼다. 모든 육신은 재로 화했는데 오직 치아만이 은빛 찬연했다. 그것은 만해의 법력(法力)을 증거하는 소중한 표적이기도 했다.

치아는 사기 항아리에 넣어져 유골과 함께 서울 망우동 산 모퉁이를 굽이돌아 공동묘지에 안장되었다.

오래도록 초라한 만해의 묘소 곁에는 20여 년 뒤에 묻힌 유숙원(兪淑元) 여사와 나란히 잠들고 있을 뿐 뭇 중생들과 자리를 함께하면서도 세상 사람들로부터 잊혀져 오다가, 1962년 전국 공로 훈장 중장(重章) 추서 후 1967년에 와서 탑골 공원에 기념비가 세워졌고,《한용

운 전집》의 발간을 계기로 1970년대에 급기야 만해 선풍이 일게 되었다. 이어 동상과 시비(詩碑)의 건립 등 기념 사업의 움직임도 전국 각처의 연고지에서 거듭하여 쉬지 않고 일어나게 되었으며, 특히 계간 문예지 창작과 비평사에서는 '만해 문학상'을 제정하여 시행해 오고 있다.

홍성읍에서 30리 길인 향리 결성 성곡에는 지난 해 생가가 복원되었고, 한 연구가는 금년 서울 근교 남한산성에 사재를 털어 만해 기념관을 마련하기도 했다.

외아들 한보국(韓保國)은 출생지인 충남 홍성에서 살면서 일제 말엽에는 아버지의 뜻을 계승하는 사회 운동을 전개했고, 해방을 맞이하면서부터는 좌익 운동에 가담했다.

부친상을 당한 그는 홍성 읍내에서 유리 가게를 열고 생계를 유지하며 이따금 강연에도 나섰는데, 6·25 전란을 맞이하여 남로당 군 책임자가 되었다. 지방의 적화(赤化)에 힘쓴 그였으나 종래엔 인민 위원회의 처사에 난색을 표하기도 했다.

"인민 공화국이 이렇게까지 할 줄은 몰랐어. 죄 없는 시골 사람을 잡아다가 모조리 생죽음을 시키다니! 무차별 재산 몰수도 지나친 일이고……."

인공 시절에 한보국이 그의 가까운 친구에게 실토한 말이었다.

그러나 그는 국군이 수복할 무렵 식솔들을 이끌고 행방을 감추었다. 당국에서는 그가 월북한 것으로 말하나, 지방 사람들은 예산(禮山) 덕산(德山)에서 학살된 것으로 믿고 있으며, 그의 집은 역산으로 몰수되었고, 강씨 부인은 아이들을 데리고 종적을 감추었다는 이야기도 떠돈다.

한편 외동딸 한영숙(韓英淑)은 부군 정택근(鄭宅根)과 슬하에 2남1녀를 두고 서울 명륜동에 살면서 심우장을 돌보고 있다.

만해의 생애는 역사와 민족을 위하여 줄기차게 싸운 하루였고, 그의 정신은 자유와 평화를 위한 성스러운 불꽃이었다. 영생토록 불타는 만해의 얼은 오늘도 민족 운동과 문화 운동의 지표(指標)가 되어 주기에 넉넉함이 있다.

고개를 들면 저 밤 하늘에는 무수한 성좌(星座)가 저마다 빛을 반짝이고 있다. 그 중에서도 만해 한용운은 샛별이 아니면 북극성(北極星)으로 뜻 있는 사람의 마음을 더욱 밝혀 주며, 어두운 시대에 용기를 잃지 않고 굽힘없이 슬기롭게, 끝까지 굳세게 살아갈 길을 일깨워 인도한다.

한용운 연보

1879년 8월 29일(음 7. 2) 충남(忠南) 홍성군(洪城郡) 결성면(結成
面) 성곡리(城谷里) 491번지에서 청주 한씨(淸州 韓氏)
응준(應俊)과 온양 방씨(溫陽方氏)의 차남으로 태어남. 아명
(兒名) 정옥(貞玉), 속명 유천(裕天), 득도 때의 계명(戒
名)이 봉완(奉玩)인데, 만해(卍[萬]海)는 법호(法號)이고,
용운(龍雲)은 법명(法名)임.

1884년(6세) 향리(鄕里)의 사숙(私塾)에서 한문(漢文)을 배움.

1887년(9세) 《서상기》(西廂記)를 독파하고 《통감》(通鑑)의 문의
(文義)를 해득, 《서경》(書經) 통달.

1892년(14세) 향리에서 천안 전씨(天安全氏) 정숙(貞淑)과 결혼.

1896년(18세) 숙사(塾師)로 동몽(童蒙)들을 가르치며 서숙 생활
계속.

1897년(19세) 홀연 무단 상경 길에 법주사(法住寺) 경유 설악산
입산.

1903년(25세) 세계 여행을 계획하고 설악산에서 일시 상경했다가
원산(元山)을 거쳐 블라디보스톡(海蔘威)으로 건너가 구사
일생의 위기를 모면, 곧 귀국하여 석왕사(釋王寺)에 주석.

1904년(26세) 고향 홍성에 돌아와 광천(廣川)으로 옮겨 은거하다가
5, 6월경 다시 설악산 백담사(百潭寺)로 들어가 수도 생활
계속. 12월 21일 맏아들 보국(保國) 태어남(6·25 때 행방

불명).

1905년(27세) 1월 26일 백담사 김연곡(金蓮谷) 문하에서 득도(得道), 전영제(全泳濟) 스님으로부터 수계(受戒). 4월 이학암(李鶴菴) 스님의 가르침을 받음.

1907년(29세) 강원도 건봉사(乾鳳寺)에서 선 수업(禪修業), 수선안거(首先安居)를 성취. 향리에서 모친 별세.

1908년(30세) 4월 일본의 마관(馬關)·경도(京都) 각지를 순유(巡遊)하며 신문물(新文物) 시찰. 동경(東京) 조동종 대학(曹洞宗大學)에서 불교와 서양 철학을 청강. 유학 중인 최린(崔麟)과 사귀고 10월에 귀국. 12월 10일 서울에 경성 명진측량 강습소(京城明進測量講習所)를 개설, 소장에 취임. 각 사찰에 측량 학교를 세우는 데 주력.

1909년(31세) 7월 30일 금강산 표훈사(表訓寺) 불교 강사(講師).

1910년(32세) 승려 취처 문제(僧侶娶妻問題)에 관한 건백서(建白書)를 두 차례나 당국에 제출, 불교계에 물의를 일으킴. 《조선 불교 유신론》(朝鮮佛教維新論)을 설악산 백담사에서 집필 완료.

1911년(33세) 박한영(朴漢永)·진진응(陳震應)·김종래(金鍾來)·장금봉(張錦峰) 등과 전남 승주(昇州) 송광사(松廣寺), 부산 동래(東萊) 범어사(梵魚寺)에서 승려 궐기 대회를 개최,

한·일 불교 동맹 조약(韓日佛教同盟條約) 체결을 분쇄.
범어사에 조선 임제종(朝鮮臨濟宗) 종무원(宗務院) 설치,
3월 15일 서무부장, 3월 16일 관장(管長)에 취임. 8월 한·
일 병탄으로 일본이 한반도를 강점함에 망국의 울분을 참지
못하여 만주로 망명.

1912년(34세)　서간도 통화현 합니하 굴라재에서 총격을 당해 구사
일생의 위기를 넘기고 환국. 경전을 대중화하기 위하여 《불
교대전》(佛教大典) 편찬을 계획, 통도사(通度寺)의 《고려
대장경》(高麗大藏經)을 낱낱이 열람.

1913년(35세)　박한영·박영호·장금봉 등과 불교 학무원(佛教學務
院) 창설. 5월 15일 《조선 불교 유신론》(朝鮮佛教維新論)
을 불교 서관(佛教書館)에서 발행. 5월 19일 통도사 불교
강사.

1914년(36세)　4월 불교 강구회(佛教講究會) 총재에 취임. 4월 30
일 《불교대전》을 범어사에서 발행. 조선 불교회(朝鮮佛教
會) 회장에 취임.

1915년(37세)　영남·호남 지방의 사찰을 순례하며 법회(法會)를
열어 열변으로 청중들을 감동시킴. 10월 조선 선종 중앙 포교
당(朝鮮禪宗中央布教堂) 포교사(布教師)에 취임.

1917년(39세)　4월 6일 《정선 강의 채근담》(精選講義菜根譚)을 동양

서원(東洋書院)에서 발행. 12월 8일(음) 밤 10시 내설악
오세암(五歲庵)에서 좌선하던 중 진리를 깨치고 '오도송'
(悟道頌)을 지음.

1918년(40세) 9월 상경하여 계동 셋집에서 월간지 '유심'(惟心)을
창간하며 '조선 청년과 수양(修養)' '고통과 쾌락'을 비롯한
논설과 국한문 혼용의 신시(新詩) '심'(心)을 발표.

1919년(41세) 1월 윌슨의 민족 자결주의(民族自決主義) 제창에
힘입어 최린·이승훈(李昇薰) 등과 독립 운동을 숙의하는
가운데 2월 의암(義菴) 손병희(孫秉熙)를 33인 대표로 추대
하며, 최남선(崔南善)이 작성한 '독립 선언서'(獨立宣言書)
의 자구(字句) 수정을 하고, 공약 3장(公約三章)도 수정하여
첨가 확정. 3월 1일 명월관(明月館) 별관 태화관에서 33인
민족 대표로 독립 선언 취지 연설 후 독립 만세 선창, 3·1
운동 주도로 일경(日警)에 피수(被囚). 7월 10일 옥중에서
'조선 독립에 관한 감상의 개요' 일명 '조선 독립 이유서'
(朝鮮獨立理由書) 집필, 피고인 답변서로 제출. 7월 12일
첫 공판.

1920년(42세) 10월 30일 경성 복심원에서 3·1운동 주동자들 중
최고형 3년 징역을 선고받고 복역. 투옥 중 일제가 이른바
3·1 소요 사태에 대하여 회개하는 참회서(懺悔書)를 써

　　　　내면 사면한다는 회유를 거부하고, 옥중시 《무궁화 심고자》
　　　　씀.

1922년(44세)　3월 3년 복역 마치고 출옥.

1923년(45세)　안국동 40번지 선학원(禪學院)에 머물며, 3월 24일
　　　　법보회(法寶會) 발기. 조선 물산 장려 운동(朝鮮物産獎勵運
　　　　動)을 지원.

1924년(46세)　조선 불교 청년회(朝鮮佛敎靑年會) 총재에 취임. 1
　　　　0월 24일 중편소설 《죽음》 탈고.

1925년(47세) 6월 7일　설악산 오세암에서 《십현담 주해》(十玄談註
　　　　解)를 탈고. 10월 16일(음 8월 29일)　내설악 백담사 만해
　　　　당(萬海堂)에서 시집 《님의 침묵(沈黙)》을 탈고.

1926년(48세)　5월 15일 《십현담 주해》를 법보회에서 발행. 5월 2
　　　　0일 《님의 침묵》을 회동서관(匯東書館)에서 발행. 12월 《가
　　　　갸날에 대하여》를 '동아일보'에 발표.

1927년(49세)　1월 민족 합일 전선 신간회(新幹會) 발기, 2월 15일
　　　　창립. 5월 신간회 중앙 집행 위원. 7월 신간회 초대 경성
　　　　(京城) 지회장(支會長)에 추대됨. 조선 불교 청년회의 체제
　　　　를 개편, 조선 불교 총동맹(朝鮮佛敎總同盟)으로 개칭, 일제
　　　　의 불교 탄압에 맞서서 민족 주체의 불교 대중화에 노력.

1928년(50세)　《건봉사(乾鳳寺) 및 건봉사 말사 사적》 편찬 간행.

1929년(51세) '조선일보' 신년호에 '조선 청년에게' 발표. 12월 광주
　　　　　학생 운동을 홍명희(洪命憙)·허헌(許憲)·조병옥(趙炳
　　　　　玉)·김병로(金炳魯) 등과 전국적으로 확대, 민중 대회 개최
　　　　　계획. 일제의 제지로 뜻을 이루지 못하고 신간회 간부들과
　　　　　종로 경찰서에 유치되었다 석방됨.

1931년(53세) 9월 '불교'(佛教)지를 인수, 불교사(佛教社) 발행인.
　　　　　이후 많은 불교 논설 발표. 7월 전주 안심사(安心寺)에 보관
　　　　　된 한글 경판(經板) 원판(原板)을 발견 조사. 9월 24일 윤치
　　　　　호(尹致昊)·신흥우(申興雨) 등과 나병 구제 연구회(癩病救
　　　　　濟研究會)를 조직, 대구·부산·여수 등지에 간이 수용소
　　　　　설치를 결의. 김법린(金法麟)·김상호(金尙昊)·최범술
　　　　　(崔凡述) 등이 조직한 민족 운동 추진체인 한국 불교 청년
　　　　　승려 비밀 결사 만당(卍黨)의 영수로 추대됨.

1932년(54세) 불교 대표 인물 투표에서 최고 득점. ('불교'지 93호)
　　　　　발견한 한글 경판을 보각(補刻) 인출(印出).

1933년(55세) 유숙원(兪淑元) 여사와 재혼. 서울 성북동에 조선
　　　　　총독부 반대 방향의 북향집 심우장(尋牛莊)을 지음.

1934년(56세) 9월 1일 딸 영숙(英淑) 태어남. 일제 식민 교육을
　　　　　배척하여 학교에 보내지 않고 집에서 한글과 한문을 익힘.

1936년(58세) 4월 9일 장편소설 《흑풍》(黑風)을 '조선일보'에 연재

(~38. 2. 4). 대종교(大倧教) 교주 나철(羅喆) 유고집 간행 추진.

1937년(59세) 장편소설《후회》(後悔)를 '조선 중앙일보'에 연재하다가 이 신문의 폐간으로 중단. 2월 21일 여순(旅順) 감옥에서 옥사하여 유해로 환국한 단재(丹齋) 신채호(申采浩) 묘비를 뒤에 오세창(吳世昌)과 함께 청원군 낭성면 귀래 마을 묘정에 건립함. 7월 16일 정인보(鄭寅普)·안재홍(安在鴻) 등과 다산(茶山) 정약용(丁若鏞) 서거 백주년 기념회를 개최. 3월 1일 휴간되었던 월간 '불교'지 인수 속간, 소설 《철혈미인》(鐵血美人)을 '조선일보'에 연재. 3월 3일 민족 운동가 일송(一松) 김동삼(金東三)이 마포 형무소에서 옥사함에 유해를 심우장으로 옮겨 5일장(葬)을 지냄.

1938년(60세) 5월 18일 장편소설《박명》(薄命)을 '조선일보'에 이듬해 3월 12일까지 연재. 만당(卍黨) 당원들이 피검되자 더욱 감시를 받게 됨.

1939년(61세) 7월 12일(음력) 회갑을 맞아 박광(朴洸)·이원혁(李源赫)·장도환(張道煥)·김관호(金觀鎬) 등의 주선으로 서울 청량사(淸凉寺)에서 회갑연.

1940년(62세) 박광·이동하(李東廈) 등과 창씨 개명 반대 운동 전개,《통도사 사적》편찬 자료 수집.

1942년(64세) 신백우(申伯雨)·박광·최범술 등과 신채호 유고집을
　　　　　간행하기로 결정, 원고 수집. 이 무렵 '태교'(胎敎) 번역 강
　　　　　의. 가을철에 유일한 도반(道伴)인 수덕사(修德寺) 만공
　　　　　(滿空) 선사와 오랜 기간에 걸친 법어집(法語集) 결정체
　　　　　(結晶體)로 선(禪)의 중흥조 경허(鏡虛) 성우(惺牛) 종사의
　　　　　《경허집》(鏡虛集) 간행 불사를 마침.

1944년(66세) 6월 29일(음 5월 9일) 영양 실조로 숙환이 악하되어
　　　　　서울 성북동 심우장에서 입적. 미아리 화장장에서의 다비
　　　　　(茶毘) 후 망우리 공동묘지에 안장.

1962년(열반 18년) 대한민국 건국 공로 훈장 중장(重章) 추서.

1967년(열반 23년) 3·1 만세 운동의 진원지 탑골 공원에 용운당
　　　　　대선사비 건립.

1973년 (열반 29년)《한용운 전집》 전6권 완간.

만해 한용운 - 그 생애와 정신

초판 1쇄 발행 1993년 3월 1일
초판 4쇄 발행 2007년 8월 20일

지은이 임중빈
펴낸이 최병문

펴낸곳 명지사
주소 100-855 서울시 중구 장충동 2가 190-5 폴리빌딩
전화 02-2271-3117
팩스 02-2264-9029
이메일 mmzisa@yahoo.co.kr
등록 1978년 6월 8일 제5-28호

Printed in Seoul Korea.
ISBN 89-7125-055-0 03800

가격 10,000원